国家"十二五"重点图书

本书获得湖南省重点建设学科区域经济学、湖南省区域战略与规划研究基地、湖南省高校人文社会科学重点研究基地区域金融创新研究基地资助

国家出版基金项目
NATIONAL PUBLICATION FOUNDATION

大国经济丛书　　主编　欧阳峣

大国经济增长的
需求动力结构调整

以中国为例的研究

杜焱　著

格致出版社　上海人民出版社

总　序

经济学发展历史表明,经济理论的重要程度往往取决于被解释现象的重要程度。中国的崛起被称为"东亚奇迹","金砖国家"的崛起已成为"世界奇迹",这说明大国经济现象的重要程度是毋庸置疑的。如果将典型的大国经济发展现实和经验的研究提升为普遍性的理论体系和知识体系,那么,中国经济学就有可能掌握国际话语权。

一般地说,掌握国际话语权应该具备三个条件:一是研究的对象具有典型意义,被解释的现象不仅对某个国家的发展具有重要意义,而且对世界的发展具有重要意义;二是取得的成果具有创新价值,在学术上有重要发现,乃至创造出新的科学理论和知识体系;三是交流的手段具有国际性,研究方法符合国际规范,可以在世界范围交流和传播。

在大国经济研究领域,第一个条件是已经给定的,因为大国经济发展具有世界意义。关键是要在第二个条件和第三个条件上下功夫。要通过创造性的思维和研究,深刻把握大国经济的特征和发展规律,构建大国经济的理论体系和知识体系,追求深层次的学术创新和理论突破;要使用国际化的交流手段,运用规范的研究方法和逻辑思维开展研究,从中国与世界关系的角度来看待大国经济问题,并向世界传播大国经济理论和知识体系,从而使大国经济理论具有世界意义和国际影响力。

我们将联合全国的专家学者,致力于探索超大规模国家经济发展的特征和规律,进而构建大国经济理论体系和知识体系。格致出版社以深邃的目光发现了这个团队的未来前景,组织出版这套《大国经济丛书》,国家新闻出版总署将其列入

"十二五"国家重点图书出版规划,为大国经济研究提供了展示成果的平台。

我们拥有这样的梦想,并且在集聚追求梦想的力量。我们期望这个梦想成为现实,并用行动构建中国风格的经济学话语体系,为中国经济学走向世界做出积极的贡献。

欧阳峣

前　言

　　消费、投资和出口是拉动一国经济增长的需求动力。在现代经济增长过程中，消费、投资和出口三者结构的合理配置对实现宏观经济健康运行至关重要。21世纪以来，以金砖国家为代表的一批新兴发展中大国经济迅速崛起，其增长速度远远高于西方发达国家的平均水平，但经济增长质量却是不佳。中国自20世纪70年代末实施改革开放以来，经济年均以9.8％的速度增长，2013年GDP已突破56.88万亿元，成为仅次于美国的世界第二大经济体。然而，中国在推进经济高速增长的同时，在改善国民生活福利水平、促进经济增长的平稳性和集约性等经济运行质量方面与西方发达国家相比，还存在较大的差距。2012年11月，党的十八大报告明确提出："必须以改善需求结构、优化产业结构、促进区域协调发展、推进城镇化为重点，着力解决制约经济持续健康发展的重大结构性问题。"由此，"调结构、促转变"已提至中国经济发展的顶层战略。中国是一个人口众多、国土广袤、区域经济发展差异极大的国家，其发展历程具有新兴发展中大国的典型特征。本书以中国为例，从探讨需求动力结构与经济增长若干转型目标的理论关系出发，揭示经济增长过程中的需求动力结构在经济增长若干转型目标约束下应呈现的理论最优状态。同时，结合经济增长转型目标约束下的最优需求动力结构理论分析，对中国需求动力结构在实现国民福利、平稳增长和集约增长三种经济增长目标过程中的合理性状态进行判断，并提出相应调整思路。总之，本书就经济增长转型目标约束下的需求动力结构调整问题进行了深入理论分析和经验研究，为促进发展中大国经济健康持续平稳增长而调整需求动力结构提供了重要的理论指导和现实参照，具有十分重要的理论意义和现实价值。

本书共分八章,主要研究内容可以概括为五个方面。

(1) 需求动力结构与经济增长若干转型目标的理论关系研究。在经济增长过程中增进国民福利、保持经济平稳增长和促进经济集约增长是中国现实经济发展的必然要求,然而要通过需求动力结构调整来实现这些转型目标,则需要弄清楚消费、投资和出口三者结构的合理配置与经济增长过程中提升国民福利、保持平稳增长和促进集约增长等目标的逻辑关系,即二者的相互影响机理与演变机制。本书通过探讨需求动力结构与经济增长若干转型目标的理论关系,为"调整需求动力结构、促进经济增长转型"奠定基本的理论依据。

(2) 国民福利目标约束下的需求动力结构调整研究。本书在分析国民福利目标内涵的基础上,归纳并提出以钱纳里和赛尔奎因研究的工业化进程中需求动力结构随人均国民收入变化而变化状态的经验假说作为国民福利目标约束下的需求动力结构最优状态。同时,根据上述需求动力结构最优状态标准,对中国及其区域的需求动力结构现状进行分析,并对其合理性进行判断,为中国及其区域实现国民福利目标而调整消费、投资、出口分别占 GDP 比重或者投资、消费、出口三者相互比例奠定基本思路。

(3) 平稳增长目标约束下的需求动力结构调整研究。本书在平稳增长目标内涵的基础上,修正稳态增长假说并提出以修正的稳态增长假说中实现单位需求产出稳态水平不变和单位需求产出稳态水平匀速提升两种平稳增长视角下的需求动力结构的变化状态作为平稳增长目标约束下的需求动力结构最优状态。同时,根据上述需求动力结构最优状态标准,对中国及其区域的需求动力结构现状进行分析,并对其合理性进行判断,为中国及其区域实现平稳增长目标而调整投资(消费+出口)比例奠定基本思路。

(4) 集约增长目标约束下的需求动力结构调整研究。本书在集约增长目标内涵的基础上,构建要素贡献最大化假说并提出以要素贡献最大化假说中的需求动力结构指标经验值作为集约增长目标约束下的需求动力结构最优状态。同时,根据上述需求动力结构最优状态标准,对中国及其区域的需求动力结构现状进行分析,并对其合理性进行判断,为中国及其区域实现集约增长目标而调整投资消费、投资出口、投资(消费＋出口)比例奠定基本思路。

(5)需求动力结构调整的影响因素及其对策研究。消费、投资和出口需求数量的变动直接决定需求动力结构调整,但消费、投资和出口需求数量的变动受到各种因素影响。本书在重点分析消费、投资和出口需求变动的影响因素以及影响因素变化对消费、投资、出口相互结构动态冲击效应的基础上,结合中国经济增长的区域差异,合理地提出中国实现需求动力结构调整的有效对策。

与现有文献相比,本书的主要贡献在:

(1)在修正稳态增长理论假说的基础上,基于经济平稳增长目标,尝试性地推导了投资消费比、投资出口比以及投资(消费＋出口)比等最优需求动力结构的存在和确定,为经济实践中实现平稳增长而调整需求动力结构提供理论指导。

(2)在综合前人研究成果的基础上,基于经济集约增长目标,提出要素贡献最大化需求动力结构调整假说,为经济实践中推进经济集约增长而调整需求动力结构提供理论指导。

(3)试图运用一些较新的计量经济学前沿方法来解决理论上无法精确指导的实践问题。例如在研究经济集约增长下的最优需求动力结构时,本书通过建立社会生产函数的阈值协整模型,仿真模拟得出中国及其区域经济集约增长所要求的最优需求动力结构状态的经验值,为判断集约增长目标约束下的中国及其区域需求动力结构的合理性及其调整提供精确的数值依据。

(4)区别以往大多数非系统性的需求动力结构调整研究成果,本书基于"理论分析→经验检验→思路对策"这一逻辑思路,从国民福利、平稳增长以及集约增长三种视角对中国及其区域需求动力结构的合理性进行分析和判断,并分别基于不同经济增长调控目标,尽量以定量分析的形式提出需求动力结构调整的思路,力图使需求动力结构调整的思路更明确、更具体和更具可操作性。

Abstract

Consumption, investment and exports are the demand driving forces of the economic growth of a country. In the process of modern economic growth, the rational allocation of the structure of the consumption, investment and export is very important for the macroeconomic operation. Since the 21st century, the economies of the BRIC countries as representative of the developing large countries rapidly rise, and the growth rate is much higher than the average level of western developed countries, but economic growth quality is poor. Since China reforming and opening in the seventies of the 20th, economy growth rate reach 9.8 percent with an average year, the total GDP has exceeded 56.88 trillion yuan in 2013, and it becomes the world's second largest economy, only less than the United States. However, with China economic growth rapidly at the same time, there is still a gap in comparison with western developed countries in economic growth operation quality, as improving national welfare, maintaining economic growth stablity and promoting intensive economic growth and so on. The report of the eighteenth Congress of the Communist Party of China in November 2012 has clearly put forward: "we must focus to improve the demand structure, optimize the industrial structure, promote coordinated regional development, advance urbanization, and emphasize to solve the major structural problems of the restrict economic sustainable and healthy development." Thus, adjusting the structure of economy and promoting transformation of development mode have been become to the top strategy of China's economic development. China is a country with a large population, vast territory, and regional economic development difference, and its development process has the typical characteristics of the emerging developing countries. This paper take China as an example, based on the relationship between the demand driving force structure and the economic growth targets, and reveal the demand driving force structure should have the theoretical optimal state under the constraint of certain economic growth targets in the process of economic growth. At the same time, based on the theory analysis of the optimal state of demand driving force structure under the constraint of economic growth transformation targets, The rationality of China's demand driving force structure under the constraint of realizing economic growth targets of the national welfare, stable growth and intensive growth is judged, and the corresponding adjustment ideas are put forward. In short, the paper study on the demand driving force structure adjustment under the constraint of economic growth transformation targets with a deep theoretical and empirical research way, and provides an important theoretical guidance and practical reference for adjusting the demand driving force structure in order to promoting health development of the developing large countries' economy, thus it has a very important theoretical and practical value.

This paper is divided into eight chapters, the main research contents can be summarized to five aspects.

(1) Exploring the relationship between the demand driving force structure and economic growth targets. In the process of economic growth, it is necessary to improve the national welfare, maintain stable growth and promote intensive growth, But through the demand driving force structure adjustment to realizing the targets, the logic relation between the allocation structure of consumption, investment and exports and realizing of the targets of improving national welfare, maintaining stable growth and promoting intensive growth and so on in the process of economic growth must be cleared. This paper lay the basic theoretical basis for the "adjusting the demand driving

force structure and promoting economic transition growth" by exploring the relationship between the demand driving force structure and economic growth targets.

(2) Study on the driving force structure adjustment under the constraint of the national welfare target. Based on the analysis of the connotation of the national welfare target, this paper Sum up and put forward the optimal status of the demand driving force structure in Chenery and Sell Quinn's industrialization process per capita national income hypothesis as the optimal state of demand driving force structure under the constraint of the national welfare target. At the same time, according to the requirements of the standard of above optimal state of the driving force structure, this paper analyse the status quo of the demand driving force structure of China and its region under the constraint of the national welfare target, and judge its rationality, and put forward the basic adjustment ideas about the proportion of consumption, investment and exports respectively accounting for GDP in order to achieve the national welfare garget of China and its region.

(3) Study on the driving force structure adjustment under the constraint of the stable growth target. Based on the connotation of the stable growth target, this paper has revised the steady growth hypothesis, and put forward the optimal status of the demand driving force structure from two perspectives of steady growth of constant steady-state level of unit demand output and uniformly promoted steady-state level of unit demand output in modified the steady state growth hypothesis as the optimal state of demand driving force structure under the constraint of the stable growth target. At the same time, according to the requirements of the standard of above optimal state of the driving force structure, this paper analyse the status quo of the demand driving force structure of China and its region under the constraint of the stable growth target, and judge its rationality, and put forward the basic adjustment ideas about the ratio of investment and(consumption plus export) in order to achieve the stable growth target of China and its region.

(4) Study on the driving force structure adjustment under the constraint of the intensive growth target. Based on the connotation of the intensive growth target, this paper construct the factor contribution maximization hypothesis, and put forward the empirical value of the demand driving force structure in the the factor contribution maximization hypothesis as the optimal state of the driving force structure under the constraint of the intensive growth target. At the same time, according to the requirements of the standard of above optimal state of the driving force structure, this paper analyse the status quo of the demand driving force structure of China and its region under the constraint of the intensive growth target, and judge its rationality, and put forward the basic adjustment ideas about the ratio of investment and consumption, investment and export, investment and (consumption plus export) in order to achieve the intensive growth target of China and its region.

(5) Study on the influence factors and countermeasures of the driving force stucture adjustment. The changes of the number of consumption, investment and export demand, which directly determines the demand driving force structure adjustment, but the changes of the number of consumption, investment and export demand are affected by various factors. Based on the analysis of the influence factors of the changes of the number of consumption, investment and export and the dynamic impact effect of the influence factors to the structure of consumption, investment and export, combined with the regional differences of China's economic growth, the effective countermeasures to realize the adjustment of China's demand driving force structure are put forward.

Compared with the existing literature, the main contributions of this paper are:

(1) On the basis of the theory of modified steady growth and the connotation of the stable growth target, this paper has attempted to deduce the existence and determination of the optimal ratio of the investment to consumption, investment to the export, investment to (consumption plus export) and so on, and provide theoretical guid-

ance for adjusting the demand driving force structure for achieving the stable growth in economic practice.

(2) Based on summarizing the results of previous studies and the connotation of the intensive growth target, this paper put forward the factor contribution maximization hypothesis, and provide theoretical guidance for adjusting the demand driving force structure for achieving the intensive growth in economic practice.

(3) Trying to use some new methods of econometrics to solve the problem of the theory can not accurately guide the practice. For example, in the study of the determination of the optimal demand driving force structure under the constraint of the intensive growth, this paper establishs the threshold cointegration model of social production function, and simulate the empirical value of the demand driving force structure of China and its region under the constraint of the intensive growth target, and provides a precise numerical for judging and adjusting the demand driving force structure of China and its region under the constraint of the intensive growth target.

(4) Differencing from the main nonsystematical research results of demand driving force structure adjustment in the past, this paper construct the logical thinking of the theory analysis, empirical test and countermeasures, and analyze and judge the rationality of the demand driving force structure of China and its region from the three perspectives of national welfare, steady growth and intensive growth, and as far as possible put forward the thinkings of driving force structure adjustment in the form of quantitative analysis separately based on regulation need of the different economic growth target, and try to make the thinkings of the demand driving force structure adjustment more clear, more specific and more operable.

目　录

CONTENTS

第 1 章

导论

1.1 研究背景、问题提出及研究意义

1.1.1 研究背景及问题提出

消费、投资和出口是经济增长的需求拉动力。在经济增长实践中,如果消费、投资和出口占 GDP 的比重或三者之间相互形成的比例发生改变,则意味着经济增长的需求动力方式将发生变化,其对经济增长影响的结果也必将有所不同。改革开放以来,中国的需求动力结构发生重大变化,从消费、投资和出口占 GDP 的比重来看,消费占 GDP 比重从 1978 年的 62.1% 下降至 2012 年 49.5%,投资占 GDP 比重从 1978 年的 38.2% 上升至 2012 年 47.8%,出口占 GDP 比重从 1978 年的 4.6% 上升至 2012 年 24.4%。从消费、投资和出口三者之间相互形成的比例来看,投资消费比从 1978 年的 0.615∶1 上升至 2012 年的 0.965∶1,投资出口比从 1978 年的 8.221∶1 下降至 2012 年的 1.954∶1,投资(消费+出口)比从 1978 年的 0.573∶1 上升至 2012 年的 0.646∶1。[①]就发展趋势而言,中国的消费占 GDP 比率基本呈现缓慢下降趋势,投资占 GDP 比率基本呈现缓慢上升趋势,出口占 GDP 比率基本呈现缓慢上升趋势,投资消费比呈现较快上升趋势,投资出口比呈现较

---

① 根据中华人民共和国统计局 2013 年《统计年鉴》相关数据计算得出。

快下降趋势,投资(消费+出口)比呈现波动式缓慢上升趋势(具体见图1.1)。但正是在这样一种需求动力结构状态下,中国的经济增长在速度和总量方面取得瞩目成就,改革开放30多年,中国经济平均每年以9.8%的速度增长,2013年经济总量GDP总和已突破56.88万亿元,成为仅次于美国的世界第二大经济体。然而,中国经济增长的速度和总量成就能够说明中国需求动力结构的全部合理性吗?其实并不然,因为经济增长的速度和总量并不代表经济增长的全部。在现实中,国家不但追求经济增长的速度和总量等目标,而且追求经济增长的质量目标,如在经济增长过程中追求改善国民生活水平的福利增长、追求保持总供求基本均衡的平稳增长、追求促进生产要素对产出效率最大化的集约增长,但从中国经济增长的现实情况来看,中国经济增长离这些质量目标和要求还具有较大差距。

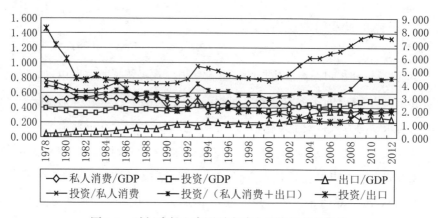

图1.1 时间路径上中国需求动力结构的变化趋势

中国自20世纪50年代到70年代末期,一直实行计划经济体制,为恢复和建设国家经济,国家对国民的消费资料实行严格的配给制度,人们的消费需求被严重束缚,生活水平低下。70年代末期,中国开始实行市场经济体制改革和对外开放,人们的收入水平开始有所提高,对满足基本生活需要的补偿性消费需求日趋旺盛,但受原有生产体系和投资结构的影响,产品仍供不应求,结果导致在此时期发生了两次(1985年、1988—1989年)较为严重的通货膨胀,并且引发了1988年较为严重的商品抢购风潮。进入 20 世纪 90 年代以后,受 1992 年邓小平同志南方谈话鼓舞及中央政府放权让利影响,民间投资主体和地方政府投资热情高涨,投资需求在总需求中的比例开始迅速上升,社会生产迅速增加,人们的补偿性消费需求得到满足,由此带动经济出现产销两旺的局面。然而,当人们的基本消费需求得到满足之后,人们发现当前中国社会转型期的保障体系并不完善,还需要大量的个人储蓄用于防范未来不确定性,人们对于改善生活的消费欲望再次被经济社会体制所压抑。与此同时,20 世纪 90 年代中期以后,由于民间和地方政府投资的持续增长,产能开始出现过剩,中国商品供求基本格局开始发生翻转性改变,由之前的"供给约束"开始进入"需求约束"时代。由于国内消费需求的压抑,中国经济对出口外需的依赖性越来越严重,到 2012 年,出口外需占到中国经济总需求的四分之一左右,达到 24.4%。至此,中国经济增长基本形成了以投资需求贡献为主、消费需求贡献为辅和出口需求贡献迅速提升的需求动力方式。毫无疑问,这种需求动力方式在带来经济高速增长的同时,其潜在弊端也是显而易见的:首先,在这种需求动力方式下,国内的消费需求长期得不到重视,致使人们消费水平低下,国民福利得不到应有的改善,背离了经济增长的初衷;其次,在这种需求动力方式下,由于现代科学技术并未处于高度发达阶段,投资需求长期主导拉动经济增长必然消耗大量的物质资源和造成对环境的极大破坏,当资源环境约束加剧时,经济增长的可持续性将受到严重挑战;再次,在这种需求动力方式下,如果国内经济增长越来越倚重于出口需求来拉动,将加剧国内经济发展对外部宏观经济环境的依赖,一旦外部宏观经济环境面临重大变化,经济增长的稳定性将受到严重威胁。事实上中国经济增长面临问题的表现也的确如此。在国民福利方面,中国居民的生活消费水平远远低于世界第一大经济体美国和第三大经济体日本,以 2012 年为例,中国居民年人均消费仅 13 946.2 元,全部居民消费总额占国民生产总值比例为 36.3%;而美国居民年人均消费 35 407.7 美元(折合人民币 222 555.1 元),全部居民消费总额占国民生产总值比例为 78.1%;日本居民年人均消费 2 271 389.4 日元(折合人民币 310 940.5 元),全部居民消费总额占国民生产总值比例为 55.8%。在资源能源使用方面,中国粗犷型的开采、加工和生产,导致资源能源消耗巨大,战略支柱性矿产能源(如石油、天然气、富铁矿等)后备储量已严重不足,可供使用年限较短,经济增长所需要的矿产能源供给日趋紧张,对进口的依赖性越来越强。2008 年,中国建筑用矿物、金属矿物和工业矿物、化石燃料以及生物质四大物质消费量达到 226 亿吨,占到全世界总量的 32%,成为迄今为止世界最大的原材料消费国,是排名第二的美国的近 4 倍。[①]2012 年,中国能源消费总量为 37.5 亿吨标准煤,每万元国内生产总值能源消耗达到 1.517 吨标准煤,是美国能耗的 1.7 倍,是日本能耗的 2.3 倍。[②]在环境影响方面,大气、水污染严重,仅 2012 年中国的废水排放总量就达到 684.8 亿吨,二氧化硫排放总量达到 2 117.6 万吨,废气中氮氧化物排放总量达到 2 337.8 万吨,废气中烟(粉)尘排放总量达到 1 234.3 万吨,工业固体废物产生量达到 32.9 亿吨,突发环境事件次数 542 起[③],环境对经济发展的负面制约越来越明显。在对外贸易方面,由于受意识形态干扰和外部重大经济危机事件的冲击,出口贸易日益维艰,尤其是 2007 年美国次贷危机所引发的全球金融危机爆发后,世界主要发达经济体发展普遍步入下行通道,对华贸易排斥和贸易摩擦更为尖锐和频繁,世界对中国商品的需求大幅萎缩,国内大批生产企业濒临破产,经济增长态势转型直下。面对以上问题的严重挑战,中国政府首次在 2008 年中央经济工作会议上明确提出转变和调整经济增长方式,提出经济增长要以扩大国内需求特别是消费需求的方针,要求促进经济增长由主要依靠投资、出口拉动向依靠消费、投资、出口协调拉动转变。随后,2009 年、2010 年和 2011 年连续 3 年的中央经济工作会议都再次强调转变拉动经济增长的需求动力方式,增强经济增长的内生性。2012 年 11 月,党的十八大报告也明确指出,"必须以改善需求结构……着力解决制约经济持续健康发展的重大结构性问题。要牢牢把握扩大内需这一战略基点,加快建立扩大消费需求长效机制,释放居民消费潜力,保持投资合理增长。"

在中国经济增长的需求动力方式导致经济增长质量不佳的背景下,学术界对

---

① 数据来源于联合国资源环境署 2013 年出版物《中国资源效率:经济学与展望》一书,第 5 页。
② 根据世界银行 WDI 数据库 2012 年数据计算。
③ 数据来源于中华人民共和国环境保护部《全国环境统计公报(2012 年)》。

中国拉动经济增长的需求动力方式及结构调整进行了持续讨论和研究。一部分学者提出中国经济增长长期依赖投资拉动，国内消费需求贡献偏低，如果不调整投资消费结构的失衡状况，则不利于当前转变经济发展方式和保持经济平稳增长（范剑平，2003；董辅礽，2004；柳思维等，2009；晃钢令和王丽娟，2009；杨晓龙和葛飞秀，2012），一部分学者认为中国经济增长过度依赖出口需求拉动，经济增长容易受到外部因素影响，需要将经济增长的需求动力转向国内，使内需外需协调拉动经济增长（王秀芳，2006；韩永文，2007；江小涓，2010；欧阳峣，2013），一部分学者认为将依赖投资和出口驱动经济增长的方式调整为消费驱动经济增长可以大幅提高国民福利水平（王小鲁，2010）。但总而言之，其基本观点是中国的投资与消费、内需与外需的结构已经失衡，经济增长的需求动力结构亟待调整。然而，也有部分学者认为当前的需求动力结构没有失衡或经济增长中不存在合适的需求动力结构比例（罗云毅，2006；张军，2010；朱天和张军，2012），经济实践中不需要对需求动力结构进行调整。面对中国经济增长实践中出现的问题以及理论界学者对需求动力结构调整各抒己见的观点，该如何甄别国内学者理论观点的科学性和合理性？拉动中国经济增长的需求动力结构真的失衡了吗？当前中国是否需要对其进行调整？如果需要调整，该如何调整？这都需要我们对中国经济增长的需求动力结构问题做进一步的研究和探讨，以此来回答和解决上述问题。

1.1.2　研究意义与目的

1. 研究意义

（1）在理论上，有助于丰富和完善经济增长理论研究。从总需求的角度研究经济增长理论已相当丰富，但从投资、消费和出口三大需求结构合理配置的视角研究对经济增长的影响却较不多见。从实践来看，不同的需求动力结构对一个国家的经济增长带来的影响完全不同。因此，从理论上探讨、归纳和总结需求动力结构对经济增长的影响规律应是经济增长理论研究的一项重要内容。

（2）在实践中，有助于中国推进经济结构的战略性调整。需求动力结构调整是经济结构调整的一项重要内容。党的十八大报告明确提出："必须以改善需求结构、……着力解决制约经济持续健康发展的重大结构性问题。"这一论断充分表明中国经济增长的现实中，需求动力结构已经严重地影响了经济的运行质量。通过探讨需求动力结构对中国经济增长的影响以及为适应当前中国经济增长目标要求而研究提出需求动力结构的调整思路，对于新时期中国完成"转方式、调结构"的经济战略任务具有重要的现实指导价值。

2. 研究目的

在新的历史时期，中国做出调整经济增长的需求动力结构部署，已成为当前甚至未来中国经济"转方式、调结构"的重要战略任务之一。但是，要实现需求动力结构调整的战略意图，并不是笼统的和一蹴而就的，这需要解决三个方面的基础问题：一是需要在理论方面找到调整以及如何调整需求动力结构的依据，以形成对实践的有效指导；二是需要将消费、投资和出口三大需求协调拉动经济增长的模糊目标转变为符合经济增长现实的具体目标，在具体目标的约束下提出对需求动力结构的调整思路；三是需要在现实经济运行机制中找到影响消费、投资和出口需求的显著因素，以提高需求结构调整对策实施的针对性。本文开展研究的目的，就是为了回答和解决上述问题，以实现对中国需求动力结构的合理调整，从而达到提升中国经济增长运行质量的目的，使中国经济增长由单纯追求速度和数量目标向同时追求速度、数量和质量目标转型。

1.2 研究思路与全书结构安排

1.2.1 研究思路

本书主要遵循提出问题→分析问题→解决问题的研究思路展开研究。提出问题，即提出何种需求动力组合能够保持中国未来经济的健康增长？分析问题，即根据中国当前经济增长的现实目标要求,对照各种经济增长目标约束下的理论最优需求动力结构配置标准,对当前中国经济增长的需求动力结构进行合理性判定,进而提出中国当前需求动力结构是否需要调整以及如何调整的思路问题。解决问题,即针对能够实现中国当前经济增长目标的需求动力结构调整思路,提出实现这些需求动力结构调整思路的有效对策和建议。本书研究逻辑框架见图1.2。

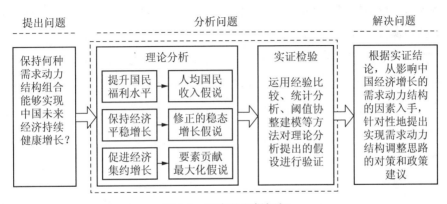

图 1.2　研究的逻辑框架

1.2.2　全书结构安排

本书的结构安排如下:

第1章为导论。主要介绍论文的研究背景、意义及目的。同时,对本书的研究思路和框架进行整体设计和安排。

第2章是经济增长目标与需求动力结构调整关系的理论分析。主要阐述经济增长目标和需求动力结构调整的基本内涵、中国经济增长现实对其目标选择的要求、经济增长目标与需求动力结构调整的内在逻辑以及中国经济增长目标对需求动力结构配置的内在要求。

第3章是国民福利目标约束下的中国需求动结构调整。主要分析经济增长过程中实现提升国民福利水平目标与需求动力结构配置的关系,同时对照工业化阶段人均国民收入理论假说中的最优需求动力结构标准,对中国经济增长的需求动力结构现状进行剖析,并提出在中国经济增长过程中不断提升国民福利水平而对需求动力结构进行调整的思路。

第4章是平稳增长目标约束下的中国需求动力结构调整。主要分析经济增长过程中实现保持平稳增长目标与需求动力结构配置的关系,同时对照修正的新古典稳态增长理论假说中的最优需求动力结构标准,对中国经济增长的需求动力结构现状进行剖析,并提出在中国经济增长过程中为保持经济平稳增长而对需求动力结构进行调整的思路。

第5章是集约增长目标约束下的中国需求动力结构调整。主要分析经济增长过程中实现促进集约增长目标与需求动力结构配置的关系,同时对照构建的要素贡献最大化理论假说最优需求动力结构标准,对中国经济增长的需求动力结构现状进行剖析,提出在中国经济增长过程中为促进经济集约增长而对需求动力结构进行调整的思路。

第6章是影响中国需求动力结构调整的消费投资出口因素。主要运用多元线性回归技术对关系中国需求动力结构调整思路实现的消费、投资和出口需求的影响因素进行分析,运用 VAR 建模和脉冲响应函数方法对消费、投资和出口需求的影响因素对需求动力结构的动态冲击效应进行考察,进而为实现中国需求动力结构的调整而提出合理化对策奠定基础。

第7章是经济增长目标约束下中国实现需求动力结构调整的对策。主要根据影响需求动力结构调整的消费、投资和出口需求因素的分析结果,有针对性地提出扩大消费、控制投资以及增加或稳定出口的合理化对策,以实现各种经济增长目标约束下的需求动力结构调整思路。

第8章为结论和展望。对本研究进行总结和下一步的研究进行展望。

第 2 章

经济增长目标与需求动力结构调整关系的理论分析

现代国家在推进本国经济增长的过程中,往往根据本国现实的需要,以施加若干具体目标约束的形式,如实现国民福利水平提升、经济平稳增长、经济集约增长等目标,企图达到本国经济的最优增长。需求动力结构调整是国家调控经济运行的一种手段和方式,国家可以通过对需求动力结构的调整,实现经济增长过程中的若干预设目标,从而使得经济按照国家的调控意图有序增长。本章主要对经济增长目标和需求动力结构调整的内涵进行合理界定,同时根据中国当前经济增长的现实情况提出对当前中国经济增长的合理目标选择,重点阐述实现经济增长目标与需求动力结构调整的内在逻辑关系以实现中国经济增长目标对需求动力结构调整的内在要求。

2.1 经济增长目标的内涵及当前中国经济增长目标的现实选择

2.1.1 经济增长目标的内涵

经济增长是对人类社会经济活动不断取得物质成果的一种客观描述,也是现代国家繁荣富强、人民幸福安康、社会和谐稳定的物质基础。为了更好地实现经济增长,现代国家往往根据本国需要对本国的经济增长过程实施若干目标约束,以使本国的经济增长过程朝着预设方向发展。由于每一个国家经济增长所面临的现实基础和发展条件各不相同,因此在经济增长过程中,每一个国家对经济增长设置的约束目标各有差异。一些国家处于经济增长的初级阶段,希望通过加快经济增长的速度,减小与发达国家的经济差距;一些国家在经济发展的过程中,注重增加居民消费,不断提升人们的生活水平,以谋求国民福利与经济增长协调同步发展;一些国家把控制通货膨胀和解决社会就业作为经济社会发展的首要任务,希望增加经济增长的平稳性,减少供需失衡给本国带来失业、物价上涨等负面影响;而还有一些国家可能因为资源严重匮乏,在经济增长过程中追求集约型经济增长,减少资源的耗费和生产要素的投入,保障本国经济社会的可持续发展。总而言之,经济增长目标是当代国家为谋求更好地发展本国经济而对其增长提前预设的一种约束,每个国家设定的具体经济增长目标因国情而异。

2.1.2 当前中国经济增长目标的现实选择

1. 中国经济增长面临的基本现状

(1) 国民生活水平仍然较低。尽管中国经济总量已位于世界前列,但经济总量被庞大的人口数量相除以后,中国的人均 GDP 落后于世界发达国家甚至落后于新兴工业化国家,按照中国 2011 年中国贫困线标准,中国还有 1.28 亿人口处于贫困线以下。如果用全部居民消费额占 GDP 的比重指标来衡量一个国家的国民平均生活福利水平,2012 年中国居民消费率水平仅为美国的46.5%,日本的65.1%[①],中国的国民生活福利水平与发达国家仍然存在很大的差距,因此,不断增加居民收入,提升消费水平,改善国民福利仍是中国经济增长面临的首要任务。

(2) 就业和稳定物价问题形势严峻。中国是一个人口众多的国家,2011 人口达到 13.47 亿,据估算 2033 年前后将达到峰值 15 亿左右。庞大的人口数量是经

---

① 根据世界银行 WDI 数据库统计数据计算得出。

济发展的动力,但对社会就业造成严重压力。通货膨胀始终也是困扰中国经济社会发展的主要问题,自 1978 年以来,历经了 1980 年、1984—1985 年、1987—1989 年、1993—1995 年和 2007—2008 年 5 次大的通货膨胀,给经济社会发展带来了较大冲击。

(3) 自然资源供给紧张。随着中国庞大经济体的起飞,中国的多项重要资源面临短缺且人均拥有量远远低于世界人均水平,国民经济增长严重依赖资源进口,资源供需形势十分严峻。就土地资源来看,中国的国土面积总量较大,但可耕地比例低,人均可耕地面积 1.2 亩,约为世界人均水平的 21.81%。中国淡水资源丰富,但是人均水平低且分布不均,仅为世界人均水平的 23.73%。中国的人均林地面积 1.8 亩,仅为世界人均水平的 11.61%。而其他战略性资源,如煤炭(地质储量)仅为世界人均水平的 46.57%,石油(地质储量)仅为世界人均水平的 31.6%—63.83%,铁矿石(探明储量)仅为世界人均水平的 53.79%。[①]

(4) 外延型增长仍是中国经济增长的主要方式。中国自改革开放以来所取得的经济高速增长,大多是依靠低廉的自然资源和劳动力资源等生产要素的大量投入,从经济增长的质量和代价看,中国单位产出的能源、资源消耗量大,经济效益低,环境代价大。2012 年,能源消费总量达到 37.5 亿吨标准煤,每万元国内生产总值能源能耗达到 1.517 吨标准煤,废水排放总量达到 684.8 亿吨,废气中烟(粉)尘排放总量达到 1 234.3 万吨,工业固体废物产生量达到 32.9 亿吨,突发环境事件次数 542 起。[②]

2. 中国经济增长目标的现实选择

针对中国当前经济增长的现状,能够解决经济增长过程中所面临出现的问题的目标方案理应成为中国当前理性而又现实的选择。2012 年,在科学诊断经济增长的现实国情基础上,党的十八大报告明确提出把追求经济持续健康发展、人民

---

① 数据来源于邱东和陈梦根《中国不应在资源消耗问题上过于自责》一文,见《统计研究》2007 年第 2 期 16 页。

② 数据来源于《2013 年全国统计公报》和 2012 年《全国环境统计公报》。

生活水平全面提高作为全面建设小康社会目标的新要求,这为中国当前经济增长目标的设立指明了方向。经济持续快速健康稳定发展,即要求转变经济发展方式,增强经济增长的平稳性和集约性;人民生活水平全面提高即不断增加人民的收入,提升居民的消费水平,以消费欲望的满足直接带动国民福利水平的提升。因此,按照党和国家对中国经济增长的要求,以提升人民生活水平的社会福利型经济增长、以实现内外供求均衡的平稳型经济增长和以提升要素产出效率的集约型经济增长必然成为中国当前经济增长目标的现实选择。

2.2 需求动力结构调整内涵及大国的特征

2.2.1 需求的概念及分类

经济学中的需求,亦指购买商品或劳务的愿望和货币支付能力,如高鸿业主编的《西方经济学》对需求的解释为:消费者在一定的时期内在各种可能的价格水平愿意而且能够购买的商品的数量。N.格里高利·曼昆所著《经济学原理》中对需求的解释为:买者愿意而且能购买的一种物品量。

用支出法核算 GDP 时,一个国家一定时期的 GDP 总额可以表示为整个社会对本国最终产品的购买总支出,即整个社会因购买本国最终产品而形成的总需求。如果按照购买最终产品的主体所属地域不同,可以将购买总支出(总需求)分为国内需求和国外需求;如果按照购买最终产品的对象不同,可以将购买总支出(总需求)分为消费需求和投资需求;如果按照购买最终产品的使用目的不同,可以将购买总支出(总需求)分为中间需求和最终需求(具体分类见图 2.1)。本研究所指的消费需求、投资需求和出口需求,即图 2.1 第二级中所表述的消费需求、投资需求和出口需求。

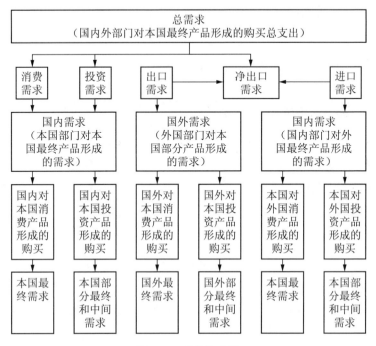

图 2.1　需求的分类

2.2.2　需求动力的概念及作用衡量

需求动力亦称消费、投资和(净)出口需求动力,是指从支出法角度衡量一个国家的当期消费和投资性购买支出以及国外的(净)购买支出分别对经济增长的拉动作用。消费、投资和(净)出口对经济增长的拉动作用可以用消费、投资和(净)出口对经济增长的贡献率指标来衡量。贡献率指标有两种表示方式,第一种是存量表示方式,即用当年的消费总额、投资总额或(净)出口总额分别除以当年的 GDP 总额来表示当年的消费、投资和(净)出口对经济增长的贡献。第二种是增量表示方式,即用当期消费、投资和(净)出口的增量(如果分别以 C 代表消费,I 代表投资,N 代表净出口,则消费增量 $\Delta C = C_t - C_{t-1}$,投资增量 $\Delta I = I_t - I_{t-1}$,(净)出口增量 $\Delta N = N_t - N_{t-1}$)除以 GDP 增量($\Delta \mathrm{GDP} = \mathrm{GDP}_t - \mathrm{GDP}_{t-1}$)来表示当年的消费、投资和(净)出口对经济增长的贡献。

2.2.3 需求动力结构及其调整的概念与内涵

1. 需求动力结构的概念及内涵

需求动力结构主要是指对一个国家的经济增长起到拉动作用的消费需求、投资需求或(净)出口需求之间的结构配置,通常以支出法核算的当期 GDP 中的最终消费总额、固定资本形成总额和(净)出口总额分别占当期 GDP 比重或三者之间相互之比来表示。也可指以支出法核算的当期 GDP 增量中最终消费增量、固定资本形成总额增量和(净)出口增量分别占当期 GDP 增量比重或三者增量之间相互之比来表示。本研究主要采用以支出法核算的当期 GDP 中最终消费总额、固定资本形成总额和(净)出口总额分别占当期 GDP 比重或三者之间相互之比来表示一个国家一定时期的需求动力结构。一个国家一定时期的需求动力结构既反映了该国对当期经济增长需求动力的配置,同时也间接反映了该国在该时期对经济增长方式的选择。

2. 需求动力结构调整的概念及内涵

需求动力结构调整主要是指国家通过采取相应的政策手段对消费、投资和(净)出口需求予以调节,即有针对性地增加或减少一个国家一定时期的消费、投资或(净)出口的数量,从而改变经济运行中消费占 GDP 的比重、投资占 GDP 的比重、(净)出口占 GDP 的比重,或改变消费与投资的比例、消费与(净)出口的比例、投资与(净)出口的比例、消费与[投资+(净)出口]的比例、投资与[消费+(净)出口]的比例、(净)出口与(消费+投资)的比例,使之回归至合理水平,进而实现既定经济增长目标的一种经济行为。需求动力结构调整是国家调控经济运行的一种有效手段。

2.2.4 大国的特征

根据学术界对大国的定义,大国多以人口规模、国土面积、经济总量等其中单一指标或复合指标予以界定(西蒙·库兹涅茨;1999,霍利斯·钱纳里等,1975;张李节,2007;张培刚,1992;童友好,2001;欧阳峣,2010)。因此,作为一个大国,必然具有人口众多、土地辽阔、资源丰富且要素禀赋差异性大、区域发展差异大等特征。中国目前拥有 13.7 亿人口,约占世界人口的 1/5,国土面积约为 960 万平方公里,矿产资源十分丰富,现已探明储量的矿产 163 种,是世界上已知矿种配套较全的少数国家之一。2013 年,中国东部省份中,江苏 GDP 达到 59 162 亿元,浙江GDP 达到 37 568 亿元,广东 GDP 达到 62 163 亿元,但在西部地区中,西藏 GDP 仅为 808 亿元,青海 GDP 仅为 2 101 亿元,宁夏 GDP 仅为 2 565 亿元,东西部地区经济发展差异极大。由此可见,中国是一个典型的发展中大国。

2.3　经济增长目标与需求动力结构调整的内在联系

2.3.1　经济增长目标与需求动力结构调整的逻辑关系

1. 需求动力是促进人类社会经济增长的根本力量

(1) 消费需求促进经济增长。

消费需求对经济增长的重要性不言而喻。首先,消费需求是人类社会生产和经济增长的内源力量。没有人类的消费需求,社会生产就会失去存在的必要性,马克思(1995)在论述社会生产四个环节的关系时就曾指出,生产是起点,消费是终点。人类社会正是通过自我需求的不断满足,从而引致社会生产规模的扩大,不断促进经济社会向前发展。其次,消费需求是维持社会再生产的一个重要条件。没有社会再生产就没有经济增长。魁奈(1979)曾指出消费是社会再生产不可缺少的条件。西斯蒙第(1981)也认为,消费和生产是相互决定的,保持两者之间的均衡,既是社会经济发展的必备条件,同时也是政治经济学的基本问题。如果社会制度破坏了消费和生产的平衡,就会造成生产和消费的尖锐矛盾,这也是资本主义社会经常爆发经济危机的根源。最后,消费需求是引致创新的重要力量。创新是经济增长重要源泉的观点已被人们普遍接受,而人们消费需求的拓展则进一步加速了技术创新的速度。库兹涅茨(1989)在分析总体经济增长与生产结构改变的关系时指出,生活和工作条件的变化创造了新的消费需求和某些潜在的巨大的消费需求,这些消费需求可能对进一步的技术革新提供刺激,从而支持总体经济增长的高速度。总之,消费在社会经济增长的过程中,既通过直接参与生产过程推动经济增长,也通过间接激励创新来推动经济增长。

(2) 投资需求促进经济增长。

投资是形成资本的重要手段。在古典经济增长理论和新古典经济增长理论中,都十分强调物质资本投入的重要性。斯密(1972)指出,预蓄资财是提高劳动生产力,促进社会生产发展的必要条件。Harrod(1939)和 Domar(1946)强调在社会再生产过程中社会资本投入的作用,认为一个国家的资本积累率保持一个较高的水平,经济就会以一个较快的速度增长。Solow(1956)指出,不断提高一个国家人均资本水平,就会不断促进经济向前增长。投资为什么能够促进经济增长呢?一方面,投资是形成社会生产的物质基础必要条件。社会的生产和再生产过程必须建立在有形的物质基础条件之上,即生产机器、设备和厂房等生产条件的形成是社会生产和扩大再生产的前提,而此生产条件的形成就需要不断进行投资,购买社会生产的资本物品,维系和扩大社会的生产和扩大再生产能力。另一方面,投资本身作为最终需求的一部分,维系着生产和消费的均衡。资本品作为社会生产的最终产品之一本身就存在自身的消费问题,投资对资本物品的购买,解决了资本物品的最终使用问题,对经济增长形成直接的拉动。

(3) 进出口需求促进经济增长。

在世界经济一体化和全球化背景下,进出口需求引发的国际贸易活动无疑对经济增长具有重要的作用。首先,出口需求为解决国内产能过剩开辟了新的渠道,将潜在产出转化实际增长。斯密(1972)在论述对外贸易的作用时指出,对外贸易的发展为国内生产的超过本国需求的产品开辟了市场,通过对外贸易增加了国民财富。李嘉图(2008)论述了一国在资本和人口要素受到限制时,可以通过对外贸易无限地增加财富,推动经济增长。格罗斯曼和赫尔普曼(2009)指出国际贸易能够扩大企业面对的市场规模,增加市场的销售额和利润量。其次,进口和出口需求能够促进技术要素的国际流动,提升社会生产效率。约翰·穆勒(1993)认为对外贸易具有扩大市场,改进生产,传播新技术,增加积累,起到产业革命的作用。马克思(1975)认为国际贸易能够使民族的自给自足和闭关自守状况被各民族各方面的相互往来和相互依赖所取代,而这种代替大大地促进了生产力的发展。最后,进口和出口需求可以促进资源在贸易国家之间配置的帕累托改进,从而提高生产效率促进经济增长。国际贸易活动不但可以扩大整个国际社会劳动范围,发展社会分工种类,而且可以使贸易参加国扬长避短,促进生产要素的自由流动和自然资源的合理配置。

2. 需求动力结构调整是现实特定经济增长目标的有效手段

经济增长是人类社会经济发展的一个客观过程,在每一个国家的经济增长过程中,国家为了实现本国经济的最优增长,都会对经济增长提出若干调控目标,如在经济增长过程中强调国民福利水平的提升、强调经济增长的平稳性或强调经济增长的集约性等具体目标,但无论哪一种经济增长目标的实现都与需求动力结构的合理配置密切相关。例如,对于经济增长过程中提升国民福利水平的目标,要求在推进经济快速增长的同时,应最大限度地满足国民生活的消费需要,尽量使国民的福利增长与经济增长协调同步。但在现实经济增长实践中,由消费引致的国民福利增长与经济增长往往是矛盾的。根据古典和新古典经济增长理论以及W.W.罗斯托的经济成长理论,在生产技术水平一定的前提下,社会产出的增长或经济成长必须依赖于资本等要素的不断投入,而资本要素来源于社会积累。但一般而言,在既定社会产出总量的前提下,社会积累与社会消费和出口是一对矛盾关系,当社会积累增加时,社会消费和出口减少;当社会积累减少时,社会消费和出口增加。因此,要实现经济增长过程中提升国民福利水平的目标,国家在推进经济增长的过程中,必须合理处理好投资、消费和出口三者之间的比例关系。又如,对于保持经济平稳增长目标,要求经济每年以较为稳定的速度进行增长,避免经济增长的大起大落。经济增长的稳定,关键取决于社会生产和社会需求的大体平衡,当社会生产大于社会需求时,社会产品大量积压,造成社会人员大量失业、资源浪费严重;当社会生产小于社会需求时,社会产品供不应求,造成社会通货膨胀严重,社会资源供应紧张。投资作为社会生产的重要投入要素,对产出具有重要的决定性作用。如果投资增加所带来的产出增加不能被消费和出口所吸收,社会就会出现供过于求的现象;如果投资减少所带来的产出减少不能满足消费和出口,社会就会出现供小于求的局面,这两种情况的出现就都无法保障经济实现平稳增长。因此,对于实现经济平稳增长目也需要不断优化和调整投资与消费、投资与出口、投资与(消费+出口)的比例关系。再如,对于促进经济集约增长目标,这一目标要求在推进经济增长过程中尽量发挥要素对经济增长的最大贡献,减少对物质资源的耗费和对生态环境的破坏。而众所周知,投资是以物质资源为载体的对社会生产发挥重要作用的一种投入要素,一方面具有资源的稀缺性,另一方面具有边际报酬递减性。在社会生产中,如果投资在经济增长路径上能够以最大的边际报酬水平发挥对生产的作用,并且所决定的供给水平能够被消费和出口吸收,那么经济必然处于集约增长状态。因此,构建合理的投资消费比例、投资出口比例、投资(消费+出口)比例关系以确保投资对经济增长的贡献最大化对于实现经济集约增长目标具有重要现实意义。

3. 经济增长目标是特定时期需求动力结构调整的具体指向和要求

需求动力结构调整是国家在经济增长过程中连续改变某一时期的消费、投资或出口水平,使消费、投资和出口分别占 GDP 的比重或消费、投资和出口三者之间相互形成的比例发生改变的一种经济行为。但这样一种经济行为是否具有实际的意义,能否反映国家的经济调控意图或期望,则取决于经济增长目标是否对这种经济行为进行了约束。经济增长目标是国家根据不同时期经济增长过程中急需完成或实现的任务和要求而具体设定的,同一时期可能设定单一目标,也有可能兼具多重目标,不同的经济增长目标体现了国家在相同或不同时期对经济增长的具体期望,具有较强的时效性和针对性。如当前中国根据经济增长的现实,提出国民福利目标、平稳增长目标和集约增长目标,集中反映了当前中国对摆脱经济增长困境、开创新的经济增长局面的要求和期望。因此,经济增长目标是一切经济行为的行动指南,需求动力结构调整只有按照特定经济增长目标内涵所要求的需求动力结构运行规律去实施调整,这种需求动力结构调整的行为才具有实际内涵和意义。

4. 需求动力结构调整对经济增长多目标实现响应具有不确定性

经济增长的需求动力结构在一个国家经济增长的任一时期均具有唯一性,而经济增长目标则可由国家根据某一时期经济增长的现实需要设定为一个或者多个,当某一时期经济增长的目标被设定为多个时,需求动力结构与经济增长目标之间就会形成一对多的关系。然而在某一具体的时期,需求动力结构能够同时适应多种经济增长目标实现的需要吗?从现实的发展来看,其实并不确定。由于经济增长目标与需求动力结构具有密切的内在影响关联机制,每一种经济增长目标都会对需求动力结构提出具体的要求,当两种或多种经济增长目标实现对需求动力结构提出完全不同甚至相反的要求时,现实的需求动力结构调整就会面临多目标抉择问题。一般而言,一个国家在一定时期经济增长会面临若干挑战,但其中最迫切最需要解决的重要问题会作为经济增长的主要目标设立而排在政府宏观经济管理与调控的优先位置。因此,当现实的需求动力结构调整与经济增长多目标实现之间发生冲突时,现实的需求动力结构调整就可以根据某一具体时期国家经济增长目标的重要性来确定,即需求动力结构安排以优先满足经济增长的主要目标,其次再兼顾其他目标,当主要目标与其他次要目标对需求动力结构调整的要求相冲突时,以保证主要目标的实现为主。

2.3.2　中国经济增长目标对需求动力结构调整的基本要求

中国是一个人口众多、自然资源欠丰裕的发展中国家,更是一个经济增长方式粗放、供需矛盾和经济增长与资源环境矛盾较为突出、国民生活水平还远远落后于西方发达国家处于工业化进程中的国家。中国要想实现党的十八大报告提出的到 2020 年全面建成小康社会的宏伟目标,在推进经济增长过程中必然要求注重提升国民福利水平、注重保持经济增长的平稳性和注重促进经济集约型增长。然而,实现经济增长的预设目标与需求动力结构的配置具有密切的内在影响关联机制,即当经济运行中的需求动力结构处于能够实现经济增长目标所要求的最优状态时,经济增长目标才能实现,如果当实际经济运行中的需求动力结构偏离经济目标所要求具备的最优状态时,经济增长的目标就可能无法实现。因此,针对中国当前经济增长过程中需要迫切现实的目标和要求,就必须探寻与实现经济增长具体目标相匹配的最优需求动力结构标准,并将中国现实的需求动力结构及时调整至最优标准状态,以助推当前中国经济增长目标的实现。

2.4　本章小结

本章在界定经济增长目标内涵、需求动力结构调整内涵以及梳理经济增长目标与需求动力结构调整的基本逻辑关系基础上,重点阐述当前中国经济选择提升国民福利水平、保持经济平稳增长和促进经济集约增长作为经济增长目标的现实意义以及实现这些经济增长目标需要对当前中国需求动力结构进行调整的基本逻辑。

第3章
国民福利目标约束下的中国需求动力结构调整

　　国民福利有客观与主观之分。客观的国民福利是指国民通过消费货物和服务所带来的对物质和精神生活需要欲望的满足。主观的国民福利是指国民对客观的事物或因素的一种主观感受,如幸福感。[1]本研究涉及的国民福利是一种客观福利,国民通过消费使生活需要欲望得到满足的程度越高,国民福利水平也就越高。然而,国民生活需要欲望得到满足的基本前提是国民生活所需要的物质和服务能够得到充分保障和消费,如果一个国家的整体消费水平较低,必然导致整个国家的国民福利水平低下。党的十八大提出,提高人民物质文化生活水平,是改革开放和社会主义现代化建设的根本目标。因此,满足人民群众日益增长的物质和文化生活需要、不断提升国民福利水平是中国经济增长追求的基本目标。然而,相关理论分析表明,在经济增长中追求国民福利水平的提升需要对需求动力结构进行合理配置,实现国民福利水平提升目标对经济增长的消费、投资和出口三大需求动力的结构配置存在内生要求。本章主要通过归纳钱纳里和赛尔奎因提出的工业化进程人均国民收入假说,提出以该理论假说中所假定的需求动力结构状态作为国民福利目标约束下的最优标准状态,并对照该最优标准状态,对国民福利目标约束下的中国及中国东、中、西部地区需求动力结构现状进行分析并对其合理性进行判定,进而对偏离最优标准状态的中国及不同区域实际需求动力结构提出相应的调整思路。

---

① 参见杨缅昆:《论国民福利核算框架下的福利概念》,《统计研究》2008 年第 6 期。

3.1 国民福利目标约束下的最优需求动力结构理论：人均国民收入假说

3.1.1 人均国民收入假说的提出

工业化进程人均国民收入假说是霍利斯·钱纳里和莫伊思·赛尔奎因在1975年和1989年所著的《发展的型式 1950—1970》和《发展的型式 1950—1983》中提出的一种需求动力结构随人均国民收入的变化而变化的理论假说。钱纳里和赛尔奎因(1975)在考察国家在工业化发展模式的时候,把国家工业化进程中的经济结构随人均国民收入变化的考察分成 10 个方面分别加以分析,这其中就包括对国内经济需求动力结构的分析。他们采用一般均衡模型的简化形式,即:

$$X = \alpha + \beta_1 \ln Y + \beta_2 (\ln Y)^2 + \gamma_1 \ln N + \gamma_2 (\ln N)^2 + \sum \delta_i T_l \quad (3.1)$$

$$X = \alpha + \beta_1 \ln Y + \beta_2 (\ln Y)^2 + \gamma_1 \ln N + \gamma_2 (\ln N)^2 + \sum \delta_i T_l + eF \quad (3.2)$$

其中,X 为因变量,即代表经济结构变量,如需求动力结构、贸易结构等;Y 为 1964年美元计算的人均国民生产总值;N 为人口;F 为国内生产总值一部分的净资源流入;T_l 为时期,在考察期内以每增加 5 年为一个时期单位来度量 T。通过对101 个国家不同时期的横截面分析,得到了国家经济需求动力结构变化的横截面估计值。进一步的,钱纳里和赛尔奎因为了说明一般国家的经济需求动力结构变化,使用了中等规模国家(人口 N 为 1 000 万)的数值对方程(3.1)和(3.2)进行估计,得到了待估参数,然后再利用估计得到的参数对人均国民收入在 100—1 000美元之间[①]变化时私人消费占 GDP 的比重变化、投资占 GDP 的比重变化、出口占

① 以 1964 年的美元确定基准收入水平变化的范围。

GDP 的比重变化、投资私人消费比的比值变化、投资出口比的比值变化、投资（私人消费＋出口）比的比值变化进行了预测，预测结果见表 3.1。

表 3.1　1 000 万人口规模国家工业化进程中的需求动力结构变化

	100 美元以下	100 美元	200 美元	300 美元	400 美元	500 美元	800 美元	1 000 美元	1 000 美元以上
私人消费占 GDP 比重（%）	77.9	72.0	68.6	66.7	65.4	64.5	62.5	61.7	62.4
投资占 GDP 比重（%）	13.6	15.8	18.8	20.3	21.3	22.0	23.4	24.0	23.4
出口占 GDP 比重（%）	17.2	19.5	21.8	23.0	23.8	24.4	25.5	26.0	24.9
投资私人消费比值	0.175	0.219	0.274	0.304	0.326	0.341	0.374	0.389	0.375
投资出口比值	0.791	0.810	0.862	0.883	0.895	0.902	0.918	0.923	0.940
投资（私人消费＋出口）比值	0.143	0.173	0.208	0.226	0.239	0.247	0.266	0.274	0.268

如果将人均国民收入的变化与需求动力结构的变化用图解方式表示，其两者的变化趋势见图 3.1。

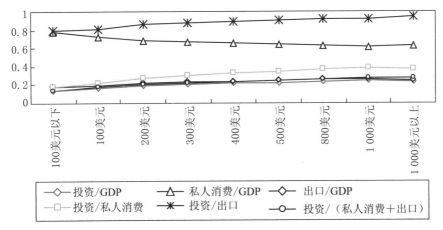

资料来源：根据霍利斯·钱纳里和莫伊思·赛尔昆所著，经济科学出版社 1988 年出版的《发展的型式 1950—1970》中第 31 页表 3 中的数据制作。

图 3.1　需求动力结构随人均国民收入（1964 年美元为基准测算）变化的趋势

1989 年,钱纳里和赛尔奎因继续沿用了 1975 年的研究思路和方法,对 1973 年以后人口规模为 2 000 万的国家在工业化进程中各种需求动力结构随人均国民收入变化而变化的情况进行了再次考察,得到了与 1975 年研究类似的结果(见表 3.2)。

表 3.2　2 000 万人口规模国家工业化进程中的需求动力结构变化

	300 美元以下	300 美元	500 美元	1 000 美元	2 000 美元	4 000 美元	5 000 美元以上
私人消费占 GDP 比重(%)	79.0	73.3	70.2	66.4	63.1	60.3	60.0
投资占 GDP 比重(%)	14.0	18.4	20.8	23.3	25.0	25.9	26.0
出口占 GDP 比重(%)	16.0	19.3	20.7	22.6	24.5	26.4	23.0
投资私人消费比值	0.177	0.251	0.296	0.351	0.396	0.430	0.433
投资出口比值	0.875	0.953	1.005	1.031	1.020	0.981	1.130
投资(私人消费＋出口)比值	0.147	0.199	0.229	0.262	0.285	0.299	0.313

如果用图解方式表示,需求动力结构随人均国民收入变化的发展趋势见图 3.2。

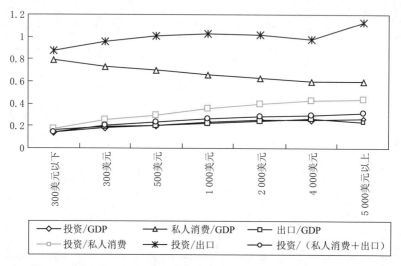

资料来源:根据霍利斯·钱纳里和莫伊思·赛尔昆所著,世界银行 1989 年出版《发展的型式 1950—1983》中第 20 页表 4 中的数据制作。

图 3.2　需求动力结构随人均国民收入(1980 年美元为基准测算)变化的趋势

总之,钱纳里和赛尔奎因提出的工业化进程人均国民收入假说可以概括为:在工业化前期阶段,即当人均国民收入低于 100 美元(或 300 美元)时,私人消费占 GDP 的比重处于最高值水平,投资占 GDP 的比重、出口占 GDP 的比重、投资私人消费比值、投资出口比值、投资(私人消费＋出口)比值均处于最低值水平。在工业化阶段,即当人均国民收入超过 100 美元(或 300 美元)向 1 000 美元(或 5 000 美元)迈进时,私人消费占 GDP 的比重开始呈下降趋势,投资占 GDP 的比重、出口占 GDP 的比重、投资私人消费比值、投资出口比值、投资(私人消费＋出口)比值均呈现上升趋势。在工业化后期阶段,即当人均国民收入超过 1 000 美元(或 5 000 美元)门槛时,私人消费占 GDP 的比重呈现企稳回升趋势,投资占 GDP 的比重呈现企稳趋势,出口占 GDP 的比重呈现下降趋势,投资私人消费比值呈现下降趋势、投资出口比值继续保持上升趋势、投资(私人消费＋出口)比值呈现下降趋势。钱纳里和赛尔奎因提出的需求动力结构随人均国民收入变化而变化的演变规律是基于中等规模国家的实践经验所研究得出的大样本统计规律,具有一定的普适性,对中国工业化进程中合理安排国民消费、协调消费与投资以及消费与出口比例关系,进而保障国民福利的水平具有重要的指导和借鉴意义。

3.1.2　人均国民收入假说对国民福利目标的诠释

庇古(2007)认为社会福利由国民个人福利加总构成,而国民个人福利是国民个人对物质和精神生活需要欲望的满足,这种欲望的满足可以从消费物品中所获得的满意感来实现。因此,提高国民的消费水平是实现提升国民个人福利水平的首要手段。如果从宏观的角度来评价一个国家的整体国民福利水平,可以利用整个国家的国民在一定时期消费总量的绝对指标或消费总量占 GDP 比重的相对指标来衡量。当一个国家的国民在一定时期的消费总量或消费总量占 GDP 比重相对于上一时期增加,即意味着国家在这一时期的国民福利整体水平有所提升。钱纳里和赛尔奎因提出的人均国民收入假说,以世界 101 个国家作为经验研究对象,揭示了世界大多数准工业化国家在工业化过程中私人消费、投资和出口占 GDP 的平均比重的变化规律,间接反映了世界各国在工业化进程中以私人消费占 GDP 比重指标衡量的国民福利的平均水平,为世界其他国家在工业化过程中合理处理消费与积累(投资)、国民福利水平提升与经济增长的关系奠定了一个基本理论标准。

3.1.3 国民福利目标约束下需求动力结构调整的理论分析

钱纳里和赛尔奎因的人均国民收入假说,揭示了一个国家的经济从工业化之前阶段到之后阶段、从工业化低级阶段到高级阶段等成长过程中需求动力结构演化的一般规律,即私人消费占 GDP 的比重从工业化之前阶段到工业化后期阶段呈现下降趋势,工业化完成之后呈现上升发展趋势;投资占 GDP 的比重从工业化之前阶段到工业化后期阶段呈现上升趋势,工业化完成之后呈现基本稳定趋势;出口占 GDP 的比重从工业化之前阶段到工业化后期阶段呈现上升趋势,工业化完成之后呈现下降趋势;投资私人消费比在工业化之前阶段到工业化后期阶段呈现上升趋势,工业化完成之后投资私人消费比呈现下降趋势;投资出口比在工业化之前阶段到工业化后期阶段呈现上升趋势,工业化完成之后投资出口比继续呈现小幅上升趋势;投资(私人消费+出口)比在工业化之前阶段到工业化后期阶段呈现上升趋势,工业化完成之后投资(私人消费+出口)比呈现小幅下降趋势。进一步的,人均国民收入假说还估测了各种需求动力结构指标在工业化进程路径上的水平值(见表 3.3)。

表 3.3 工业化进程中的需求动力结构变化

	工业化之前阶段	工业化中前期阶段	工业化后期阶段	工业化完成之后阶段
私人消费占 GDP 比重(%)	77.9	67.4	61.7	62.4
投资占 GDP 比重(%)	13.6	19.6	24	23.4
出口占 GDP 比重(%)	17.2	22.5	26	24.9
投资私人消费比值	0.175	0.293	0.389	0.375
投资出口比值	0.791	0.870	0.923	0.94
投资(私人消费+出口)比值	0.143	0.219	0.274	0.268

总之,工业化进程人均国民收入假说虽然不是特别针对工业化进程中国民消费水平而专门提出的准则和标准,但客观上它为一个国家在工业化发展阶段保持私人消费与 GDP 的合理占比以及私人消费与其他需求之间的比例安排提供了一个具体的参照标准。当一个国家在工业化成长过程中,私人消费、投资和出口分别占 GDP 的比重或三者之间的比例安排偏离了上述理论假说所假定的需求动力结构最优状态,具体而言即当私人消费占 GDP 的比重低于、投资占 GDP 的比重高于、出口占 GDP 的比重低于或高于理论假说所假定的私人消费、投资和出口占 GDP 的比重时,或者当投资私人消费比值高于、投资出口比值高于或低于、投资(私人消费＋出口)比值高于理论假说所假定的投资私人消费比值、投资出口比值、投资(私人消费＋出口)比值标准时,就需要对本国现实的需求动力结构按照上述理论假说所假定的各种需求动力结构指标值和发展趋势进行优化和调整,否则将阻碍本国在工业化过程中实现提升国民福利水平目标。

3.2　国民福利目标约束下中国需求动力结构的合理性判定

3.2.1　国民福利目标约束下中国需求动力结构的现状

1. 中国整体现状

按照钱纳里和赛尔奎因的工业化时期划分标准,通过测算中国 1978—2012 年的人均 GDP 变化(按 1964 年美元价格测算),发现这一时期中国的人均国民生产总值基本处于 100—1 000 美元之间,基本属于钱纳里和赛尔奎因(1975)标准[①] 的工业化前期和工业化阶段的中后期。如果按照人均国内生产总值的大小将这一时期的私人消费、投资和出口占 GDP 的比重以及投资与私人消费的比例、投资

---

① 钱纳里和赛尔奎因(1975)按照 1980 年美元价,把人均 GDP 在 100 美元以下划作工业化之前阶段,人均 GDP 在 100 美元以上至 1 000 美元划作工业化阶段,人均 GDP 在 1 000 美元以上划作工业化之后阶段。

与出口的比例、投资与（私人消费＋出口）的比例重新进行排列，可以得到人均 GDP 变化路径上的中国私人消费占 GDP 的比重等各种需求动力结构的指标值及其趋势变化（见表 3.4 和图 3.3）。

表 3.4　中国人均 GDP 变化路径上各需求动力结构指标值

年 份	人均 GDP（1964 年美元）	投资占 GDP 比重（％）	私人消费占 GDP 比重（％）	出口占 GDP 比重（％）	投资私人消费比	投资出口比	投资（私人消费＋出口）比
1986	87	37.5	50.5	10.3	0.743	3.641	0.617
1987	90	36.3	49.9	12.0	0.727	3.025	0.586
1985	93	38.1	51.6	8.9	0.738	4.281	0.630
1990	93	34.9	48.8	15.4	0.715	2.266	0.544
1991	93	34.8	47.5	17.0	0.733	2.047	0.540
1984	98	34.2	50.8	7.9	0.673	4.329	0.583
1982	99	31.9	51.9	7.4	0.615	4.311	0.538
1983	100	32.8	52.0	7.1	0.631	4.620	0.555
1988	107	37.0	51.1	11.5	0.724	3.217	0.591
1992	108	36.6	47.2	17.0	0.775	2.153	0.570
1981	108	32.5	52.5	7.3	0.619	4.452	0.543
1989	114	36.6	50.9	11.3	0.719	3.239	0.588
1994	116	40.5	43.5	20.8	0.931	1.947	0.630
1978	123	38.2	50.8	46.0	0.752	8.304	0.690
1979	126	36.1	49.1	52.0	0.735	6.942	0.665
1980	127	34.8	50.8	5.9	0.685	5.898	0.614
1993	131	42.6	44.4	14.3	0.959	2.979	0.726
1995	146	40.3	44.9	19.7	0.898	2.046	0.624
1996	166	38.8	45.8	17.0	0.847	2.282	0.618
1997	180	36.7	45.2	18.6	0.812	1.973	0.575
1998	188	36.2	45.3	17.6	0.799	2.057	0.576
1999	195	36.2	46.0	17.7	0.787	2.045	0.568

续表

年　份	人均 GDP（1964 年美元）	投资占 GDP 比重(%)	私人消费占 GDP 比重(%)	出口占 GDP 比重(%)	投资私人消费比	投资出口比	投资(私人消费＋出口)比
2000	210	35.3	46.4	20.9	0.761	1.689	0.525
2001	225	36.5	45.3	20.2	0.806	1.807	0.557
2002	241	37.8	44.0	22.4	0.859	1.688	0.569
2003	265	41.0	42.2	26.6	0.972	1.541	0.596
2004	302	43.0	40.5	30.5	1.062	1.410	0.606
2005	339	41.5	38.9	33.4	1.067	1.243	0.574
2006	393	41.7	37.1	34.8	1.124	1.198	0.580
2007	490	41.6	36.1	35.1	1.152	1.185	0.584
2008	616	43.8	35.3	31.8	1.241	1.377	0.653
2009	671	47.2	35.4	23.5	1.333	2.009	0.801
2010	783	48.1	34.9	26.6	1.378	1.808	0.782
2011	942	48.3	35.4	26.5	1.364	1.823	0.780
2012	1 028	47.8	36.0	24.4	1.327	1.954	0.790

注：本表根据 2013 年、1996 年《中国统计年鉴》和世界银行 WDI 数据库相关数据整理计算。

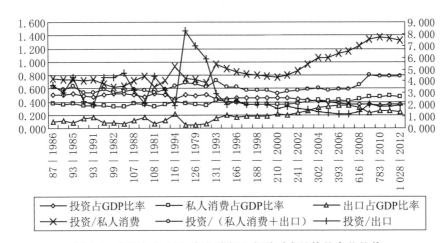

图3.3　中国人均 GDP 变化路径上各种需求结构的变化趋势

2. 区域层面现状

中国幅员辽阔,东中西部区域经济发展极不平衡,经济增长的需求动力结构必然呈现较大的区域差异性。按照中国国家统计局 2003 年对东中西部划分的标准,中国东部地区主要包括北京、天津、河北、辽宁、上海、江苏、浙江、福建、山东、广东、广西、海南 12 个省、自治区和直辖市;中部地区主要包括山西、内蒙古、吉林、黑龙江、安徽、江西、河南、湖北、湖南 9 个省和自治区;西部地区主要包括四川(含重庆)、贵州、云南、西藏、陕西、甘肃、宁夏、青海、新疆 9 个省和自治区。根据 2013 年中国东中西部各省、自治区和直辖市的人均 GDP 排名,分别抽取东、中、西部地区排名中间的广东省、湖南省和青海省作为东、中、西部地区的代表,通过考察这 3 个省域的需求动力结构现状,以更好地了解中国需求动力结构的区域差异性。

(1)东部地区的需求动力结构现状。

通过测算东部地区代表省份 1978—2012 年的人均 GDP 变化(按 1964 年美元价格测算)路径上的各需求动力结构指标值(见表 3.5),东部地区与中国整体水平相比较,投资占 GDP 比重、私人消费占 GDP 比重、投资私人消费比、投资出口比具

表 3.5　东部地区人均 GDP 变化路径上各需求动力结构指标值

年　份	人均 GDP (1964 年 美元)	投资占 GDP 比 重(%)	私人消费 占 GDP 比 重(%)	出口占 GDP 比 重(%)	投资 私人 消费比	投资 出口比	投资(私人 消费＋出 口)比
1986	104.98	39.44	53.69	35.75	0.73	1.10	0.44
1985	111.22	41.93	52.37	20.23	0.80	2.07	0.58
1978	113.80	28.22	57.41	11.28	0.49	2.50	0.41
1983	116.35	30.89	59.93	16.13	0.52	1.91	0.41
1984	116.66	33.64	56.25	20.76	0.60	1.62	0.44
1987	117.32	38.32	54.25	46.31	0.71	0.83	0.38
1982	118.29	32.18	58.06	15.40	0.55	2.09	0.44
1981	121.13	31.69	57.38	16.42	0.55	1.93	0.43
1979	122.88	25.93	59.64	11.82	0.43	2.19	0.36
1980	129.20	27.52	60.35	12.95	0.46	2.12	0.38

续表

年 份	人均 GDP（1964 年美元）	投资占 GDP 比重(%)	私人消费占 GDP 比重(%)	出口占 GDP 比重(%)	投资私人消费比	投资出口比	投资(私人消费＋出口)比
1990	140.98	32.61	52.39	68.93	0.62	0.47	0.27
1991	145.06	33.02	49.97	77.99	0.66	0.42	0.26
1988	151.28	40.90	50.13	48.82	0.82	0.84	0.41
1989	168.47	35.06	55.16	50.57	0.64	0.69	0.33
1992	172.46	40.48	45.83	75.60	0.88	0.54	0.33
1994	186.84	41.81	49.54	93.71	0.84	0.45	0.29
1993	222.06	44.86	45.44	62.18	0.99	0.72	0.42
1995	234.56	40.36	49.09	79.66	0.82	0.51	0.31
1996	260.27	40.72	48.91	72.19	0.83	0.56	0.34
1997	283.87	38.26	45.53	79.51	0.84	0.48	0.31
1998	299.37	39.05	44.32	73.39	0.88	0.53	0.33
1999	311.33	37.96	44.02	69.54	0.86	0.55	0.33
2000	339.99	35.85	41.65	70.84	0.86	0.51	0.32
2001	361.64	36.48	39.32	65.60	0.93	0.56	0.35
2002	394.75	35.27	40.36	72.61	0.87	0.49	0.31
2003	447.82	37.31	41.26	79.85	0.90	0.47	0.31
2004	510.90	38.24	42.16	84.05	0.91	0.46	0.30
2005	589.88	36.53	39.76	86.49	0.92	0.42	0.29
2006	679.81	35.01	37.22	90.53	0.94	0.39	0.27
2007	807.62	33.68	37.08	88.36	0.91	0.38	0.27
2008	978.64	33.31	36.96	76.29	0.90	0.44	0.29
2009	1 033.44	37.87	38.65	62.10	0.98	0.61	0.38
2010	1 167.35	38.48	38.47	66.67	1.00	0.58	0.37
2011	1 360.61	39.47	38.53	64.55	1.02	0.61	0.38
2012	1 448.01	40.08	40.34	63.50	0.99	0.63	0.39

注：本表根据《中国统计年鉴》、《广东统计年鉴》和世界银行 WDI 数据库相关数据整理计算。

有与中国整体相同的发展趋势但更平缓,而出口占 GDP 比重和投资(私人消费＋出口)比虽然与中国整体具有相同的发展趋势,但出口占 GDP 比重的值却远远高于整体水平,投资(私人消费＋出口)比的比值却远远低于整体水平。

(2) 中部地区的需求动力结构现状。

通过测算中部地区代表省份1978—2012 年的人均GDP 变化(按 1964 年美元价格测算)路径上的各需求动力结构指标值(见表 3.6),中部地区与中国整体水平相比较,投资占 GDP 比重、私人消费占 GDP 比重、投资私人消费比、投资(私人消费＋出口)比具有与中国整体相同的发展趋势但更陡峭,出口占 GDP 比重和投资出口比发展趋势与中国整体极不相同,出口占 GDP 比重基本平稳波动而且其值远远低于中国整体水平;投资出口比则有向上发展的趋势而且比值远远高于中国整体水平。

表 3.6　中部地区人均 GDP 变化路径上各需求动力结构指标值

年　份	人均 GDP (1964 年 美元)	投资占 GDP 比重(%)	私人消费 占 GDP 比 重(%)	出口占 GDP 比 重(%)	投资 私人 消费比	投资 出口比	投资(私人 消费＋出 口)比
1986	63.40	28.92	66.77	4.37	0.43	6.62	0.41
1987	66.49	29.79	63.66	4.91	0.47	6.07	0.43
1991	66.93	26.98	60.10	5.98	0.45	4.51	0.41
1985	67.87	26.34	68.78	3.32	0.38	7.93	0.37
1990	69.69	24.73	61.11	5.14	0.40	4.81	0.37
1984	73.18	20.56	69.35	3.38	0.30	6.09	0.28
1992	74.37	29.49	59.06	7.89	0.50	3.74	0.44
1994	75.25	28.01	58.43	7.49	0.48	3.74	0.42
1988	78.47	31.63	62.38	4.07	0.51	7.77	0.48
1989	80.37	26.44	61.41	3.91	0.43	6.76	0.40
1982	80.40	21.73	68.57	3.12	0.32	6.96	0.30
1983	80.98	22.00	69.36	3.07	0.32	7.17	0.30

年　份	人均 GDP（1964 年美元）	投资占 GDP 比重（%）	私人消费占 GDP 比重（%）	出口占 GDP 比重（%）	投资私人消费比	投资出口比	投资(私人消费＋出口)比
1981	86.75	19.64	68.09	2.89	0.29	6.80	0.28
1993	87.20	30.56	57.01	5.27	0.54	5.80	0.49
1978	88.04	28.85	63.90	1.42	0.45	20.37	0.44
1995	96.93	30.10	56.97	5.68	0.53	5.30	0.48
1980	97.94	20.87	65.42	2.51	0.32	8.33	0.31
1979	102.72	23.49	61.61	1.87	0.38	12.54	0.37
1996	112.86	29.60	57.58	4.22	0.51	7.01	0.48
1997	123.86	30.12	55.64	4.21	0.54	7.15	0.50
1998	129.14	30.39	54.94	3.51	0.55	8.66	0.52
1999	134.54	29.97	55.68	3.30	0.54	9.08	0.51
2000	144.82	29.45	54.31	3.85	0.54	7.64	0.51
2001	159.78	31.06	52.98	3.80	0.59	8.18	0.55
2002	173.00	33.52	49.98	3.58	0.67	9.36	0.63
2003	190.95	34.31	49.14	3.81	0.70	9.00	0.65
2004	224.30	38.52	47.51	4.54	0.81	8.48	0.74
2005	252.78	39.06	46.88	4.65	0.83	8.39	0.76
2006	289.21	42.28	45.37	5.28	0.93	8.00	0.83
2007	360.92	45.39	42.06	5.25	1.08	8.64	0.96
2008	471.85	48.94	39.41	5.05	1.24	9.68	1.10
2009	535.33	51.86	38.81	2.87	1.34	18.05	1.24
2010	645.03	54.75	36.09	3.36	1.52	16.31	1.39
2011	800.19	55.48	35.30	3.25	1.57	17.07	1.44
2012	896.19	56.37	35.07	3.59	1.61	15.70	1.46

　　注：本表根据《中国统计年鉴》、《湖南统计年鉴》和世界银行 WDI 数据库相关数据整理计算。

（3）西部地区的需求动力结构现状。

通过测算西部地区代表省份 1978—2012 年的人均 GDP 变化（按 1964 年美元价格测算）路径上的各需求动力结构指标值（见表 3.7），西部地区与中国整体水平相比较，投资占 GDP 比重、私人消费占 GDP 比重、投资私人消费比、投资（私人消费＋出口）比具有与中国整体相同的发展趋势但更陡峭，同时陡峭程度也高于中部地区；出口占 GDP 比重和投资出口比虽然具有与中国整体相同的发展趋势，但出口占 GDP 比重的值远远低于中国整体水平，投资出口比的比值远远高于中国整体水平。

表 3.7　西部地区人均 GDP 变化路径上各需求动力结构指标值

年　份	人均 GDP（1964 年美元）	投资占 GDP 比重（%）	私人消费占 GDP 比重（%）	出口占 GDP 比重（%）	投资私人消费比	投资出口比	投资（私人消费＋出口）比
1991	78.51	44.42	53.75	0.17	0.83	261.12	0.82
1986	82.61	50.94	60.04	1.51	0.85	33.81	0.83
1987	82.75	62.82	60.28	0.97	1.04	64.96	1.03
1994	84.17	43.42	50.22	1.23	0.86	35.20	0.84
1992	84.91	43.45	53.63	0.85	0.81	50.86	0.80
1985	87.60	64.83	60.68	1.15	1.07	56.58	1.05
1990	88.42	40.89	52.10	0.15	0.78	269.34	0.78
1984	93.34	46.90	62.79	1.52	0.75	30.81	0.73
1982	95.92	53.63	66.62	0.38	0.81	140.64	0.80
1983	98.04	44.90	65.21	0.91	0.69	49.44	0.68
1988	98.97	54.80	53.97	0.56	1.02	97.97	1.01
1981	101.07	42.02	69.35	0.44	0.61	94.53	0.60
1995	101.37	46.29	49.34	1.20	0.94	38.45	0.92
1989	102.15	41.54	57.55	0.40	0.72	104.24	0.72
1993	103.23	46.94	49.77	1.19	0.94	39.40	0.92
1996	108.19	49.26	52.31	4.07	0.94	12.10	0.87

续表

年 份	人均GDP（1964年美元）	投资占GDP比重（%）	私人消费占GDP比重（%）	出口占GDP比重（%）	投资私人消费比	投资出口比	投资（私人消费＋出口）比
1997	115.51	56.31	49.56	1.65	1.14	34.13	1.10
1998	122.47	58.60	48.35	3.90	1.21	15.03	1.12
1979	122.79	78.47	62.87	0.71	1.25	110.19	1.23
1980	126.92	49.97	65.09	0.35	0.77	144.51	0.76
1999	128.95	58.60	47.79	3.00	1.23	19.51	1.15
1978	131.75	63.58	60.04	1.00	1.06	63.41	1.04
2000	137.16	60.85	46.38	3.52	1.31	17.31	1.22
2001	150.75	69.11	45.02	4.11	1.54	16.80	1.41
2002	166.43	74.60	43.66	3.67	1.71	20.33	1.58
2003	184.83	74.63	42.26	5.81	1.77	12.85	1.55
2004	212.75	69.44	39.61	8.08	1.75	8.60	1.46
2005	240.41	67.97	38.70	4.87	1.76	13.95	1.56
2006	283.25	66.65	35.96	6.64	1.85	10.04	1.56
2007	352.11	63.39	34.92	3.74	1.82	16.93	1.64
2008	478.97	66.89	33.53	3.03	2.00	22.10	1.83
2009	509.80	73.82	33.39	1.59	2.21	46.39	2.11
2010	629.27	80.49	30.00	2.34	2.68	34.44	2.49
2011	790.60	83.79	29.62	2.56	2.83	32.74	2.60
2012	888.19	90.80	31.01	2.43	2.93	37.37	2.72

注：本表根据《中国统计年鉴》、《青海统计年鉴》和世界银行WDI数据库相关数据整理计算。

3.2.2 国民福利目标约束下中国需求动力结构的合理性判断

1. 对中国需求动力结构整体水平的合理性判断

当前,中国经济正处于工业化进程中,经济增长迅速,人民收入水平提升,消费能力增强,但这种结论是一种纵向比较的结果。与世界其他同等工业化程度的国家相比较,中国当前的国民福利水平是一种与经济增长相适应的最大限度的提高和改善吗?这就需要我们根据相关的理论来进行研究和判断。钱纳里和赛尔奎因(1975)以跨国跨期的经验研究为基础,提出了人口规模在 1 000 万左右的准工业化国家在工业化过程中,私人消费、投资和出口分别占 GDP 的比重,以及投资与私人消费的比例、投资与出口的比例、投资与(私人消费＋出口)的比例等需求结构在人均国内生产总值 100 美元以下至 1 000 美元(1964 年价格)以上区间的变化趋势及适度规模。如果假定以钱纳里和赛尔奎因模型中所确定的消费占GDP 的比重水平代表工业化进程中一般国家的国民应获得的福利水平,以人均国民收入水平代表经济增长的水平,那么钱纳里和赛尔奎因模型实际上为判断经济增长过程中中国国民的福利水平是否达到世界平均水平提供了一个标准范式,同时也为国民福利增长目标约束下的需求动力结构调整提供了一种理论参照标准。即通过比较与钱纳里和赛尔奎因研究提出的需求动力结构随人均 GDP 变化而变化的趋势及各结构指标值是否保持一致,从而可以判定国民福利目标约束下中国1978—2012 年间私人消费占 GDP 的比重等各种需求动力结构的合理性。

对照钱纳里和赛尔奎因(1975)的标准图式,中国人均 GDP 变化路径上的需求动力结构表现出两个方面的特点:(1)各结构指标值的趋势变化与之基本相同。在中国人均 GDP 增长路径上,除出口占 GDP 的比重和投资出口比的变化趋势与之不同外,私人消费占 GDP 的比重、投资占 GDP 的比重、投资私人消费比、投资(私人消费＋出口)比与钱纳里和赛尔奎因的标准图式中各需求动力结构的变化趋势基本吻合,即私人消费占 GDP 的比重基本呈现下降趋势、投资占 GDP 的比重基本呈现上升趋势,投资私人消费比基本呈现下降趋势,投资(私人消费＋出口)

比基本呈现上升趋势。(2)各结构指标值的水平与之存在较大差异。中国的私人消费占 GDP 的比重明显低于钱纳里和赛尔奎因标准图式水平 20—30 个百分点；投资占 GDP 的比重明显高于钱纳里标准图式水平 15—25 个百分点；出口占 GDP 的比重在人均国民收入 300 美元之前低于钱纳里和赛尔奎因标准图式水平 3—8 个百分点、在人均国民收入 300—500 美元之间高于钱纳里和赛尔奎因标准图式水平 7—11 个百分点、在人均国民收入 800—1 000 美元之间基本与钱纳里和赛尔奎因标准图式水平持平；投资私人消费比的比值明显高于钱纳里和赛尔奎因标准图式水平 0.5—1 个单位，投资出口比的比值明显高于钱纳里标准图式水平 0.9—2.6 个单位，投资（私人消费＋出口）比的比值明显高于钱纳里标准图式水平0.4—0.5 个单位。总之，通过对照钱纳里和赛尔奎因的工业化进程人均国民收入假说，中国经济增长过程中私人消费率占 GDP 比重等需求动力结构的变化趋势与之基本趋同，但各结构的指标值却明显异于钱纳里和赛尔奎因标准图式中的结构指标值(见表 3.8)。

表3.8　人均国民收入变化路径上中国各需求动力结构指标值的比较

人均国民收入水平（1964 年美元价）	中国的私人消费占 GDP 比重(%)	钱纳里标准图式中私人消费占 GDP 比重(%)	中国的投资占 GDP 比重(%)	钱纳里标准图式中投资占 GDP 比重(%)	中国的出口占 GDP 比重(%)	钱纳里标准图式中出口占 GDP 比重(%)
100 美元以下	50.1	77.9	35.4	13.6	11.3	17.2
100 美元	49.3	72.0	36.4	15.8	11.3	19.5
200 美元	45.4	68.6	36.8	18.8	19.2	21.8
300 美元	40.5	66.7	41.8	20.3	30.2	23.0
400 美元	37.1	65.4	41.7	21.3	34.8	23.8
500 美元	36.1	64.5	41.6	22.0	35.1	24.4
800 美元	34.9	62.5	48.1	23.4	26.6	25.5
1 000 美元	36.0	61.7	47.8	24.0	24.4	26.0

人均国民收入水平（1964年美元价）	中国的投资私人消费比	钱纳里标准图式中投资私人消费比	中国的投资出口比	钱纳里标准图式中投资出口比	中国的投资（私人消费＋出口）比	钱纳里标准图式中投资（私人消费＋出口）比
100美元以下	0.706	0.175	3.414	0.791	0.577	0.143
100美元	0.743	0.219	3.872	0.81	0.602	0.173
200美元	0.810	0.274	1.934	0.862	0.570	0.208
300美元	1.033	0.304	1.398	0.883	0.592	0.226
400美元	1.124	0.326	1.198	0.895	0.580	0.239
500美元	1.152	0.341	1.185	0.902	0.584	0.247
800美元	1.378	0.374	1.808	0.918	0.782	0.266
1 000美元	1.327	0.389	1.954	0.923	0.790	0.274

注：本表根据表3.3计算。100美元以下的各需求动力结构指标值是将人均国民收入在100美元以下年份的各需求动力结构指标值进行算术平均计算得到。100美元的各需求动力结构指标值是将人均国民收入在50—150美元之间年份的各需求动力结构指标值进行算术平均计算得到。200美元、300美元、400美元、500美元、800美元及1 000美元的各需求结构指标值均按此方法计算得到。

2. 对中国区域需求动力结构的合理性判断

（1）对东部地区需求动力结构的合理性判断。

将东部地区人均GDP变化路径上的各需求动力结构指标值与钱纳里和赛尔奎因模型经验值进行比较（见表3.9），可以发现：东部地区的私人消费占GDP比重、投资占GDP比重、投资私人消费比、投资出口比、投资（私人消费＋出口）比相对中国整体与钱纳里和赛尔奎因模型经验值的差距，幅度更小，但出口占GDP比重相对中国整体与钱纳里和赛尔奎因模型经验值的差距，幅度更大。

表3.9 人均国民收入变化路径上东部地区各需求动力结构指标值的比较

人均国民收入水平(1964年美元价)	东部的私人消费占GDP比重(%)	钱纳里标准图式中私人消费占GDP比重(%)	东部的投资占GDP比重(%)	钱纳里标准图式中投资占GDP比重(%)	东部的出口占GDP比重(%)	钱纳里标准图式中出口占GDP比重(%)
100美元以下		77.9		13.6		17.2
100美元	56.0	72.0	33.0	15.8	29.5	19.5
200美元	49.2	68.6	40.6	18.8	68.4	21.8
300美元	44.9	66.7	38.4	20.3	73.1	23.0
400美元	40.3	65.4	36.4	21.3	72.7	23.8
500美元	41.0	64.5	37.4	22.0	85.3	24.4
800美元	37.1	62.5	33.7	23.4	88.4	25.5
1000美元	37.8	61.7	35.6	24.0	69.2	26.0
1000美元以上	39.1	62.4	39.3	23.4	64.9	24.9

人均国民收入水平(1964年美元价)	东部的投资私人消费比	钱纳里标准图式中投资私人消费比	东部的投资出口比	钱纳里标准图式中投资出口比	东部的投资(私人消费+出口)比	钱纳里标准图式中投资(私人消费+出口)比
100美元以下		0.175		0.791		0.143
100美元	0.594	0.219	1.607	0.81	0.399	0.173
200美元	0.832	0.274	0.623	0.862	0.350	0.208
300美元	0.856	0.304	0.526	0.883	0.326	0.226
400美元	0.903	0.326	0.503	0.895	0.323	0.239
500美元	0.915	0.341	0.440	0.902	0.295	0.247
800美元	0.910	0.374	0.380	0.918	0.270	0.266
1000美元	0.940	0.389	0.520	0.923	0.330	0.274
1000美元以上	1.01	0.375	0.610	0.94	0.380	0.268

注:本表根据表3.5计算。100美元以下的各需求动力结构指标值是将人均国民收入在100美元以下年份的各需求动力结构指标值进行算术平均计算得到。100美元的各需求动力结构指标值是将人均国民收入在50—150美元之间年份的各需求动力结构指标值进行算术平均计算得到。200美元、300美元、400美元、500美元、800美元及1000美元的各需求结构指标值均按此方法计算得到。

（2）对中部地区需求动力结构的合理性判断。

将中部地区人均 GDP 变化路径上的各需求动力结构指标值与钱纳里和赛尔奎因模型经验值进行比较（见表 3.10），可以发现：中部地区的私人消费占 GDP 比

表3.10　人均国民收入变化路径上中部地区各需求动力结构指标值的比较

人均国民收入水平（1964年美元价）	中部的私人消费占GDP比重（%）	钱纳里标准图式中私人消费占GDP比重（%）	中部的投资占GDP比重（%）	钱纳里标准图式中投资占GDP比重（%）	中部的出口占GDP比重（%）	钱纳里标准图式中出口占GDP比重（%）
100 美元以下	63.6	77.9	26.3	13.6	4.4	17.2
100 美元	56.6	72.0	28.8	15.8	3.5	19.5
200 美元	49.9	68.6	34.4	18.8	3.9	21.8
300 美元	46.1	66.7	40.7	20.3	5.0	23.0
400 美元	40.7	65.4	47.2	21.3	5.2	23.8
500 美元	38.8	64.5	51.9	22.0	2.8	24.4
800 美元	35.3	62.5	55.5	23.4	3.3	25.5
1 000 美元		61.7		24.0		26.0

人均国民收入水平（1964年美元价）	中部的投资私人消费比	钱纳里标准图式中投资私人消费比	中部的投资出口比	钱纳里标准图式中投资出口比	中部的投资（私人消费＋出口）比	钱纳里标准图式中投资（私人消费＋出口）比
100 美元以下	0.42	0.175	6.99	0.791	0.39	0.143
100 美元	0.51	0.219	8.68	0.81	0.48	0.173
200 美元	0.69	0.274	8.76	0.862	0.64	0.208
300 美元	0.88	0.304	8.20	0.883	0.80	0.226
400 美元	1.16	0.326	9.16	0.895	1.03	0.239
500 美元	1.34	0.341	18.05	0.902	1.24	0.247
800 美元	1.57	0.374	17.07	0.918	1.44	0.266
1 000 美元		0.389		0.923		0.274

注：本表根据表 3.6 计算。100 美元以下的各需求动力结构指标值是将人均国民收入在 100 美元以下年份的各需求动力结构指标值进行算术平均计算得到。100 美元的各需求动力结构指标值是将人均国民收入在 50—150 美元之间年份的各需求动力结构指标值进行算术平均计算得到。200 美元、300 美元、400 美元、500 美元、800 美元及 1 000 美元的各需求结构指标值均按此方法计算得到。

重、投资占 GDP 比重、出口占 GDP 比重、投资私人消费比、投资出口比、投资(私人消费＋出口)比相对中国整体与钱纳里和赛尔奎因模型经验值的差距,幅度较大。

(3) 对西部地区需求动力结构的合理性判断。

表 3.11　人均国民收入变化路径上西部地区各需求动力结构指标值的比较

人均国民收入水平(1964 年美元价)	西部的私人消费占 GDP 比重(%)	钱纳里标准图式中私人消费占 GDP 比重(%)	西部的投资占 GDP 比重(%)	钱纳里标准图式中投资占 GDP 比重(%)	西部的出口占 GDP 比重(%)	钱纳里标准图式中出口占 GDP 比重(%)
100 美元以下	58.1	77.9	50.1	13.6	0.9	17.2
100 美元	54.9	72.0	54.4	15.8	1.8	19.5
200 美元	41.9	68.6	71.2	18.8	5.3	21.8
300 美元	35.4	66.7	65.0	20.3	5.2	23.0
400 美元	33.5	65.4	66.9	21.3	3.0	23.8
500 美元	33.4	64.5	73.8	22.0	1.6	24.4
800 美元	30.3	62.5	80.5	23.4	2.3	25.5
1 000 美元		61.7		24.0		26.0

人均国民收入水平(1964 年美元价)	东部的投资私人消费比	钱纳里标准图式中投资私人消费比	东部的投资出口比	钱纳里标准图式中投资出口比	东部的投资(私人消费＋出口)比	钱纳里标准图式中投资(私人消费＋出口)比
100 美元以下	0.86	0.175	99.16	0.791	0.85	0.143
100 美元	1.01	0.219	57.73	0.81	0.97	0.173
200 美元	1.70	0.274	14.50	0.862	1.51	0.208
300 美元	1.83	0.304	13.48	0.883	1.60	0.226
400 美元	2.00	0.326	22.10	0.895	1.83	0.239
500 美元	2.21	0.341	46.39	0.902	2.11	0.247
800 美元	2.88	0.374	35.06	0.918	2.66	0.266
1 000 美元		0.389		0.923		0.274

注:本表根据表 3.7 计算。100 美元以下的各需求动力结构指标值是将人均国民收入在 100 美元以下年份的各需求动力结构指标值进行算术平均计算得到。100 美元的各需求动力结构指标值是将人均国民收入在 50—150 美元之间年份的各需求动力结构指标值进行算术平均计算得到。200 美元、300 美元、400 美元、500 美元、800 美元及 1 000 美元的各需求结构指标值均按此方法计算得到。

将西部地区人均 GDP 变化路径上的各需求动力结构指标值与钱纳里和赛尔奎因模型经验值进行比较(见表 3.11),可以发现:西部地区的私人消费占 GDP 比重、投资占 GDP 比重、出口占 GDP 比重、投资私人消费比、投资出口比、投资(私人消费＋出口)比相对中国整体与钱纳里和赛尔奎因模型经验值的差距,幅度更大,且超过中部地区。

总之,通过对中国东部、中部和西部地区的需求动力结构与钱纳里和赛尔奎因模型经验值相比较,中国东部、中部和西部地区需求动力结构均偏离钱纳里和赛尔奎因模型最优标准,且呈现明显的地区差异。东部地区私人消费占 GDP 比重在工业化进程中下降的幅度较慢,低于中国整体水平;投资占 GDP 比重在工业化进程中保持相对稳定,低于中国整体水平;出口占 GDP 比重在工业化进程中上升的幅度较快,远高于中国整体水平。中部地区私人消费占 GDP 比重在工业化进程中下降的幅度较快,高于中国整体水平;投资占 GDP 比重在工业化进程中上升的幅度较快,高于中国整体水平;出口占 GDP 比重在工业化进程中保持基本稳定,但低于中国整体水平。西部地区私人消费占 GDP 比重在工业化进程中下降的幅度更快,高于中国整体和中部水平;投资占 GDP 比重在工业化进程中上升的幅度更快,高于中国整体和中部水平;出口占 GDP 比重在工业化进程中具有与中国整体一样的发展趋势,但低于中国整体和中部水平。

3.3　国民福利水平目标约束下中国需求动力结构的调整思路

钱纳里和赛尔奎因(1975,1989)提出的工业化进程人均国民收入假说尽管是以大量的准工业化国家为对象加以研究而得出的经验规律,但他们提出的需求动力结构随人均国民收入变化而变化的经验规律对于尚处于工业化进程中的国家谋求国民福利目标而调整私人消费占 GDP 比重等需求动力结构仍具有重要的指导意义。中国自1978年以来,初步迈入工业化进程,但至目前,中国的私人消费占GDP比重持续降低、投资占GDP比重和出口占GDP比重持续上升,这种需求动力结构格局虽然快速地推动了中国的工业化进程和经济增长。对照钱纳里和赛尔奎因的标准模式,中国的私人消费占GDP比重在整个工业化各个水平阶段平均要低于钱纳里和赛尔奎因标准图式中的指标值20%—30%,投资占GDP比重要高于钱纳里和赛尔奎因标准图式中的指标值15%—25%,出口占GDP比重围绕钱纳里和赛尔奎因标准图式中的指标值水平而上下波动,这充分说明中国这一时期经济增长的需求动力是显著异于世界大多数准工业化国家的,中国的经济增长明显是以萎缩消费和提升投资来推动的,换言之,中国的经济增长或者说工业化进程是在一定程度上以牺牲国民福利为代价推动的,这显然违背了工业化或经济增长的初衷,颠倒了经济增长目的与工具的关系(张孝德,2010)。就国家发展经济的本质而言,任何国家发展经济社会的根本目的是为了提高本国人民群众的生活水平,追求GDP的增长是为了更好地实现国民福利水平的提升,切不可为了实现GDP增长而将与国民福利水平密切相关的消费视为满足GDP增长的手段,长期人为压缩消费或忽视抑制消费需求的影响因素,并以此提高社会的积累率进而增加投资率来推动经济增长。因此,中国在经济增长过程中,要达到世界其他准工业化国家在工业化进程中同等程度的国民福利水平,必须通过适当增加私人消费、降低投资以及稳定出口来调整中国整体水平目前需求动力结构中私人消费占GDP比重过低,投资占GDP比重、投资私人消费比值、投资出口比值、投资(私人消费+出口)比值过高的情况,使中国整体的私人消费占GDP比重、投资占GDP比重、出口占GDP比重、投资与私人消费的比例、投资与出口的比例、投资与(私人消费+出口)的比例能够以钱纳里和赛尔奎因标准图式水平为参照,并结合中国国情,使其恢复到合理水平。但由于中国存在较大的地域差异性,对中国需求动力结构的具体调整不能按照整体统一的标准来进行调整,而是要根据东、中、西部需求动力结构的现状,结合当地经济发展的差异因素,以人均GDP变化路径上的钱纳里和赛尔奎因标准图式水平为参照来择机调整。

3.4　本章小结

本章在诠释钱纳里和赛尔奎因提出的工业化进程人均国民收入假说的基础上，提出了一个在国民福利目标约束下的经济增长的需求动力结构调整的理论分析框架。与此同时，在该理论框架下，运用统计描述和对比研究方法对中国及其不同区域的消费占 GDP 比重、投资占 GDP 比重、出口占 GDP 比重、投资私人消费比、投资出口比、投资（私人消费＋出口）比等需求结构的现状进行剖析，并对其合理性进行判定，最后提出为实现中国达到世界其他准工业化国家在工业化进程中同等程度的国民福利水平而对需求动力结构进行调整的思路。

第4章

平稳增长目标约束下的中国需求动力结构调整

经济平稳增长是任何一个国家追求的宏观经济目标之一,其表现形式可以表现为总产出或单位产出以不变的水平或匀速递增的水平增长,但经济能否实现平稳增长,却依赖于供给与需求的基本均衡与协调。在投资、消费和出口三大需求中,投资形成的资本数量是决定产出的重要因素,当投资形成资本所决定的产出能力大大超出同期需求能力时,必然导致经济运行中出现供大于求的局面;当投资形成资本所决定的产出能力大大低于同期需求能力时,必然导致经济运行中出现供小于求的局面。在经济运行中,无论是供大于求,还是供小于求都会造成宏观经济运行的波动,不利于经济平稳增长。只有当投资形成资本所决定的生产能力与同期需求基本相适应,经济才处于平稳增长状态。这一现象如果以经济增长的需求动力结构配置所反映,必然要求投资与当期消费和出口的比例安排能使产出与需求处于基本均衡状态,即投资与其他要素配置所决定的产出量能够被同期的消费和出口需求所基本吸收,当投资与同期消费和出口的比例安排不能满足这一要求时,宏观经济发展必然失衡。本章主要在对新古典稳态增长理论假说进行修正的基础上,提出以修正的稳态增长理论假说中所假定的需求动力结构状态作为经济平稳增长目标约束下的需求动力结构最优标准状态,同时对照该理论假说中需求动力结构的最优标准状态,对中国及其区域实际需求动力结构的现状进行分析并对其合理性进行判定,进而提出相应调整思路。

4.1 平稳增长目标约束下的最优需求动力结构理论:修正的稳态增长假说

4.1.1 修正的稳态增长假说的提出

1. 需求与实际产出函数

经典的经济增长理论对于经济增长的源泉均强调要素投入的重要性。在古典增长、新古典增长以及内生增长理论模型中,劳动力、资本、人力资本和技术均作为影响产出的投入生产要素而被加以重点分析。但随着对经济增长理论研究的深化,人们对影响经济增长的因素有了更多的认识。Denison(1985)认为经济增长由两大类因素所决定,一类是包括劳动、资本和土地生产要素的投入量因素,另一类是影响生产要素生产率的因素。Kuznets(1989,1999)在论述各国经济增长时,不仅强调了劳动、资本投入和技术创新的重要性,同时也强调了包含需求结构变化在内的经济结构变化的重要性。Yoshikawa(2003:1—27)在考察宏观经济增长时,指出最终需求对于短期和长期总产出的决定均具有决定性作用。总而言之,概括研究经济增长影响因素的已有成果,可以将影响经济增长的因素大体分为五个方面:即资源禀赋(劳动力、土地、自然资源等),物质资本,人力资本,技术进步和最终需求。在这五个方面的因素中,资源禀赋、物质资本、人力资本、技术进步因素共同决定经济的潜在产出水平,最终需求与潜在产出共同决定经济的实际产出。如果以生产函数式表达,即潜在产出:

$$Y^* = F(A, L, K, H) \qquad (4.1)$$

其中,A 代表一定的生产技术水平,L 代表劳动力等资源禀赋,K 代表物质资本投入,H 代表人力资本水平。实际产出:

$$Y = F(Y^*, D) \tag{4.2}$$

其中，Y^* 为潜在产出，D 代表消费和出口的最终需求。如果将 (4.1) 式代入 (4.2) 式，得：

$$Y = F(A, L, K, H, D) \tag{4.3}$$

即经济的实际产出由资源禀赋、物质资本、人力资本、技术进步和最终需求共同决定。如果进一步假定经济在一定时期内，资源禀赋、人力资本和技术进步要素不变，那么实际产出水平取决于物质资本存量和最终需求水平两个因素，即：

$$Y = F(K, D) \tag{4.4}$$

2. 稳态均衡增长与最优需求结构的决定

(1) 投资与消费最优比例的推导。

在实际产出函数中，如果假定一个国家在封闭条件条件下发展经济，则实际产出函数中的最终需求要素 D 就转化为最终消费需求 C，即：

$$Y_t = F(K_t, C_t) \tag{4.5}$$

其中，Y_t 为 t 期实际产出，C_t 为 t 期最终消费，K_t 为 t 期资本存量，$K_t = K_{t-1} + I_t$，I_t 为 t 期投资。

假定实际产出函数 Y_t 为一次齐次式，方程 (4.5) 式两边同时除以 C_t，则：

$$y_t = Y_t / C_t = F(K_t / C_t, 1) = f(k_t) \tag{4.6}$$

其中，

$$y_t = Y_t / C_t \tag{4.7}$$

$$k_t = K_t / C_t \tag{4.8}$$

假定实际产出函数 y_t 有以下性质：① $f'(k) > 0$，表示单位最终消费资本的边际实际产出为正。② $f''(k > 0)$，表示单位最终消费资本的边际实际产出递减。③ $f'(0) = \infty$，表示单位最终消费的资本很小时，单位最终消费资本的边际实际产出无限大。④ $f'(\infty) = 0$，表示单位最终消费资本很大时，单位最终消费资本的边际实际产出无限小。

对(4.8)式两边同时取对数,再求时间导数,则 k 的增长率为:

$$\Delta k / k = \Delta K / K - \Delta C / C = \Delta K / K - n \tag{4.9}$$

其中 $\Delta C / C = n$,即最终消费的增长率为 n。在实际经济系统中,假定消费偏好具有习惯性,n 保持不变。

重写(4.9)式,得:

$$\Delta k = k(\Delta K / K - n) = \Delta K / K \cdot k - nk = \Delta K / K \cdot K / C \cdot Y / Y - nk \tag{4.10}$$

由于 $y = Y / C$,$\Delta K = K_t - K_{t-1} = I_t$,可以简化(4.10)式,得:

$$\Delta k = \Delta K / Y \cdot Y / C - nk = I / Y \cdot y - nk \tag{4.11}$$

假定当期投资全部由当期储蓄转化,即 $I_t = S_t$,则 $I / Y = S / Y = s$,s 为储蓄率。

(4.11)式可以写成:

$$k' = sy - nk \tag{4.12}$$

(4.12)式表明:存在一个特定的资本存量与最终消费的比例 k^*,即 k^* 处于 $k' = 0$ 时,使经济增长处于稳态增长状态。

因此,在经济稳态增长时,资本存量与最终消费的比例 k^* 保持不变,即:

$$k^* = K^* / C^* \tag{4.13}$$

根据实际产出函数的约束条件 $K_t = K_{t-1} + I_t$,我们可以进一步推导在经济稳态增长时当期投资与最终消费的稳定比例,即:

$$I^* / C^* = (K_t - K_{t-1}) / C_t = \frac{\left(\dfrac{K_t}{C_t} - \dfrac{K_{t-1}}{C_t}\right)}{\dfrac{C_t}{C_t}} = k^* - K_{t-1} / C_t$$

$$= k^* - \frac{\dfrac{K_{t-1}}{C_{t-1}}}{\dfrac{C_t}{C_{t-1}}} = k^* - k^*/(1+n) = k^*[n/(1+n)] \quad (4.14)$$

其中 n 为最终消费需求增长率。

当 $I^*/C^* = k^*[n/(1+n)]$ 时, $k^* = I^*/C^*[(1+n)/n]$, 即可得到稳态增长时资本与消费的比例所对应的投资与消费的比例。

(2) 投资与出口最优比例的推导。

在实际产出函数中,如果假定一个国家完全依赖外部条件下发展经济,则实际产出函数中的需求要素 D 就转化为出口需求 EX,即:

$$Y_t = F(K_t, EX_t) \quad (4.15)$$

其中, Y_t 为 t 期实际产出, EX_t 为 t 期出口额, K_t 为 t 期资本存量, $K_t = K_{t-1} + I_t$, I_t 为 t 期投资。

假定实际产出函数 Y_t 为一次齐次式,方程(4.15)式两边同时除以 EX_t,则:

$$y_t = Y_t/EX_t = F(K_t/EX_t, 1) = f(k_t) \quad (4.16)$$

其中,

$$y_t = Y_t/EX_t \quad (4.17)$$

$$k_t = K_t/EX_t \quad (4.18)$$

假定实际产出函数 y_t 有以下性质:①$f'(k) > 0$,表示单位出口需求资本的边际实际产出为正。②$f''(k > 0)$,表示单位出口需求资本的边际实际产出递减。③$f'(0) = \infty$,表示单位出口需求资本很小时,单位出口需求资本的边际实际产出无限大。④$f'(\infty) = 0$,表示单位出口需求资本很大时,单位出口需求资本的边际实际产出无限小。

对(4.18)式两边同时取对数,再求时间导数,则 k 的增长率为:

$$\Delta k/k = \Delta K/K - \Delta EX/EX = \Delta K/K - n \quad (4.19)$$

其中，$\Delta EX/EX = n$，即出口的增长率为 n。在实际经济系统中，假定外国消费偏好具有习惯性，n 保持不变。

重写(4.19)式，得：

$$\Delta k = k(\Delta K/K - n) = \Delta K/K \cdot k - nk = \Delta K/K \cdot K/EX \cdot Y/Y - nk \tag{4.20}$$

由于 $y = Y/EX$，$\Delta K = K_t - K_{t-1} = I_t$，

可以简化(4.20)式，得：

$$\Delta k = \Delta K/Y \cdot Y/EX - nk = I/Y \cdot y - nk \tag{4.21}$$

假定当期投资全部由当期储蓄转化，即 $I_t = S_t$，则 $I/Y = S/Y = s$，s 为储蓄率。

(4.21)式可以写成：

$$k' = sy - nk \tag{4.22}$$

式(4.22)表明：存在一个特定的资本存量与出口的比例 k^*，即 k^* 处于 $k' = 0$ 时，使经济增长处于稳态增长状态。

因此，在经济稳态增长时，资本存量与出口的比例 k^* 保持不变，即：

$$k^* = K^*/EX^* \tag{4.23}$$

根据实际产出函数的约束条件 $K_t = K_{t-1} + I_t$，我们可以进一步推导在经济稳态增长时当期投资与出口的稳定比例，即：

$$I^*/EX^* = (K_t - K_{t-1})/EX_t = \frac{\left(\dfrac{K_t}{EX_t} - \dfrac{K_{t-1}}{EX_t}\right)}{\dfrac{EX_t}{EX_t}} = k^* - K_{t-1}/EX_t$$

$$= k^* - \frac{\dfrac{K_{t-1}}{EX_{t-1}}}{\dfrac{EX_t}{EX_{t-1}}} = k^* - k^*/(1+n) = k^*[n/(1+n)] \tag{4.24}$$

其中 n 为出口需求增长率。

当 $I^*/EX^* = k^*[n/(1+n)]$ 时，$k^* = I^*/EX^*[(1+n)/n]$，即可得到稳态增长时资本与出口的比例所对应的投资与出口的比例。

（3）投资与（消费＋出口）最优比例的推导。

在开放条件下，实际产出函数中的投入要素需求 D，不但包括国内部门对本国最终产品形成的最终消费需求 C，同时也包括国外部门对本国最终产品的形成的出口需求 EX。因此，在实际产出函数中，Y_t 由物质资存量 K 和最终消费需求与出口需求之和（以 CEX 表示，以下同）决定，即：

$$Y_t = F(K_t, CEX_t) \qquad (4.25)$$

其中，Y_t 为 t 期实际产出，CEX_t 为 t 期最终消费需求与出口需求之和，K_t 为 t 期资本存量，$K_t = K_{t-1} + I_t$，I_t 为 t 期投资。

假定实际产出函数 Y_t 为一次齐次式，方程（4.25）式两边同时除以 CEX_t，则：

$$y_t = Y_t/CEX_t = F(K_t/CEX_t, 1) = f(k_t) \qquad (4.26)$$

其中

$$y_t = Y_t/CEX_t \qquad (4.27)$$

$$k_t = K_t/CEX_t \qquad (4.28)$$

假定实际产出函数 y_t 有以下性质：① $f'(k) > 0$，表示单位（消费＋出口）资本的边际实际产出为正。（2）$f''(k > 0)$，表示单位（消费＋出口）资本的边际实际产出递减。（3）$f'(0) = \infty$，表示单位（消费＋出口）资本很小时，单位（消费＋出口）资本的边际实际产出无限大。（4）$f'(\infty) = 0$，表示单位（消费＋出口）资本很大时，单位（消费＋出口）资本的边际实际产出无限小。

对（4.28）式两边同时取对数，再求时间导数，则 k 的增长率为：

$$\Delta k/k = \Delta K/K - \Delta CEX/CEX = \Delta K/K - n \qquad (4.29)$$

其中 $\Delta CEX/CEX = n$，即（消费＋出口）需求的增长率为 n。假定在实际经济系统中，国内和国外的消费需求偏好保持不变，则 n 保持不变。

重写(4.29)式,得:

$$\Delta k = k(\Delta K/K - n) = \Delta K/K \cdot k - nk = \Delta K/K \cdot K/CEX \cdot Y/Y - nk$$

$$(4.30)$$

由于 $y = Y/CEX$,$\Delta K = K_t - K_{t-1} = I_t$,

可以简化(4.30)式,得:

$$\Delta k = \Delta K/Y \cdot Y/CEX - nk = I/Y \cdot y - nk \qquad (4.31)$$

假定当期投资全部由当期储蓄转化,即 $I_t = S_t$,则 $I/Y = S/Y = s$,s 为储蓄率。

(4.31)式可以写成:

$$k' = sy - nk \qquad (4.32)$$

(4.32)式表明:存在一个特定的资本存量与(消费+出口)的比例 k^*,即 k^* 处于 $k' = 0$ 时,使经济增长处于稳定增长状态。

因此,在经济稳态增长时,资本存量与(消费+出口)的比例 k^* 保持不变,即:

$$k^* = K^*/CEX^* \qquad (4.33)$$

根据实际产出函数的约束条件 $K_t = K_{t-1} + I_t$,我们可以进一步推导在经济稳态增长时当期投资与(消费+出口)的稳定比例,即:

$$I^*/CEX^* = (K_t - K_{t-1})/CEX_t = \frac{\left(\dfrac{K_t}{CEX_t} - \dfrac{K_{t-1}}{CEX_t}\right)}{\dfrac{CEX_t}{CEX_t}}$$

$$= k^* - K_{t-1}/CEX_t = k^*[n/(1+n)] \qquad (4.34)$$

其中 n 为(消费+出口)需求增长率。

当 $I^*/CEX^* = k^*[n/(1+n)]$ 时,$k^* = I^*/CEX^*[(1+n)/n]$,即可得到稳态增长时资本与(消费+出口)的比例对应的投资与(消费+出口)的比例。

3. 稳态均衡变化增长与最优需求动力结构的决定

当经济处于稳态增长时,如果决定经济稳态均衡的条件需求增长率(n)与储

蓄率 (s) 发生变动,经济的原有稳态均衡就会发生改变,与原有稳态均衡对应的单位需求产出的水平和单位需求资本的水平就会发生改变。现在假定经济增长的每期需求增长率 (n) 与储蓄率 (s) 都会发生变动,且每期的经济增长均按变化了的单位需求产出的稳态水平进行,那么,在经济增长过程中必然要求每期的单位需求资本 k^* 的决定符合新的稳态均衡所要求的单位需求资本 k_n^* 的水平。如果单位需求资本 k^* 分别代表在不同经济增长情形下资本与消费的比例、资本与出口的比例、资本与(消费＋出口)的比例,每期单位需求资本 k^* 的确定也即意味着每期上述比例的确定,同时也确定了每期与之对应的投资与消费的比例、投资与出口的比例、投资与(消费＋出口)的比例的确定。

4.1.2　修正的稳态增长假说对平稳增长目标的诠释

平稳增长是指一个国家的经济增长没有大起大落,具体可以表现为经济的总产出或单位产出保持一个不变的水平或保持一个匀速递增的水平增长。修正的稳态增长假说以稳态增长假说为基础,假定经济总产出由资本和需求要素决定,那么经济的单位需求产出就由单位需求的资本来决定。当经济处于长期均衡状态——稳态——时,如果经济以稳态均衡点所对应的稳态产出水平增长(意味着产出的稳态水平保持不变),即保持不变的单位需求产出水平增长,经济将处于一种平稳增长状态;当经济不断地改变经济增长的长期均衡状态时,如果经济以匀速提升变化的稳态均衡点所对应的稳态产出水平增长(意味着产出的稳态水平匀速提升变化),即保持匀速提升的单位需求产出水平增长,经济将处于另一种平稳增长状态。因此,修正的稳态增长假说存在平稳增长两种不同的状态,对于实现修正的稳态增长假说中的平稳增长目标,需要根据不同的平稳增长状态对需求动力结构采取不同的调整思路。

4.1.3　平稳增长目标约束下需求动力结构调整的理论分析

1. 产出稳态水平不变平稳增长视角下的需求动力结构调整

修正的稳态增长理论表明,在假定消费(或出口或消费与出口之和)增长率 n

和储蓄率（或投资率）s 不变时，当实际的单位需求产出以稳态水平增长时（即以图 4.1中的 H 均衡点对应的产出水平保持增长），存在一个稳定的资本存量与消费（或出口或消费与出口之和）比例 k^* 与之相对应。稳定的资本存量与消费（或出口或消费与出口之和）的比例 k^* 一旦确定，投资与消费（或出口或消费与出口之和）的比例即 $I^*/C^*(I^*/NE^*$，$I^*/CEX^*) = k^*[n/(1+n)]$ 就随之确定。

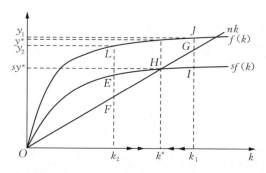

图 4.1　产出稳态水平不变平稳增长视角下的需求动力结构调整

当资本存量与消费（或出口或消费与出口之和）的比例 k 偏离 k^* 时，如图 4.1 中 k_1 点（$k > k^*$）和 k_2 点（$k < k^*$），也即意味着投资与消费（或出口或消费与出口之和）的比例（$I/C(I/EX$，I/CEX)）偏离了稳态时的投资与消费（或出口或消费与出口之和）的比例（$I^*/C^*(I^*/EX^*$，$I^*/CEX^*)=k^*[n/(1+n)]$），经济增长将偏离稳态均衡点对应的单位需求产出水平保持不变的平稳增长状态。因此，为实现经济稳态均衡点对应的单位需求产出水平保持不变的平稳增长，就必须随时调整投资与消费（或出口或消费与出口之和）的比例（$k[n/(1+n)]$)。具体而言，当 $k >$ k^* 时（如图 4.1 中的 k_1 点），必然需要减少投资，或增加消费和出口，使投资与消费（或出口或消费与出口之和）的比例（$k[n/(1+n)]$）向左移动到 $k^*[n/(1+n)]$ 点；当 $k <$ k^* 时（如图 4.1 中的 k_2 点），必然需要增加投资，或减少消费和出口，使投资与消费（或出口或消费与出口之和）的比例（$k[n/(1+n)]$）向右移动到 $k^*[n/(1+n)]$ 点。

2. 产出稳态水平匀速提升平稳增长视角下的需求动力结构调整

一个国家在一定时期如果保持消费（或出口或消费与出口之和）增长率 n 和

储蓄率 s 不变,经济的稳态均衡点就不会发生移动,经济会以一个不变的单位需求产出水平保持平稳增长,但如果消费(或出口或消费与出口之和)增长率 n 和储蓄率 s 发生匀速变动,经济的稳态均衡点就会发生向右匀速提升或向左匀速下降移动,经济就会以一个匀速增加或匀速减少的单位需求产出水平实现平稳增长或持续萎缩。由于本章重点分析经济平稳增长情况下的需求动力结构调整,在此仅对消费(或出口或消费与出口之和)增长率 n 和储蓄率 s 的匀速变化引起经济的稳态均衡点发生向右匀速提升、进而导致单位需求产出匀速增长的情况予以分析。

(1) 当消费(或出口或消费与出口之和)增长率 n 不变,储蓄率 s 匀速增加时。

当储蓄率 s 匀速增加时(见图 4.2), $sf(k)$ 向上匀速移动至 $s'f(k)$ 和 $s''f(k)$, $s'f(k)$ 和 $s''f(k)$ 分别与 nk 相交于新的均衡点 H 和 J, H 和 J 点对应新的实际产出 y_1^*、y_2^* 和资本与消费(或出口或消费与出口之和)的比例 k_1^*、k_2^*,且 $y_2^* > y_1^* > y^*$, $k_2^* > k_1^* > k^*$。当经济增长的稳态均衡点由 F 点匀速地移动至 H 点和 J 点时(即稳态均衡点实现向右匀速提升),由于 $y_2^* > y_1^* > y^*$ 和 $k_2^* > k_1^* > k^*$,对资本与消费(或出口或消费与出口之和)的比例 (k^*) 的调整必然是匀速地增加投资规模,使之匀速的从 (k^*) 向右移动至 (k_2^*)。那么,对与之对应的投资与消费(或出口或消费与出口之和)的比例 $(k^* [n/(1+n)])$ 也必然类似调整。

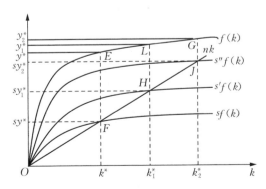

图 4.2 储蓄率(或投资率)匀速增加时的需求动力结构调整

（2）当消费（或出口或消费与出口之和）增长率 n 匀速减少，储蓄率 s 不变时。

当消费（或出口或消费与出口之和）增长率 n 减少时（见图 4.3），nk 向下移动至 n_1k 和 n_2k，n_1k 和 n_2k 分别与 $sf(k)$ 相交于新的均衡点 H 和 J，H 和 J 点对应新的实际产出 y_1^*、y_2^* 和资本与消费（或出口或消费与出口之和）的比例 k_1^*、k_2^*，且 $y_2^* > y_1^* > y^*$，$k_2^* > k_1^* > k^*$。当经济增长的稳态均衡点由 F 点匀速地移动至 H 点和 J 点时（即稳态均衡点实现向右匀速提升），由于 $y_2^* > y_1^* > y^*$ 和 $k_2^* > k_1^* > k^*$，对资本与消费（或出口或消费与出口之和）的比例（k^*）的调整必然是匀速地缩小消费（或出口或消费与出口之和）规模，使之匀速的从（k^*）向右移动至（k_2^*）。那么，与之对应的投资与消费（或出口或消费与出口之和）的比例（$k^* [n/(1+n)]$）也必然类似调整。

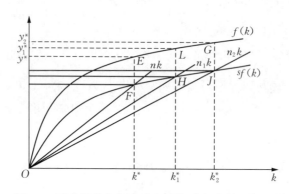

图 4.3　需求增长率匀速减少时的需求动力结构调整

（3）当消费（或出口或消费与出口之和）增长率 n 和储蓄率 s 同时匀速变化时。

当消费（或出口或消费与出口之和）增长率 n 和储蓄率 s 同时匀速增加，如果消费（或出口或消费与出口之和）增长率的匀速变化小于储蓄率的匀速变化，会导致稳态均衡点对应的 k^* 向右移动（即稳态均衡点实现向右匀速提升），对资本与消费（或出口或消费与出口之和）的比例（k^*）的调整必然是匀速地扩大投资规模或匀速地缩减消费（或出口或消费与出口之和）规模，使之匀速地从（k^*）向右移动至$(k_1^*, k_2^*, \cdots, k_n^*)$。那么,与之对应的投资与消费(或出口或消费与出口之和)的比例$(k^*[n/(1+n)])$也必然类似调整。

当消费(或出口或消费与出口之和)增长率 n 和储蓄率 s 同时匀速减少,如果消费(或出口或消费与出口之和)增长率的匀速变化大于储蓄率的匀速变化,就会导致稳态均衡点对应的 k^* 向右匀速移动(即稳态均衡点实现向右匀速提升),对资本与消费(或出口或消费与出口之和)的比例(k^*)的调整必然是匀速地扩大投资规模或匀速地缩小消费(或出口或消费与出口之和)规模,使之匀速地从(k^*)向右移动至$(k_1^*, k_2^*, \cdots, k_n^*)$。那么,与之对应的投资与消费(或出口或消费与出口之和)的比例$(k^*[n/(1+n)])$也必然类似调整。

当消费(或出口或消费与出口之和)增长率 n 匀速减少、储蓄率 s 匀速增加时,会导致稳态均衡点对应的 k^* 向右匀速移动(即稳态均衡点实现向右匀速提升),对资本与消费(或出口或消费与出口之和)的比例(k^*)的调整必然是匀速地扩大投资规模或匀速地缩减消费(或出口或消费与出口之和)规模,使之匀速地从(k^*)向右移动至$(k_1^*, k_2^*, \cdots, k_n^*)$。那么,与之对应的投资与消费(或出口或消费与出口之和)的比例$(k^*[n/(1+n)])$也必然类似调整。

4.2　平稳增长目标约束下中国需求动力结构的合理性判定

实现一个国家的经济平稳增长,如果以单位平均指标来衡量,必须是要求一个国家按某种标准(如人口标准等)的单位平均产值保持不变或者保持一个匀速递增的水平增长。当一个国家的经济发展到高级阶段,经济的单位平均产出达到较高水平时,其实现经济平稳增长目标的内涵应该是保持该国的单位平均产出水平基本不变;如果一个国家的经济发展还处于较低阶段,经济的单位平均产出水平较低时,其实现经济平稳增长目标的内涵应该是使经济按照匀速地提升的单位平均产出稳态水平增长。根据修正的稳态增长假说,如果一个国家以保持单位需求平均产出水平不变的增长作为实现经济平稳增长目标的内涵,即当经济保持单位需求平均产出的稳态水平不变增长时,就必然存在最优需求动力结构($k^*[n/(1+n)]$)保持不变。如果一个国家以保持单位需求平均产出水平匀速提升的增长作为实现经济平稳增长目标的内涵,即当经济保持单位需求平均产出的稳态水平匀速提升变化增长时,就必然存在最优需求动力结构($k^*[n/(1+n)]$)向右匀速地移动的过程。下面,分别从产出稳态水平不变视角和产出稳态水平匀速提升视角对中国及其区域经济增长的平稳性予以分析,进而从两种不同平稳增长视角提出对中国及其区域需求动力结构的合理性判定。

4.2.1 产出稳态水平不变平稳增长视角下需求动力结构的合理性判定

1. 对中国需求动力结构整体水平的合理性判断

根据对单位需求产出稳态水平不变的经济平稳增长内涵的分析,当经济处于平稳增长时,必然有最优投资与消费(或出口或消费与出口之和)的比例($k^*[n/(1+n)]$)保持不变。当经济增长处于非平稳状态时,投资与消费(或出口或消费与出口之和)的比例($k[n/(1+n)]$)必然会偏离最优投资与消费(或出口或消费与出口之和)的比例($k^*[n/(1+n)]$)。如果要使单位需求产出(y)回归到稳态水平的平稳增长的状态,必然需要对投资与消费(或出口或消费与出口之和)的比例进行调整。但如何判定单位需求产出(y)是否处于平稳增长的状态呢?其一,可以利用总产出(Y)与消费需求(C)或出口需求(EX)或两者之和(CEX)的增长变化是否同步来判断。假定经济已处于某一稳态水平的平稳增长状态,根据稳态标准 $y = Y/C$ 或 $y = Y/EX$,$y = Y/CEX$ 保持固定不变的要求,当消费需求(C)或出口需求(EX)或两者之和(CEX)以 n 的速率增长时,总产出(Y)必然也会按相同的速率 n 增长,如果二者没有按照相同的速率 n 增长时,则可以判定单位需求产出(y)偏离了保持某一固定稳态水平的平稳增长状态。其二,可以利用储蓄率(s)和消费需求(或出口需求或消费与出口需求之和)增长率(n)的变化是否同步来判断。假定当前经济已处于某一稳态水平的平稳增长状态,则必然要求当前储蓄率(s)和消费需求(或出口需求或消费与出口需求之和)增长率(n)保持同步变化。如果测算当前储蓄率和消费需求(或出口需求或消费与出口需求之和)增长率没有保持同步变化,则意味着经济增长的稳态均衡点已经发生移动,经济同样没有实现单位需求产出稳态水平不变的平稳增长。

(1) 基于总产出与(消费+出口)增长变化是否同步的判断。

中国自改革开放以来,借助国内和国外两个市场(即国内消费和出口需求)的支持,经济得到持续增长。从表 4.1 可见,1979—2012 年间,中国经济均呈现正的增长趋势,但每年的增长率各不相同。与此同时,国内消费与出口需求之和在此期间除 2009 年之外也均呈现正的增长,其年度增长率也存大较大差异。如果将年度总产出增长率与(消费+出口)增长率进行比较,二者很少在同一时期按照相同的比率增长(如果二者保持相同的比率增长,二者的增长率之比均为 1,见图 4.6)。如果从平均意义上来比较 1979—2012 年的产出增长率与(消费+出口)增长率是否同步,1979—2012 年的产出增长率平均达到 9.96%,(消费+出口)增长率平均达到 10.32%,在此期间,产出平均增长率低于(消费+出口)平均增长率 0.36 个百分点。因此,无论从年度比较还是从平均意义比较,中国经济在 1979—2012 年期间总产出增长率与(消费+出口)增长率并未实现同步增长,中国经济在此期间没有能够保持一种单位需求产出水平不变的平稳增长。

根据以上分析,中国的总产出增长率和(消费+出口)增长率始终处于不均等状态,这意味单位需求产出水平(y)总是偏离稳态时的单位需求产出水平(y^*),那么与之对应的资本与(消费+出口)的比例(k)必然也会偏离稳态时的资本与(消费+出口)的比例(k^*),中国的资本与(消费+出口)比例(k)处于一种不合理状态或非最优状态。与之对应的中国的投资与(消费+出口)比例($k[n/(1+n)]$)也就处于一种不合理状态或非最优状态。

表 4.1 总产出增长率与消费(或出口或消费与出口之和)增长率的比较

年 份	国内生产总值增长率(YR)%	消费需求总额增长率(CR)%	出口需求总额增长率(EXR)%	消费与出口需求之和增长率(CEXR)%	YR与CR比值	YR与EXR比值	YR与CEXR比值
1979	9.6	13.6	21.9	14.1	0.71	0.44	0.68
1980	8.1	10.0	23.4	11.0	0.81	0.35	0.74
1981	6.6	9.3	32.5	11.2	0.71	0.20	0.59
1982	11.9	10.8	12.9	11.0	1.10	0.92	1.08
1983	10.1	10.0	4.9	9.5	1.01	2.06	1.06
1984	12.9	11.9	26.2	13.3	1.08	0.49	0.97
1985	11.9	12.1	26.4	13.6	0.98	0.45	0.88
1986	10.5	8.8	27.7	11.0	1.19	0.38	0.95
1987	11.1	8.8	29.2	11.6	1.26	0.38	0.96
1988	11.8	12.5	7.2	11.6	0.94	1.64	1.02
1989	3.7	4.6	2.0	4.2	0.80	1.85	0.88
1990	5.6	2.3	44.2	8.6	2.43	0.13	0.65
1991	9.2	9.1	20.0	11.2	1.01	0.46	0.82
1992	12.8	12.8	12.9	12.8	1.00	0.99	1.00
1993	16.4	10.6	−1.8	7.9	1.55	−9.11	2.08
1994	12.7	10.7	63.5	21.0	1.19	0.20	0.60
1995	10.7	10.5	5.0	9.1	1.02	2.14	1.18
1996	10.2	12.3	−5.1	7.9	0.83	−2.00	1.29
1997	8.5	8.0	18.8	10.4	1.06	0.45	0.82
1998	6.9	8.1	1.3	6.5	0.85	5.31	1.06
1999	6.6	9.2	7.5	8.8	0.72	0.88	0.75
2000	6.2	8.3	25.1	12.1	0.75	0.25	0.51
2001	8.2	6.6	4.6	6.1	1.24	1.78	1.34
2002	9.9	6.7	21.6	10.4	1.48	0.46	0.95

续表

年　份	国内生产总值增长率(YR)%	消费需求总额增长率(CR)%	出口需求总额增长率(EXR)%	消费与出口需求之和增长率(CEXR)%	YR与CR比值	YR与EXR比值	YR与CEXR比值
2003	10.5	5.4	31.2	12.5	1.94	0.34	0.84
2004	10.2	5.4	26.6	12.1	1.89	0.38	0.84
2005	12.0	9.2	22.8	14.1	1.30	0.53	0.85
2006	14.5	9.7	19.3	13.4	1.49	0.75	1.08
2007	11.2	8.7	12.1	10.0	1.29	0.93	1.12
2008	9.9	7.6	−0.5	4.3	1.30	−19.80	2.30
2009	11.0	11.0	−17.8	−0.4	1.00	−0.62	−27.50
2010	8.3	7.5	22.3	12.3	1.11	0.37	0.67
2011	8.8	10.9	6.8	9.5	0.81	1.29	0.93
2012	10.0	10.8	3.1	8.1	0.93	3.23	1.23
平均	9.96	9.23	16.41	10.32	1.14	−0.04	0.15

注：本表增长率是以 1978 年为基期，用 GDP 平减指数对国民生产总值、消费总额、出口总额以及消费与出口之和进行调整后，重新计算得出。

（2）基于储蓄率与（消费＋出口）增长率变化是否同步的判断。

如果假定以 1979 年为基期，当中国的储蓄率（假定储蓄全部转化为投资，则储蓄率等于投资率）为36.1％和（消费＋出口）增长率为14.1％时，经济实现稳态增长，那么在 1979—2012 年期间，如果以年度视角来衡量二者的变化，二者几乎在所有的年份上均未实现同步变化，即二者之间的差额在所有年份几乎不为零（见表 4.2）。如果将 1979—2012 年视为一个整体从平均意义来衡量二者的变化，1979—2012 年间中国的储蓄率上升2.7 个百分点，（消费＋出口）增长率下降3.8 个百分点。因此，无论从年度比较还是从整体上的平均意义比较，中国经济在 1979—2012 年期间储蓄率与（消费＋出口）增长率并未实现同步变化，中国经济增长的稳态均衡点发生改变，在此期间没有能够保持一种单位需求产出水平不变的平稳增长。

表 4.2　储蓄率变化与消费（或出口或消费与出口之和）增长率变化的比较

年份	储蓄率（投资率）%（SR）	储蓄率（投资率）变化%（SRR）	消费需求增长率%（CR）	消费需求增长率变化%（CRR）	出口需求增长率%（EXR）	出口需求增长率变化%（EXRR）	消费与出口之和需求增长率%（CEXR）	消费与出口之和需求增长率变化%（CEXRR）	SSR与CRR差额	SSR与EXRR差额	SSR与CEXRR差额
1979	36.1	−5.4	13.6		21.9		14.1				
1980	34.8	−3.6	10.0	−26.0	23.4	6.7	11.0	−22.0	22.4	−10.3	18.4
1981	32.5	−6.6	9.3	−7.8	32.5	38.8	11.2	1.3	1.2	−45.4	−7.9
1982	31.9	−1.9	10.8	16.6	12.9	−60.5	11.0	−1.6	−18.5	58.6	−0.3
1983	32.8	2.8	10.0	−7.5	4.9	−62.1	9.5	−13.9	10.3	64.9	16.7
1984	34.2	4.1	11.9	19.5	26.2	438.1	13.3	40.4	−15.4	−434.0	−36.3
1985	38.1	11.5	12.1	1.4	26.4	0.9	13.6	2.5	10.1	10.6	9.0
1986	37.5	−1.5	8.8	−27.3	27.7	4.8	11.0	−18.9	25.8	−6.3	17.4
1987	36.3	−3.1	8.8	0.0	29.2	5.3	11.6	4.9	−3.1	−8.4	−8.0
1988	37.0	1.9	12.5	41.9	7.2	−75.2	11.6	0.5	−40.0	77.1	1.4
1989	36.6	−1.2	4.6	−63.4	2.0	−71.8	4.2	−64.1	62.2	70.6	62.9
1990	34.9	−4.7	2.3	−49.1	44.2	2071.4	8.6	105.0	44.4	−2 076.1	−109.7
1991	34.8	−0.1	9.1	291.0	20.0	−54.9	11.2	31.1	−291.1	54.8	−31.2
1992	36.6	5.0	12.8	40.8	12.9	−35.4	12.8	14.0	−35.8	40.4	−9.0
1993	42.6	16.3	10.6	−17.3	−1.8	−114.2	7.9	−38.1	33.6	130.5	54.4
1994	40.5	−4.8	10.7	1.2	63.5	3 567.1	21.0	164.6	−6.0	3562.3	−169.4
1995	40.3	−0.5	10.5	−2.1	5.0	−92.1	9.1	−56.8	1.6	91.6	56.3
1996	38.8	−3.7	12.3	17.1	−5.1	−201.1	7.9	−13.0	−20.8	197.4	9.3

续表

年份	储蓄率（投资率）%（SR）	储蓄率（投资率）变化%（SRR）	消费需求率%（CR）	消费需求增长率变化%（CRR）	出口需求增长率%（EXR）	出口需求增长率变化%（EXRR）	消费与出口需求之和增长率%（CEXR）	消费与出口需求之和增长率变化%（CEXRR）	SSR与CRR差额	SSR与EXRR差额	SSR与CEXRR差额
1997	36.7	-5.4	8.0	-35.1	18.8	-467.2	10.4	31.6	29.7	461.8	-37.0
1998	36.2	-1.4	8.1	1.4	1.3	-93.2	6.5	-37.7	-2.8	91.8	36.3
1999	36.2	-0.1	9.2	14.0	7.5	483.8	8.8	36.6	-14.1	-483.9	-36.7
2000	35.3	-2.4	8.3	-9.6	25.1	234.9	12.1	37.2	7.2	-237.3	-39.6
2001	36.5	3.4	6.6	-20.6	4.6	-81.7	6.1	-49.6	24.0	85.1	53.0
2002	37.8	3.7	6.7	0.8	21.6	371.6	10.4	69.9	2.9	-367.9	-66.2
2003	41.0	8.3	5.4	-18.8	31.2	44.3	12.5	20.1	27.1	-36.0	-11.8
2004	43.0	4.9	5.4	-0.1	26.6	-14.9	12.1	-2.5	5.0	19.8	7.4
2005	41.5	-3.3	9.2	69.8	22.8	-14.3	14.1	15.8	-73.1	11.0	-19.1
2006	41.7	0.5	9.7	5.3	19.3	-15.0	13.4	-4.6	-4.8	15.5	5.1
2007	41.6	-0.3	8.7	-10.6	12.1	-37.7	10.0	-25.2	10.3	37.4	24.9
2008	43.8	5.2	7.6	-11.8	-0.5	-103.8	4.3	-57.4	17.0	109.0	62.6
2009	47.2	7.7	11.0	44.0	-17.8	3765.3	-0.4	-109.3	-36.3	-3757.6	117.0
2010	48.1	1.9	7.5	-31.9	22.3	-225.2	12.3	3187.6	33.8	227.1	3189.5
2011	48.3	0.5	10.9	45.8	6.8	-69.4	9.5	-23.2	-45.3	69.9	23.7
2012	47.8	-1.1	10.8	-1.1	3.1	-54.6	8.1	-14.1	0.0	53.5	13.0
平均	38.8	0.8	9.2	8.2	16.4	59.2	10.3	-95.9	-7.2	-58.3	96.9

注：本表是以1978年为基期，用GDP平减指数对消费总额、出口总额和消费与出口之和进行调整后，重新计算得出。

根据以上分析,中国的储蓄率和(消费＋出口)增长率处于不同步的变化状态,这意味着经济的稳态会发生经常性的改变。当新的稳态所决定的单位需求产出水平(y_1^*,y_2^*,…,y_n^*)大于或小于原有稳态所决定的单位需求产出水平(y^*)时,新的稳态对应的资本与(消费＋出口)的比例(k_1^*,k_2^*,…,k_n^*)必然也会大于或小于原有稳态对应的资本与(消费＋出口)的比例(k^*)。因此,从保持单位需求产出原有稳态水平增长的角度判断,中国的资本与(消费＋出口)比例处于一种不合理状态或非最优状态,与之对应的中国的投资与(消费＋出口)比例($k^*[n/(1＋n)]$)也就处于一种不合理状态或非最优状态。

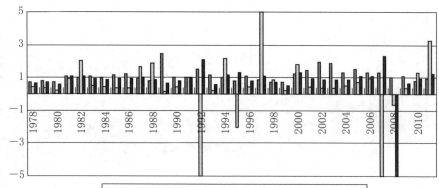

图4.4　中国总产出增长率与消费(或出口或消费与出口之和)增长率的比值变化

2. 对中国不同区域需求动力结构的合理性判断

在单位需求产出稳态水平不变平稳增长目标约束下,中国东部、中部和西部地区需求动力结构的变化是否同中国整体需求动力结构的变化一致呢? 还是有其单独合理性? 下面,分别给予分析。

(1) 对东部地区需求动力结构的合理性判断。

① 基于总产出与(消费＋出口)增长变化是否同步的判断。

从表4.3中可以看出,东部地区总产出与(消费＋出口)增长基本处于不同步

表4.3　东、中、西部地区总产出增长率与(消费+出口)增长率的比较

年份	东部地区生产总值增长率(YR)%	东部地区消费需求总额增长率(CR)%	东部地区出口需求总额增长率(EXR)%	东部地区消费与出口需求之和增长率(CEXR)%	中部地区生产总值增长率(YR)%	中部地区消费需求总额增长率(CR)%	中部地区出口需求总额增长率(EXR)%	中部地区消费与出口需求之和增长率(CEXR)%	西部地区生产总值增长率(YR)%	西部地区消费需求总额增长率(CR)%	西部地区出口需求总额增长率(EXR)%	西部地区消费与出口需求之和增长率(CEXR)%
1979	7.13	9.23	12.31	9.68	16.92	13.72	54.71	14.55	−5.63	3.59	−32.97	3.10
1980	15.97	18.49	27.08	19.76	3.77	11.08	38.77	11.84	12.84	7.64	−45.21	7.17
1981	15.06	8.84	45.90	14.64	6.92	11.17	23.17	11.57	−3.89	3.35	23.56	3.44
1982	14.67	16.06	7.49	14.36	11.17	12.46	20.25	12.75	14.35	8.32	−1.90	8.27
1983	4.18	7.02	9.18	7.42	9.62	10.58	7.76	10.47	11.42	13.19	165.33	13.93
1984	15.71	8.98	48.91	16.58	6.35	6.53	17.01	6.94	12.15	11.52	87.94	12.38
1985	15.75	9.29	12.79	10.14	10.53	9.47	8.75	9.44	13.37	8.43	−14.65	7.99
1986	9.23	14.37	93.00	33.95	8.49	5.27	42.57	6.85	11.17	12.00	46.15	12.51
1987	19.06	17.98	54.22	30.99	12.25	7.62	26.23	8.67	7.32	5.03	−31.11	4.33
1988	23.66	15.33	30.37	21.68	11.01	8.46	−8.02	7.38	13.04	2.08	−34.61	1.61
1989	10.01	18.45	13.96	16.42	1.11	1.48	−2.83	1.24	1.23	5.97	−27.88	5.69
1990	8.04	3.43	47.26	22.85	9.76	21.39	44.26	22.62	9.46	19.78	−58.30	19.34
1991	12.16	7.84	26.90	17.96	4.76	3.07	21.84	4.27	0.49	5.72	12.60	5.73
1992	22.02	16.11	18.28	17.35	9.43	7.79	44.36	10.50	7.67	−0.89	440.76	0.04
1993	23.34	18.37	1.44	8.62	9.55	6.05	−26.82	2.87	8.88	−2.58	51.81	−1.96
1994	10.50	16.33	66.53	43.33	9.91	11.24	56.19	14.34	4.61	5.26	8.33	5.31
1995	12.95	13.80	−3.98	2.69	13.61	10.37	−13.75	8.10	6.60	7.44	4.03	7.38
1996	8.24	7.81	−1.91	2.13	11.93	12.69	−16.79	10.48	3.14	8.29	248.68	12.49

续表

年份	东部地区生产总值增长率(YR)%	东部地区消费需求总额增长率(CR)%	东部地区出口需求总额增长率(EXR)%	东部地区消费与出口需求之和增长率(CEXR)%	中部地区生产总值增长率(YR)%	中部地区消费需求总额增长率(CR)%	中部地区出口需求总额增长率(EXR)%	中部地区消费与出口需求之和增长率(CEXR)%	西部地区生产总值增长率(YR)%	西部地区消费需求总额增长率(CR)%	西部地区出口需求总额增长率(EXR)%	西部地区消费与出口需求之和增长率(CEXR)%
1997	12.05	8.36	23.41	16.80	10.50	8.75	10.18	8.83	8.46	2.13	−56.04	−1.03
1998	10.68	8.87	2.16	4.89	7.11	6.68	−10.75	5.69	9.87	6.37	159.70	10.07
1999	9.82	12.35	4.06	7.56	7.60	9.89	1.19	9.47	9.75	9.99	−15.47	8.54
2000	13.77	10.14	15.90	13.36	8.25	6.81	26.34	7.68	7.92	8.40	26.34	9.19
2001	9.83	7.27	1.70	4.09	5.73	4.59	4.13	4.57	11.51	15.79	30.45	16.55
2002	11.50	15.80	23.42	20.05	7.71	3.80	1.59	3.68	12.84	11.52	0.67	10.90
2003	14.36	15.60	25.75	21.42	9.39	7.78	16.50	8.23	11.65	10.34	76.77	13.80
2004	11.36	9.97	17.23	14.28	13.24	9.06	35.00	10.49	11.73	12.43	55.30	15.90
2005	15.05	8.42	18.40	14.50	12.49	9.06	15.18	9.47	12.16	12.05	−32.32	7.24
2006	13.57	6.32	18.87	14.23	12.31	10.30	27.49	11.51	13.78	13.12	54.98	15.98
2007	11.07	9.17	8.40	8.67	14.10	6.38	13.52	6.96	13.51	11.80	−35.96	7.44
2008	7.42	7.51	−7.25	−2.15	13.55	5.32	9.22	5.65	13.83	8.07	−7.99	7.20
2009	7.94	12.16	−12.13	−2.90	13.70	11.61	−35.38	7.44	13.13	4.44	−40.54	2.34
2010	9.24	9.87	17.28	14.03	15.11	7.26	34.55	8.72	17.06	8.82	71.93	10.54
2011	7.27	7.59	3.85	5.43	13.76	10.88	10.12	10.83	14.74	11.48	25.64	12.08
2012	5.34	10.23	3.62	6.48	10.63	9.86	22.23	10.67	11.34	13.93	5.70	13.54

注：本表增长率是以1978年为基期，用GDP平减指数对国民生产总值、消费总额、出口总额以及消费与出口总额进行调整后，重新计算得出。

变化。1979—2012 年期间,1981—1982、1985、1988、1992—1993、1995—1996、1998—2001、2005、2007—2009、2011 年的总产出的增长快于(消费+出口)需求的增长,而其余年份总产出增长则慢于(消费+出口)需求增长。因此,根据这一判断依据,东部地区的需求动力结构并不处于单位需求产出稳态水平不变平稳增长视角下的最优结构状态。

② 基于储蓄率与(消费+出口)增长率变化是否同步的判断。

从表 4.4 中可以看出,东部地区储蓄率与(消费+出口)增长率基本上也处于不同步变化。1979—2012 年期间,1980、1983—1984、1987、1989、1995、2003、2006—2009、2012 年储蓄率与(消费+出口)增长率同向变化但变化幅度不同,而其余年份两者变化既不同向也不同幅。同理,根据这一判断依据,东部地区的需求动力结构也不处于单位产出稳态水平不变平稳增长视角下的最优结构状态。

(2) 对中部地区需求动力结构的合理性判断。

① 基于总产出与(消费+出口)增长变化是否同步的判断。

从表 4.3 中可以看出,中部地区总产出与(消费+出口)增长基本处于不同步变化。1979—2012 年期间,1979、1985—1988、1991、1993、1995—1998、2000—2011 年的总产出的增长快于(消费+出口)需求的增长,而其余年份总产出增长则慢于(消费+出口)需求增长。因此,根据这一判断依据,中部地区的需求动力结构并不处于单位产出稳态水平不变平稳增长视角下的最优结构状态。

② 基于储蓄率与(消费+出口)增长率变化是否同步的判断。

从表 4.4 中可以看出,中部地区储蓄率与(消费+出口)增长率基本上也处于不同步变化。1979—2012 年期间,1980—1982、1984—1985、1987、1989、1992、2000、2003—2004、2006、2009—2011 年储蓄率与(消费+出口)增长率同向变化但变化幅度不同,而其余年份既不同向也不同幅变化。同理,根据这一判断依据,中部地区的需求动力结构也不处于单位产出稳态水平不变平稳增长视角下的最优结构状态。

表 4.4　东、中、西部地区储蓄率变化与(消费＋出口)增长率变化的比较

年份	东部地区储蓄率(投资率)%(SR)	东部地区储蓄率(投资率)变化%(SRR)	东部地区消费与出口需求之和增长率%(CEXR)	东部地区消费与出口需求之和增长率变化%(CEXRR)	中部地区储蓄率(投资率)%(SR)	中部地区储蓄率(投资率)变化%(SRR)	中部地区消费与出口需求之和增长率%(CEXR)	中部地区消费与出口需求之和增长率变化%(CEXRR)	西部地区储蓄率(投资率)%(SR)	西部地区储蓄率(投资率)变化%(SRR)	西部地区消费与出口需求之和增长率%(CEXR)	西部地区消费与出口需求之和增长率变化%(CEXRR)
1979	25.93		9.68		23.49		14.55		78.47		3.10	
1980	27.52	6.15	19.76	104.25	20.87	-11.15	11.84	-18.63	49.97	-36.32	7.17	131.55
1981	31.69	15.15	14.64	-25.91	19.64	-5.89	11.57	-2.27	42.02	-15.90	3.44	-51.99
1982	32.18	1.53	14.36	-1.95	21.73	10.63	12.75	10.16	53.63	27.63	8.27	140.00
1983	30.89	-4.00	7.42	-48.28	22.00	1.23	10.47	-17.91	44.90	-16.28	13.93	68.53
1984	33.64	8.91	16.58	123.30	20.56	-6.55	6.94	-33.70	46.90	4.45	12.38	-11.10
1985	41.93	24.63	10.14	-38.86	26.34	28.15	9.44	36.07	64.83	38.24	7.99	-35.47
1986	39.44	-5.94	33.95	234.91	28.92	9.79	6.85	-27.42	50.94	-21.43	12.51	56.56
1987	38.32	-2.84	30.99	-8.72	29.79	2.99	8.67	26.46	62.82	23.32	4.33	-65.42
1988	40.90	6.74	21.68	-30.02	31.63	6.19	7.38	-14.85	54.80	-12.76	1.61	-62.70
1989	35.06	-14.30	16.42	-24.29	26.44	-16.42	1.24	-83.20	41.54	-24.19	5.69	252.55
1990	32.61	-6.97	22.85	39.16	24.73	-6.45	22.62	1 724.90	40.89	-1.57	19.34	240.01
1991	33.02	1.24	17.96	-21.37	26.98	9.07	4.27	-81.14	44.42	8.63	5.73	-70.37
1992	40.48	22.60	17.35	-3.40	29.49	9.31	10.50	146.19	43.45	-2.18	0.04	-99.35
1993	44.86	10.81	8.62	-50.31	30.56	3.62	2.87	-72.69	46.94	8.02	-1.96	-5 400.31
1994	41.81	-6.80	43.33	402.50	28.01	-8.33	14.34	400.00	43.42	-7.48	5.31	-370.59
1995	40.36	-3.46	2.69	-93.79	30.10	7.46	8.10	-43.51	46.29	6.59	7.38	38.89
1996	40.72	0.87	2.13	-20.76	29.60	-1.66	10.48	29.36	49.26	6.43	12.49	69.34

续表

年份	东部地区储蓄率(投资率)%(SR)	东部地区储蓄率(投资率)变化%(SRR)	东部地区消费与出口需求之和增长率%(CEXR)	东部地区消费与出口需求之和增长率变化%(CEXRR)	中部地区储蓄率(投资率)%(SR)	中部地区储蓄率(投资率)变化%(SRR)	中部地区消费与出口需求之和增长率%(CEXR)	中部地区消费与出口需求之和增长率变化%(CEXRR)	西部地区储蓄率(投资率)%(SR)	西部地区储蓄率(投资率)变化%(SRR)	西部地区消费与出口需求之和增长率%(CEXR)	西部地区消费与出口需求之和增长率变化%(CEXRR)
1997	38.26	−6.03	16.80	688.35	30.12	1.76	8.83	−15.75	56.31	14.30	−1.03	−108.23
1998	39.05	2.06	4.89	−70.88	30.39	0.89	5.69	−35.59	58.60	4.07	10.07	−1 079.65
1999	37.96	−2.79	7.56	54.55	29.97	−1.37	9.47	66.56	58.60	0.00	8.54	−15.18
2000	35.85	−5.55	13.36	76.65	29.45	−1.74	7.68	−18.86	60.85	3.84	9.19	7.62
2001	36.48	1.77	4.09	−69.36	31.06	5.45	4.57	−40.53	69.11	13.57	16.55	80.02
2002	35.27	−3.32	20.05	389.94	33.52	7.92	3.68	−19.38	74.60	7.95	10.90	−34.12
2003	37.31	5.78	21.42	6.83	34.31	2.38	8.23	123.34	74.63	0.04	13.80	26.62
2004	38.24	2.50	14.28	−33.34	38.52	12.27	10.49	27.44	69.44	−6.96	15.90	15.18
2005	36.53	−4.49	14.50	1.54	39.06	1.38	9.47	−9.68	67.97	−2.12	7.24	−54.45
2006	35.01	−4.16	14.23	−1.86	42.28	8.25	11.51	21.57	66.65	−1.93	15.98	120.71
2007	33.68	−3.80	8.67	−39.10	45.39	7.35	6.96	−39.57	63.39	−4.90	7.44	−53.48
2008	33.31	−1.08	−2.15	−124.77	48.94	7.84	5.65	−18.77	66.89	5.53	7.20	−3.19
2009	37.87	13.68	−2.90	35.09	51.86	5.97	7.44	31.60	73.82	10.35	2.34	−67.49
2010	38.48	1.62	14.03	−583.67	54.75	5.56	8.72	17.23	80.49	9.04	10.54	350.38
2011	39.47	2.58	5.43	−61.26	55.48	1.34	10.83	24.21	83.79	4.10	12.08	14.64
2012	40.08	1.53	6.48	19.20	56.37	1.60	10.67	−1.42	90.80	8.36	13.54	12.10

注：本表增长率是以1978年为基期，用 GDP 平减指数对国民生产总值、消费与出口之和进行调整后，重新计算得出。

（3）对西部地区需求动力结构的合理性判断。

① 基于总产出与（消费＋出口）增长变化是否同步的判断。

从表4.3中可以看出,西部地区总产出与（消费＋出口）增长基本处于不同步变化。1979—2012 年期间,1980、1982、1985、1987—1988、1992—1993、1999、2002、2005、2007—2011 年的总产出的增长快于（消费＋出口）需求的增长,而其余年份总产出增长则慢于（消费＋出口）需求增长。因此,根据这一判断依据,西部地区的需求动力结构并不处于单位产出稳态水平不变平稳增长视角下的最优结构状态。

② 基于储蓄率与（消费＋出口）增长率变化是否同步的判断。

从表4.4中可以看出,西部地区储蓄率与（消费＋出口）增长率基本上也处于不同步变化。1979—2012 年期间,1981、1982、1988、1992、1994—1996、2000—2001、2003、2005、2007、2010—2012 年储蓄率与（消费＋出口）增长率同向变化但变化幅度不同,而其余年份既不同向也不同幅变化。同理,根据这一判断依据,西部地区的需求动力结构也不处于单位产出稳态水平不变平稳增长视角下的最优结构状态。

4.2.2 产出稳态水平匀速提升平稳增长视角下需求动力结构的合理性判定

1. 对中国需求动力结构整体水平的合理性判断

当一个国家处于经济高度发达阶段时,保持稳态增长即可满足实现经济平稳增长目标的要求。但是,当一个国家处于经济发展低级阶段时,经济如果长期保持单位平均产出的低稳态水平增长,就必然是一种低水平的平稳增长,这是任何一个处于发展中国家所不愿追求的平稳增长。因此,对于发展中国家而言,追求单位平均产出的较高稳态水平的增长即追求产出稳态水平匀速提升的增长是实现经济平稳增长目标的内涵要求。

根据单位需求产出稳态水平匀速提升平稳增长的内涵分析,当经济处于单位需求产出稳态水平匀速提升平稳增长时,必然有投资与消费(或出口或消费与出口之和)的比例($k[n/(1+n)]$)实现匀速地向右移动,即投资与消费(或出口或消费与出口之和)的比值按一个相对稳定的速度即匀速扩大。当经济处于非平稳增长状态时,投资与消费(或出口或消费与出口之和)的比例($k[n/(1+n)]$)不会呈现匀速地向右移动的变化规律,现实的需求动力结构必然不是最优的。如何来判定经济是否处于单位需求产出稳态水平匀速提升平稳增长状态呢?同样可以借用前述的方法。一是可以利用总产出(Y)与当消费需求(C)或出口需求(EX)或两者之和(CEX)的增长变化来判断。如果假定经济已处于单位需求产出稳态水平匀速提升的平稳增长状态,同样根据稳态标准 $y = Y/C$ 或 $y = Y/EX$,$y = Y/CEX$,当消费需求(C)或出口需求(EX)或两者之和(CEX)以 n 的速率增长时,总产出(Y)会按照速率 n 的固定倍数进行增长,如果二者没有按照这一规律变化,则可以判定经济没有实现单位需求产出稳态水平匀速提升的平稳增长。其二,可以利用储蓄率(s)和消费(或出口或消费与出口之和)增长率(n)的变化来进行判断。假定当前经济已处于产出稳态水平匀速提升的平稳增长状态,则必然要求当前储蓄率(s)和消费(或出口或消费与出口之和)增长率(n)保持某一规律性的变化,使经济稳态均衡点实现向右匀速提升移动。如果测算当前储蓄率(s)和消费(或出口或消费与出口之和)增长率(n)没有保持某一特定规律变化时,则意味着经济增长的稳态均衡点已经发生移动且没有实现匀速提升的变化,与之对应的单位需求产出稳态水平也不会实现匀速提升变化,经济不会实现单位需求产出稳态水平匀速提升的平稳增长。

根据稳态增长理论假设,在经济增长过程中,如果储蓄率(s)和消费(或出口或消费与出口之和)增长率(n)以相等的速度同向变化,经济增长的稳态均衡点不会发生改变,与之对应的稳态产出(y^*)和资本与消费(或出口或消费与出口之和)的比例(k^*)不会发生改变。如果储蓄率(s)和消费(或出口或消费与出口之和)增长率(n)以不等的速度同向或反向变化时,经济增长的稳态均衡点会发生经常性改变,但要实现稳态均衡点匀速提升的变化,必然要求储蓄率(s)和消费(或出口或消费与出口之和)增长率(n)变动按以下规律变化:①当储蓄率(s)和消费

（或出口或消费与出口之和）增长率（n）同向正变化时,储蓄率（s）的变化率要大于消费（或出口或消费与出口之和）增长率（n）的变化率,且在时间路径上二者的变化率之差的绝对值呈等比递增数列;②当储蓄率（s）和消费（或出口或消费与出口之和）增长率（n）同向负变化时,储蓄率（s）的变化率要小于消费（或出口或消费与出口之和）增长率（n）的变化率,且在时间路径上二者的变化率之差的绝对值呈等比递增数列;③当储蓄率（s）正向变化,消费（或出口或消费与出口之和）增长率（n）负向变化时,在时间路径上要求二者的变化率之差的绝对值呈等比递增数列。但在以上三种变化路径中,只有当储蓄率变化和消费（或出口或消费与出口之和）增长率变化符合第一种规律变化时,经济实现稳态均衡点匀速提升变化的路径才是最优的[因为消费（或出口或消费与出口之和）增长率（n）正向变化时,意味着本国或外国的福利水平同时也在提升,即消费、出口或消费与出口之和相对于上期总是在不断增长]。因此,通过分析储蓄率变化与消费（或出口或消费与出口之和）增长率变化是否符合上述分析第一种规律变化,可以判定稳态均衡点是否实现向右匀速提升移动,进而判断经济是否实现单位需求产出稳态水平匀速提升平稳增长。

（1）基于总产出与（消费＋出口）增长变化规律的判断。

中国1979—2012年期间以国内消费和国外出口同时推动经济增长,如果当（消费＋出口）（CEX）按（n）的速率增长时,总产出（Y）按照速率（n）的固定倍数进行增长,则可以判断中国经济实现了单位需求产出稳态水平匀速提升的平稳增长。但根据表4.1所示,1979—2012年期间,中国的年度总产出增长率与（消费＋出口）增长率并没有按照一个固定的倍数变化,其总产出增长率与（消费＋出口）增长率的比值基本处在－27.5—2.08的范围内波动变化,这意味着单位需求产出水平没有实现匀速提升的变化,即中国经济在1979—2012年期间没能实现单位需求产出稳态水平匀速提升的平稳增长。

（2）基于储蓄率与（消费＋出口）需求增长率变化规律的判断。

由于中国在1979—2012年期间以国内消费和国外出口同时推动经济增长,因此重点分析储蓄率和（消费＋出口）增长率的变化所引起的稳态均衡点路径变化。在 1979—2012 年期间,如果以 1979 年作为稳态均衡分析的基期,根据表 4.2,1980—2012 年期间每年的储蓄率和(消费＋出口)增长率的变化程度和方向均不同,这就意味着经济在增长过程中每年都会产生一个新的稳态均衡并且按新的稳态均衡进行增长。但对照单位需求产出稳态均衡匀速提升平稳增长所要求的储蓄率和(消费＋出口)增长率的变化规律,1980—2012 年间的储蓄率和(消费＋出口)增长率变化并不符合上述第一种变化规律的要求。1980、1983、1985—1986、1988—1989、1993、1995—1996、1998、2001、2004、2006—2012 年间,中国经济在前期稳态均衡增长的基础上实现稳态均衡提升变化的增长,但在这其中只有 1985 年和 1988 年符合储蓄率和(消费＋出口)增长率同时正向变化,且储蓄率变化大于(消费＋出口)增长率变化。1982、1984、1987、1990—1992、1994、1997、1999—2000、2002—2003、2005 年间,中国经济却以前期更低的稳态均衡水平实现增长。因此,根据以上分析,由于储蓄率和(消费＋出口)增长率的变动,中国经济在增长过程中不断形成新的稳态均衡点,但新的稳态均衡点的形成并未按照第一种变化规律实现匀速提升的变化,这必然导致稳态均衡点对应的单位需求产出水平未能实现匀速提升变化,中国经济在 1979—2012 年期间没能实现单位需求产出稳态水平匀速提升的平稳增长。

综上所述,由于中国经济在 1979—2012 年期间没能实现单位需求产出稳态水平匀速提升的平稳增长,与之对应的资本与(消费＋出口)的比例(k^*)以 1979 年为基点并未实现匀速地向右移动,资本与(消费＋出口)的比例变化处于一种不合理状态或非最优状态。当中国资本与(消费＋出口)的比例变化处于一种不合理状态或非最优状态时,与之对应的中国投资与(消费＋出口)的比例变化必然处于一种不合理状态或非最优状态。

2. 对中国不同区域需求动力结构的合理性判断

在产出稳态水平匀速提升平稳增长视角下,中国的东部、中部和西部地区需求动力结构的变化是否符合最优需求动力结构的演变路径? 下面,也分别以予分析。

（1）对东部地区需求动力结构的合理性判断。

① 基于总产出与（消费＋出口）增长变化规律的判断。

根据总产出（Y）按照（消费＋出口）（CEX）增长速率（n）的固定倍数进行增长，经济实现单位需求产出稳态水平匀速提升平稳增长这一原则，对东部地区的总产出增长速率和（消费＋出口）需求增长速率进行测算（见表4.3），发现东部地区的总产出增长率与（消费＋出口）增长率并没有按照一个固定的倍数变化，其总产出增长率与（消费＋出口）增长率的比值基本处在－3.46—4.82的范围内波动变化。因此，东部地区经济并不处于单位需求产出稳态水平匀速提升平稳增长状态，其需求动力结构必然不是处于最优变化路径上。

② 基于储蓄率与（消费＋出口）需求增长率变化规律的判断。

根据储蓄率（s）和（消费＋出口）增长率（n）同向正变化时，储蓄率的变化率要大于（消费＋出口）增长率的变化率，且在时间路径上二者的变化率之差的绝对值呈等比递增数列，经济实现单位需求产出稳态水平匀速提升平稳增长这一规律要求，对东部地区的储蓄率和（消费＋出口）需求增长率变化进行测算（见表4.4），发现在1979—2012年期间，1981—1983、1985、1987—1989、1991—1993、1995—1996、1998、2001、2004、2007—2008、2010—2011年东部地区经济在前期基础上实现单位需求产出稳态水平提升增长，但储蓄率和（消费＋出口）需求增长率变化并未按照上述规律要求变化，经济并未实现单位需求产出稳态水平匀速提升平稳增长。因此，在单位需求产出稳态水平匀速提升平稳增长约束下，东部地区需求动力结构变化并未处于理论最优变化路径。

（2）对中部地区需求动力结构的合理性判断。

① 基于总产出与（消费＋出口）增长变化规律的判断。

同理，对中部地区的总产出增长速率和（消费＋出口）需求增长速率进行测算（见表4.3），发现中部地区的总产出增长率与（消费＋出口）增长率的比值基本处在0.32—3.33的范围内波动变化。因此，中部地区经济不并处于单位需求产出稳态水平匀速提升平稳增长状态，其需求动力结构必然不是处于最优变化路径上。

② 基于储蓄率与（消费＋出口）需求增长率变化规律的判断。

同理，对中部地区的储蓄率和（消费＋出口）需求增长率变化进行测算（见表

4.4),发现在 1979—2012 年期间,1980、1982—1984、1986、1988—1989、1991、1993、1995、1997—1998、2000—2002、2005、2007—2008、2012 年中部地区经济在前期基础上实现单位需求产出稳态水平提升增长,但储蓄率和(消费＋出口)需求增长率变化也未按照上述规律要求变化,经济未实现单位需求产出稳态水平匀速提升平稳增长。因此,在单位需求产出稳态水平匀速提升平稳增长约束下,中部地区需求动力结构变化并未处于理论最优变化路径。

(3) 对西部地区需求动力结构的合理性判断。

① 基于总产出与(消费＋出口)增长变化规律的判断。

同理,对西部地区的总产出增长速率和(消费＋出口)需求增长速率进行测算(见表 4.3),发现东部地区的总产出增长率与(消费＋出口)增长率的比值基本处在 −8.23—207.04 的范围内波动变化。因此,西部地区经济不并处于单位需求产出稳态水平匀速提升平稳增长状态,其需求动力结构必然不是处于最优变化路径上。

② 基于储蓄率与(消费＋出口)需求增长率变化规律的判断。

同理,对西部地区的储蓄率和(消费＋出口)需求增长率变化进行测算(见表 4.4),发现在 1979—2012 年期间,1981、1984—1985、1987—1988、1991—1994、1997—1999、2002、2005、2007—2009 年西部地区经济在前期基础上实现单位需求产出稳态水平提升增长,但储蓄率和(消费＋出口)需求增长率变化也未按照上述规律要求变化,经济并未实现单位需求产出稳态水平匀速提升平稳增长。因此,在单位需求产出稳态水平匀速提升平稳增长约束下,西部地区需求动力结构变化并未处于理论最优变化路径。

4.3 经济平稳增长目标约束下中国需求动力结构的调整思路

4.3.1 产出稳态水平不变平稳增长视角下的需求动力结构调整思路

根据 4.2.1 小节的分析,无论是中国经济整体还是中国东、中、西部区域经济,在 1979—2012 年期间并未实现单位需求产出稳态水平不变的平稳增长,即没有实现单位需求产出以 1979 年为基期保持稳态均衡增长。因此,中国经济如果要实现单位需求产出稳态水平不变的平稳增长,则要求本期的总产出增长按(消费＋出口)增长率同步增长,或要求当期的储蓄率与(消费＋出口)增长率同步变化。

对中国经济整体而言,从总产出增长按照(消费＋出口)增长率同步增长标准观察,如果将 1979—2012 年期间视为中国经济增长需求动力结构调整的一个参照期,那么在此期间,总产出的平均增长率为 9.96%,(消费＋出口)平均增长率为 10.32%,总产出的平均增长率低于(消费＋出口)平均增长率,即意味着单位平均产出水平(y)低于前期稳态的单位平均产出水平(y^*),与之对应的资本与(消费＋出口)的比例(k)必然小于前期稳态的资本与(消费＋出口)的比例(k^*)。要实现经济按照前期稳态水平增长,必然要求对资本与(消费＋出口)的比例(k)进行调整,使之向前期稳态水平对应的资本与(消费＋出口)的比例(k^*)回归,而要达到这一点,就需要减少当前的消费和出口需求或扩大当前的投资需求。同理,与资本与(消费＋出口)的比例(k)对应的投资与(消费＋出口)的比例($k[n/(1+n)]$)也必然类似调整。如果将 2001—2012 年期间视为中国当前经济增长需求动力结构调整的一个参照期,那么在此期间,总产出的平均增长率为 10.38%,(消费＋出口)平均增长率为 9.36%,总产出的平均增长率高于(消费＋出口)平均增长率,即也意味着单位平均产出水平(y)大于前期稳态的单位平均产出水平(y^*),与之对应的投资与(消费＋出口)的比例(k)必然大于前期稳态的资本与(消费＋出口)的比例(k^*)。要实现经济按照前期稳态水平增长,必然要求对资本与(消费＋出口)的比例(k)进行调整,使之向前期稳态水平对应的资本与(消费＋出口)的比例(k^*)回归,而要达到这一点,就需要扩大当前的消费和出口需求或减少当前的投资需求。同理,与资本与(消费＋出口)的比例(k)对应的投资与(消费＋出口)的比例($k[n/(1+n)]$)也必然类似调整。如果以某一年作为中国经济增长需求动力结构调整的一个参照期,如以 2012 年作为 2013 年需求动力结构调整的一个前期状态,2012 年总产出的增长率为 10.0%,(消费＋出口)增长率为 8.1%,总产出的增长率高于(消费＋出口)增长率,意味着单位需求产出水平(y)高于前期稳态的单位需求产出水平(y^*)，与之对应的资本与（消费＋出口）的比例(k)大于前期稳态的投资与（消费＋出口）的比例(k^*)。要实现经济按照前期稳态水平增长，必然要求对资本与（消费＋出口）的比例(k)进行调整，即扩大当前的消费和出口需求总额或减少当前的投资需求，使之向前期稳态水平对应的资本与（消费＋出口）比例(k^*)回归。同理，与资本与（消费＋出口）的比例(k)对应的投资与（消费＋出口）的比例($k[n/(1＋n)]$)也必然类似调整。

从储蓄率与（消费＋出口）增长率同步变化的标准观察，如果以1979年的储蓄率和（消费＋出口）需求增长率为基期，根据表4.2，随后的1980—2012年期间每年的储蓄率变化与（消费＋出口）需求增长率变化各不相同，二者的变化率之差并不为零而是呈现波动变化趋势，意味着1980—2012年期间每年均会形成一个新的稳态均衡点，经济按照新的稳态均衡点所决定的单位需求产出水平进行增长。由于新的稳态均衡点总是低于或高于前期稳态均衡点，与之对应的资本与（消费＋出口）的比例(k_1^*，k_2^*，…，k_n^*)必然会小于或大于前期稳态对应的资本与（消费＋出口）的比例(k^*)，要保持前期稳态均衡点的不变，必然要调整当期的储蓄率（投资率）或（消费＋出口）增长率，而调整储蓄率（投资率）和（消费＋出口）增长率则依赖于对当期投资、消费和出口需求数量的控制。假定经济以1979年的稳态均衡水平保持增长，根据当前2012年的储蓄率和（消费＋出口）增长率相对1979年的储蓄率和（消费＋出口）增长率的变化[2012年储蓄率相对1979年增加32.41％，2012年（消费＋出口）增长率相对1979年减少42.55％]，2012年形成的稳态均衡点高于1979年的稳态均衡点，因此，当前要使经济恢复到1979年的稳态均衡水平增长，必然要求减少投资以降低投资率（储蓄率），或增加消费和出口以提高（消费＋出口）增长率。同理分析，假设经济以任何一个年份或时期所形成的稳态均衡水平保持增长，根据当前的储蓄率和（消费＋出口）增长率相对任一年份或时期的变化，可得出相应的资本与（消费＋出口）的比例(k)的调整思路。同理，与资本与（消费＋出口）的比例对应的投资与（消费＋出口）的比例($k[n/(1＋n)]$)也必然类似调整。

对中国区域经济而言，从总产出增长按照（消费＋出口）增长率同步增长标准观察,如果将 1979—2012 年期间视为中国经济增长需求动力结构调整的一个参照期,东部地区总产出的平均增长率为 12.29%,(消费＋出口)平均增长率为 13.86%,总产出的平均增长率低于(消费＋出口)平均增长率,稳态均衡点向左下方移动;中部地区总产出的平均增长率为 10.07%,(消费＋出口)平均增长率为 8.96%,总产出的平均增长率高于(消费＋出口)平均增长率,稳态均衡点向向上方移动;西部地区总产出的平均增长率为 9.46%,(消费＋出口)平均增长率为 8.50%,总产出的平均增长率高于(消费＋出口)平均增长率,稳态均衡点向向上方移动。因此,对东部地区要保持产出稳态水平不变平稳增长,必然要求减少当前消费和出口需求或扩大当前的投资需求,而对于中西部地区则要求扩大当前消费和出口需求或减少当前的投资需求。

从储蓄率与(消费＋出口)增长率同步变化的标准观察,如果以 1979 年的储蓄率和(消费＋出口)需求增长率为基期,将随后的 1980—2012 年期间的储蓄率与(消费＋出口)需求增长率平均变化视为中国经济增长需求动力结构调整的一个参照期,东部地区储蓄率变化为 1.61%,(消费＋出口)需求增长率变化为 24.25%,储蓄率变化率低于(消费＋出口)需求增长率变化,稳态均衡点向左下方移动;中部地区储蓄率变化为 2.91%,(消费＋出口)需求增长率变化为61.48%,储蓄率变化率低于(消费＋出口)需求增长率变化,稳态均衡点向左下方移动;西部地区储蓄率变化为 1.48%,(消费＋出口)需求增长率变化为－175.25%,储蓄率变化率高于(消费＋出口)需求增长率变化,稳态均衡点向右上方移动。因此,对东部和中部地区要保持产出稳态水平不变平稳增长,必然要求减少当前消费和出口需求或扩大当前的投资需求,而对于西部地区则要求扩大当前消费和出口需求或减少当前的投资需求。

4.3.2　产出稳态水平匀速提升平稳增长视角下的需求动力结构调整思路

中国是一个发展中国家,追求单位平均产出水平的匀速增长即追求经济按照产出稳态水平匀速提升变化的增长是实现经济平稳增长目标的客观内涵。根据

4.2.2分析,中国经济并未实现单位需求产出稳态水平匀速提升变化的平稳增长,因为如果将1979年的储蓄率和(消费＋出口)增长率所决定形成的均衡点视为1979—2012年期间经济稳态均衡点匀速提升变化路径上的首个稳态均衡点,由于1980年的储蓄率和(消费＋出口)增长率相对1979年其变化率分别为－3.6％和－22％,1980年的储蓄率和(消费＋出口)增长率并未实现同步变化,根据稳态增长理论中稳态均衡点变化的规律,1980年形成的经济稳态均衡点相对1979年形成的经济稳态均衡点会向右移动。同理分析,1983、1985、1986、1988、1989、1995、1993、1995、1996、1998、2001、2004、2006、2007、2008、2009、2010、2011、2012年相对前期的经济稳态均衡点向右移动,1981、1982、1984、1986、1987、1990、1991、1992、1994、1997、1999、2000、2002、2003、2005年相对前期经济稳态均衡点向左移动。因此,从1979—2012年整个期间的时间路径上看,经济稳态均衡点并未从1979年开始实现匀速地向右移动提升。值得注意的是,中国从2006年开始经济的稳态均衡点持续地向右移动提升,但这种移动提升是以储蓄率(投资率)的缓慢增加和(消费＋出口)增长率的不断快速下滑为基础的。因此,根据以上分析,中国要实现单位需求产出稳态水平匀速提升变化的平稳增长,对资本与(消费＋出口)的比例(k)或投资与(消费＋出口)的比例($k[n/(1＋n)]$)的调整近期主要是通过合理地控制投资规模,增加(消费＋出口)的数量,进而使(消费＋出口)增长率和储蓄率的变化符合经济稳态均衡点匀速提升变化的要求,保持资本与(消费＋出口)的比值或投资与(消费＋出口)的比值以一个稳定的速度即匀速扩大。

但如果从中国区域经济增长来看,各地区的需求动力结构在单位需求产出稳态水平匀速提升平稳增长约束下,其调整的思路又各具差异。在1979—2012年期间,对于东部地区而言,1981—1983、1985、1987—1989、1991—1993、1995—1996、1998、2001、2004、2007—2008、2010—2011年实现在前期基础上单位需求产出稳态水平提升增长;对于中部地区而言,1980、1982—1984、1986、1988—1989、1991、1993、1995、1997—1998、2000—2002、2005、2007—2008、2012年实现在前期基础上单位需求产出稳态水平匀速提升增长;对于西部地区而言,

1981、1984—1985、1987—1988、1991—1994、1997—1999、2002、2005、2007—2009 年实现在前期基础上单位需求产出稳态水平提升增长,但无论是东部、中部还是西部地区,实现单位需求产出稳态水平提升增长大多是依赖于储蓄率(投资率)的正向变化、(消费＋出口)需求增长率的负向变化来实现的,特别是 2007 年金融危机前后,经济稳态均衡点的提升,大多是以(消费＋出口)需求增长率的更大衰退来实现的。但就目前而言,尤其是 2008 年之后,中央经济工作会议连续 4 年强调转变拉动经济增长的需求动力方式之后,无论是东部、西部和中部都对投资需求进行了宏观调控(表现在投资率增长的衰退),抑制其过快增长,对消费和出口需求进行了刺激(表现在(消费＋出口)需求增长的加速),消费和出口需求有了一定的增长,但从其效果来看,东部地区更多地是发力控制投资需求,而中西部地区则是发力刺激消费和出口需求的增长。

4.4 本章小结

本章基于需求要素构建了一个社会实际生产函数构模型,并利用该生产函数模型推导了一个经济平稳增长视角下的需求动力结构调整的理论框架——修正的稳态增长假说。与此同时,在该理论框架下,结合中国及中国东、中、西部区域经济增长的实际,运用统计描述分析方法对单位需求产出稳态水平不变和单位需求产出稳态水平匀速提升两种经济平稳增长视角下的中国资本(投资)与(消费＋出口)的比例变化进行分析,并对其合理性进行判定,最后提出为实现中国经济平稳增长而对资本(投资)与(消费＋出口)比例进行调整的思路。

第 5 章

集约增长目标约束下的中国需求动力结构调整

　　集约增长是相对粗放增长的一种科学的经济增长方式,其内涵本质是通过提高生产要素的使用质量和效率来实现经济增长。当前,依赖要素高投入、资源能源高消耗的中国传统经济增长方式已致使中国经济面临严重的资源环境危机,经济的可持续增长面临挑战。因此,调整经济的运行机制包括优化和调整需求动力结构,以提高生产要素的使用效率尤其是资本(投资)要素的使用效率,降低物质资源消耗,促进经济集约增长将是中国未来经济发展的现实要求。本章主要构建一个基于要素对经济增长贡献最大化的理论框架模型,考察和分析中国资本(投资)和劳动力要素在不同的需求动力结构状态下对经济增长的贡献,提出以能够促使生产要素尤其是资本(投资)要素对经济增长发挥最大贡献的需求动力结构状态作为经济集约增长目标约束下的最优需求动力结构状态,同时运用阈值协整计量研究方法测算出中国经济集约增长时各种需求动力结构指标的最优值,并参照指标最优值对中国当前需求动力结构的现状进行分析并对其合理性进行判断,进而对偏离各种需求动力结构指标最优值的中国当前需求动力结构提出相应的调整思路。

5.1　集约增长视角下的最优需求动力结构理论:要素贡献最大化假说

5.1.1　要素贡献最大化假说的提出

　　新古典经济增长理论假定在技术不变的前提下,劳动力和资本是经济增长的

两种主要投入要素,即经济产出函数被假定为:

$$Y_t = F(L_t, K_t) \tag{5.1}$$

若写成 C—D 形式,得:

$$Y_t = AL_t^\alpha K_t^\beta \tag{5.2}$$

对(5.2)式两边同时取对数,得:

$$\ln Y_t = \ln A + \alpha \ln L_t + \beta \ln K_t \tag{5.3}$$

其中,A 为技术进步因素,为常数;L_t 为当期劳动力;K_t 为当期物质资本存量,即上期资本存量加上当期投资。α、β 为分别为劳动力和资本的产出弹性,即资本、劳动力要素每增加 1%,产出能够增加百分之几。要素的产出弹性衡量了各投入要素对产出的贡献,要素产出弹性越大,对产出的贡献也就越大。

进一步的,各投入要素的产出弹性虽然反映了各要素对经济产出的贡献,但这种贡献反映的是在特定的经济环境和条件下各生产要素受到经济系统综合作用结果的体现,当特定的经济环境或条件发生改变时,各投入要素对经济产出的影响也将发生改变,从而改变经济的产出机制,即同样的要素投入有可能在不同的条件下对经济产出的贡献会有所差异。在社会生产函数中,具体表现在各投入要素在不同的经济环境或条件下产出弹性系数会有所不同,通过对同一要素的弹性系数比较,可以反映出同一生产要素在不同的经济条件下对经济产出的贡献程度的大小。

经济增长的需求动力结构是内嵌于经济增长过程中的一种必然环境或条件。当前世界任何一个国家的经济增长离不开经济需求,而需求动力结构是经济需求环境的一种重要表现。当生产要素面临经济需求动力结构改变时,也有可能引起生产要素生产能力的改变,从而导致经济产出机制的改变。在不同的经济产出机制下,意味着各投入要素对经济产出的贡献是不同的,也即各投入要素的产出弹性不同。当需求动力结构在某一状态时能够发挥生产要素对经济产出的最大化程度贡献,也即当生产要素在经济运行中的某一需求动力结构状态下能够实现边际产出的最大化时,这种需求动力结构的配置才是最优的。

5.1.2　要素贡献最大化假说对集约增长目标的诠释

在现代经济增长过程中,根据新古典增长理论,在假定技术中性的前提下,经济增长主要依靠资本和劳动力的投入来推动,但由于要素存在边际报酬递减效应,经济要持续获得同等的增长,必须投入使用更多的资本和劳动力要素,然而生产要素尤其是资本(投资)要素的投入增加意味着对物质资本的购买和使用增加,反映了经济增长对物质资源的消耗也在增加。Cheung,Dooley 和 Sushko(2012)在研究资本(投资)与经济增长的关系时指出,随着时间的推移,资本(投资)与经济增长的关系会弱化,尤其是在高收入国家,资本(投资)增长对经济增长可能有更多的负面性。因此,在现代经济增长过程中,如果过度依赖生产要素的投入增加来推动经济增长,则会加剧经济发展与自然环境的冲突与矛盾,经济增长的可持续性将受到资源稀缺性的严重挑战。生产要素贡献最大化假说则主要是针对这一问题的解决而提出的,其实质是要求发挥生产要素的最大效率来推动经济增长,而不是依靠大量生产要素的投入和对资源的过度消耗来推动经济增长,这与经济集约增长的内涵具有高度的一致性。当一个国家通过构建合理的经济运行体制机制最大限度地发挥生产要素的产出效率来推动经济增长时,就能够促进经济向集约增长方式转变,进而保障经济集约增长目标的实现。

5.1.3　集约增长目标约束下需求动力结构调整的理论分析

在集约增长目标约束下考虑需求动力结构调整,其实质要求是将现实的需求动力结构调整至要素贡献最大化假设中的最优需求动力结构状态。因此,集约增长目标约束下的需求动力结构调整思路为：首先必须确定各生产要素在经济增长的时间路径上是否存在多种增长机制；其次确定当前各生产要素在何种增长机制下对经济增长发挥作用；再次比较各生产要素在不同的增长机制下对经济增长的贡献大小；最后根据各生产要素在不同增长机制下的贡献程度，考虑对需求动力结构的调整，从而使各生产要素在最有利的需求动力结构环境或条件下发挥各自对经济增长的最大贡献。

在产出函数(5.3)中，劳动力要素(L)和资本要素(K)的产出弹性系数的大小反映了两者对产出的贡献程度。通过比较 L 和 K 在不同需求动力结构条件下的产出弹性系数大小，可推导出 L 和 K 对经济增长贡献最大化条件下需求动力结构的调整思路。

(1) 资本要素对经济增长贡献最大化条件下的需求动力结构调整。

在经济增长的时间路径上，由于消费、投资和出口需求数量的相对变动必然会导致投资与消费的比例、投资与出口的比例以及投资与(消费＋出口)的比例等需求动力结构发生改变。如果在不同需求动力结构下(需求动力结构以 DS 表示，γ_1、γ_2、γ_3，…，γ_n 表示从小到大依次排列的某种需求动力结构指标值，不同的需求动力结构条件以数学形式表示为：$DS < \gamma_1$，$\gamma_1 \leqslant DS < \gamma_2$，$\gamma_2 \leqslant DS < \gamma_3$，…，$DS \geqslant \gamma_n$)，假定资本要素对经济产出的效应存在若干机制，则在不同的增长机制下资本的产出弹性不同，即存在 β_1、β_2、β_3，…，β_n，且 β_1、β_2、β_3，…，β_n 分别与 $DS < \gamma_1$，$\gamma_1 \leqslant DS < \gamma_2$，$\gamma_2 \leqslant DS < \gamma_3$，…，$DS \geqslant \gamma_n$ 条件一一对应。当 $\beta_1 > \beta_2 > \beta_3 > \cdots > \beta_n$ 时，即意味着资本要素在需求动力结构满足 $DS < \gamma_1$ 时对经济产出的贡献最大，若当期的资本要素对产出的效应 $\beta \in [\beta_2, \beta_3, \cdots, \beta_n]$，则需要将需求动力结构指标值调整至 γ_1 以下；当 $\beta_2 > \beta_1 > \beta_3 > \cdots > \beta_n$ 时，即意味资本要素在需求动力结构满足 $\gamma_1 \leqslant DS < \gamma_2$ 时对产出的贡献最大，若当期的资本要素对产出的效应 $\beta \in [\beta_1] \cup [\beta_3, \cdots, \beta_n]$ 时，则需要将需求动力结构指标值调整至 γ_2 以下 γ_1 以上；同理，依次可对其他情况进行分析。

（2）劳动力要素对经济增长贡献最大化条件下的需求动力结构调整。

劳动力要素对经济增长贡献最大化条件下需求动力结构的调整分析与资本要素对经济增长贡献最大化条件下需求动力结构的调整分析思路基本一致，在此不再赘述。

5.2　集约增长目标约束下中国需求动力结构现状的审视

5.2.1　中国需求动力结构整体水平的现状

经济集约增长要求通过提高生产要素的质量和效益来促进经济增长，这必然要求经济系统中存在一种适宜环境或条件，能够促进生产要素最大限度地发挥对经济增长的贡献。需求动力结构的配置涉及经济的供需平衡关系，对于要素生产能力的发挥至关重要。中国当前的需求动力结构是否已经促使生产要素对经济增长发挥了最大贡献？本章构建了一个阈值协整计量模型予以证明和揭示，更为经济集约增长视角下的中国需求动力结构合理性的直观判定提供依据。

1. 基于 C-D 生产函数的阈值模型设定

如前所述，经典的 C-D 生产函数虽然考虑了生产技术水平、劳动力和资本三种投入要素与产出的关系，但对经济增长的环境或条件的改变，如需求动力结构的变化等因素对经济增长的影响却没有表述和反映。

进一步的，如果在 C-D 生产函数中考虑需求动力结构因素的变化，模型（5.3）所反映的投入要素对经济增长的效应就可能随需求动力结构的变化而产生差异。为体现这种差异性，将模型（5.3）修正为：

$$\ln Y_t = (\alpha_1 \ln L_t + \beta_1 \ln K_t) + (\alpha_2 \ln L_t + \beta_2 \ln K_t)(tv_t > \varphi) + u_t \quad (5.4)$$

上式可简记为：

$$\ln Y_t = \theta_1' X + \theta_2' XI(tv_t > \varphi) + u_t \tag{5.5}$$

在(5.5)式中，$\theta_1 = (\alpha_1, \beta_1)$，$\theta_2 = (\alpha_2, \beta_2)$，$X = (\ln L_t, \ln K_t)$。$I(\cdot)$是以 tv_t(如需求动力结构)为阈值变量的示性函数，φ 为阈值。示性函数 $I(\cdot)$ 取值为 1 和 0，当满足括号中的条件时为 1，不满足条件为 0。模型(5.4)可以度量资本、劳动力两个投入要素变量因阈值变量 tv_t 的变化，即当阈值变量 tv_t 大于或等于小于估计的阈值 $\hat{\varphi}$ 时，而对经济增长产生显著差异的效应，也即投入要素对经济增长因阈值变量变化而具有非线性转换特征。

模型(5.5)是一种单阈值的两机制模型。Hansen(1999)认为可以根据阈值变量的不同，进一步的将其扩展为双阈值的三机制模型。相应地，模型(5.5)可修改为(假定 $\varphi_1 < \varphi_2$)：

$$\ln Y_t = \theta_1' X + \theta_2' XI(\varphi_1 \leqslant tv_t \leqslant \varphi_2) + \theta_3' XI(tv_t > \varphi_2) + u_t \tag{5.6}$$

模型(5.6)中，各变量的含义与模型(5.5)相同。模型(5.5)和模型(5.6)就是本章构建的阈值协整模型。若模型(5.5)成立，则意味着各投入要素对经济增长具有变化的效应，当 $tv_t \leqslant \varphi$ 时，各投入变量对经济增长的效应可由 $\hat{\theta}_1$ 来刻画；当 $tv_t > \varphi$ 时，各投入变量对经济增长的效应可由 $\hat{\theta}_1 + \hat{\theta}_2$ 来刻画；同理，可对模型(5.6)进行以上分析。如果模型(5.5)或(5.6)中，各解释变量服从单位根过程，且残差 $\hat{u}_t \rightarrow I(0)$，那么模型(5.5)或(5.6)为阈值协整模型。在随后的实证检验过程中本章将逐一验证。

本章构建阈值协整模型即模型(5.5)和(5.6)的目的，就是为了分析在 C-D 社会生产函数中，各投入要素变量尤其是资本(投资)要素在以需求动力结构为阈值变量的机制中，是否对经济增长产生了不同效应，由此判断中国需求动力结构配置的合理性以及对中国需求动力结构的调整提出可行方案。

2. 变量的定义与说明

计量模型变量的定义及说明见表 5.1。

表 5.1　计量模型变量定义及说明

变量类型	变　量	变量符号	变量定义	变　量　说　明
被解释变量	经济产出	Y	国内生产总值	以支出法核算的国内生产总值表示。
解释变量	资本存量	K	上年固定资本形成总额存量减去折旧加上当年固定资本形成总额	由于现行的统计数据中没有对资本存量的统计，因此国内学者对资本存量的统计和核算存在较大差异。本章遵从张军（2004）和单豪杰（2008）的观点，以固定资本形成额作为当年的资本投入。当年的资本存量由当年的资本投入加上上年末固定资本存量净值组成。
	劳动力	L	就业人口总数	劳动力是指投入当年生产的实际劳动人数。在国内研究中，大多数研究文献是以国家统计局公布的全国就业人员统计数作为当年的劳动力投入数量，本文在此也将当年劳动力定义为当年就业人口总数。
阈值变量	需求动力结构	DS	消费、投资及出口需求之间的相互之比	本章在此分别将投资消费比、投资出口比、投资（消费＋出口）比设为计量实证模型阈值变量的代理变量。
	投资消费比	IC	投资需求与消费需求之比，即 $IC = INV/CON$	阈值变量需求动力结构的代理变量。
	投资出口比	IE	投资需求与出口需求之比，即 $IE = INV/EX$	阈值变量需求动力结构的代理变量。
	投资（消费＋出口）比	ICE	投资需求与（消费＋出口）需求之比，即 $ICE = INV/(CON+EX) = INV/CEX$	阈值变量需求动力结构的代理变量。

变量类型	变 量	变量符号	变量定义	变 量 说 明
其他变量	消费需求	CON	居民最终消费需求额	消费需求包括居民最终消费需求和政府最终消费需求,但政府消费需求是一种非鼓励性消费需求,不是本章研究的重点内容。因此,本章考虑的消费需求为当年本国居民单位对本国消费品的购买所形成的支出额,但由于在国家统计局以支出法核算的GDP构成中,居民最终消费需求额包括了本国民居单位在某一时期对本国和外国货物及服务的全部最终消费支出,没有单独统计本国居民单位对外国货物和服务的消费支出,而这一数据又无法从其他途径获得,因此本章只能以国家统计局定义的居民最终消费需求额作为消费需求的代理变量。
	投资需求	INV	固定资本形成总额	投资需求包括固定资本形成额、非固定资本形成额和存货,但由于非固定资本形成额是一种短期且在一定数额限额以下的资本投入,存货是一种非意愿投资,这两者的数量在本期投资需求中所占比重较少,因此,本章在考虑投资需求时对以上两种形态的投资需求予以忽略。本章重点考虑的投资需求为当年本国常住单位对本国固定投资品的购买所形成的支出额。但是,在国家统计局以支出法核算的GDP构成中,固定资本形成总额包括了本国常住单位对本国和外国资本品购买所形成的固定资本形成额,没有单独核算本国常住单位对外国资本品购买所形成的固定资本形成额,而这一数据其他途径也无法获得,因此本章只能以国家统计局定义的固定资本形成总额作为投资需求的代理变量。

续表

变量类型	变量	变量符号	变量定义	变量说明
其他变量	出口需求	EX	货物和服务出口总额	出口需求是指本国常住单位对外国货物和服务形成的需求额,本章以国家统计局公布的货物和服务出口总额作为出口需求的代理变量。
	消费与出口需求之和	CEX	居民最终消费需求额与货物和服务出口总额之和	居民最终消费需求额与货物和服务出口总额的含义同前述变量说明一致。

3. 数据的来源及统计描述

本章实证研究的时间跨度为 1978—2012 年。为消除计量模型的异方差性,对模型的部分变量数据进行了对数化处理。计量模型中变量的数据来源说明如下:

经济总产出(Y):根据《新中国 60 年统计资料汇编(1949—2009)》和 2013 年《中国统计年鉴》提供的历年支出法核算国内生产总值及其指数,统一折算为以 1978 年不变价计算的支出法核算的国内生产总值。

资本存量(K):根据单豪杰(2008)以 1952 年不变价对中国的资本存量的估算方法,对中国 1978 年以后的资本存量数据进行估算,并延续至 2012 年。1978 年的资本存量数据采用单豪杰 2008 年在《数量经济技术经济研究》发表的数据。估算过程用到的原始数据来源于 2013 年《中国统计年鉴》。

劳动力(L):中国全社会就业总人数来源于 2013 年《中国统计年鉴》。

消费需求(CON):由于本章定义的消费需求变量数据难以核算,故以 1978—2012 年以支出法核算 GDP 构成中的居民最终消费支出额作为代理变量。统计数据来源于 2013 年《中国统计年鉴》,同时将历年以当年价格计算的最终居民消费支出额数据折算为 1978 年不变价计算的居民最终消费支出额数据。

投资需求(INV):由于本章定义的投资需求变量数据也难以核算,故以 1978—2012 年以支出法核算 GDP 构成中的固定资本形成额作为代理变量。统计数据来源于 2013 年《中国统计年鉴》，同时将历年以当年价格计算的固定资本形成额数据折算为 1978 年不变价计算的固定资本形成额数据。

出口需求（EX）：数据来源于 2013 年《中国统计年鉴》中的货物和服务出口总额。同时将历年以当年价格计算的出口总额数据折算为 1978 年不变价计算的出口总额数据。

本章中的需求动力结构变量[投资消费比（IC）、投资出口比（IE）、投资（消费＋净出口）比（ICE）]可根据上文中对相关变量的定义及数据直接计算而得。

表 5.2 是本章所有变量的简单描述性统计，表 5.3 是本章实证中用到的所有变量数据。

表 5.2　计量模型变量的描述性统计

变量（单位）	均　值	中位数	标准误差	最小值	最大值
Y（亿元）	27 326.3	19 053.36	24 667.83	3 605.6	90 095.3
K（亿元）	54 484.52	28 661.2	59 779.6	5 836.76	228 248.3
L（万人）	63 486.89	68 065	12 436.09	40 152	76 704
CON（亿元）	11 019.13	8 550.53	8 505.56	1 759.1	32 416.93
INV（亿元）	11 642.06	6 296.31	13 405.83	1 073.9	49 252.43
EX（亿元）	6 636.97	3 572.56	7 447.99	167.6	22 021.57
CEX（亿元）	17 656.1	12 303.46	15 812.22	1 926.7	54 438.5
IC	0.818	0.726	0.327	0.491	1.533
IE	2.419	1.959	1.249	1.239	6.408
ICE	0.557	0.523	0.134	0.381	0.905

4. 实证检验与结果

（1）实证检验。

确定模型（5.3）是否为阈值协整模型，需要经过对模型的解释变量进行共线性检验、对模型变量进行单位根检验、对模型设定的形式进行检验以及利用估计结果的残差进行阈值协整检验等步骤。下面，分别按要求完成上述步骤。

表 5.3　计量模型变量 1978—2012 年统计数据

年份	1978年不变价支出法GDP(亿元)(Y)	1978年不变价资本存量(亿元)(K)	全社会劳动力就业总人数(万人)(L)	1978年不变价居民最终消费支出额(亿元)(C)	1978年不变价物和服务净出口额(亿元)(NE)	1978年不变价居民消费支出额与货物和服务出口之和(亿元)(CNE)	1978年不变价资本形成额(亿元)(I)	投资消费(IC)比值	投资出口(IE)比值	投资(消费+出口)比值(ICE)
1978	3 605.60	5 836.76	40 152	1 759.10	167.60	1 926.70	1 073.90	0.610	6.408	0.557
1979	3 951.20	6 325.72	41 024	1 942.00	204.39	2 146.39	1 128.67	0.581	5.522	0.526
1980	4 272.17	6 888.63	42 361	2 168.41	252.26	2 420.67	1 256.21	0.579	4.980	0.519
1981	4 554.61	7 365.98	43 725	2 389.60	334.27	2 723.87	1 232.34	0.516	3.687	0.452
1982	5 095.84	7 910.54	45 295	2 646.28	377.22	3 023.50	1 351.88	0.511	3.584	0.447
1983	5 610.56	8 556.30	46 436	2 916.30	395.60	3 311.89	1 512.75	0.519	3.824	0.457
1984	6 332.76	9 429.29	48 197	3 218.55	499.30	3 717.84	1 810.76	0.563	3.627	0.487
1985	7 084.14	10 498.14	49 873	3 658.40	631.33	4 289.72	2 102.30	0.575	3.330	0.490
1986	7 829.83	11 668.48	51 282	3 950.57	806.27	4 756.83	2 320.93	0.587	2.879	0.488
1987	8 699.12	13 058.69	52 783	4 340.63	1 041.56	5 382.20	2 669.07	0.615	2.563	0.496
1988	9 728.18	14 536.75	54 334	4 973.96	1 116.85	6 090.81	2 909.29	0.585	2.605	0.478
1989	10 085.31	15 462.97	55 329	5 134.09	1 139.60	6 273.69	2 519.45	0.491	2.211	0.402
1990	10 649.95	16 378.37	64 749	5 202.23	1 643.53	6 845.75	2 610.15	0.502	1.588	0.381
1991	11 631.02	17 608.46	65 491	5 528.00	1 971.58	7 499.58	3 025.16	0.547	1.534	0.403
1992	13 119.81	19 432.80	66 152	6 187.47	2 225.71	8 413.18	3 754.22	0.607	1.687	0.446
1993	15 271.64	21 995.74	66 808	6 785.40	2 184.94	8 970.34	4 692.78	0.692	2.148	0.523
1994	17 214.38	25 117.80	67 455	7 488.13	3 572.56	11 060.69	5 532.79	0.739	1.549	0.500
1995	19 053.36	28 661.20	68 065	8 550.53	3 752.93	12 303.46	6 296.31	0.736	1.678	0.512

续表

年份	1978年不变价支出法GDP(亿元)(Y)	1978年不变价资本存量(亿元)(K)	全社会劳动力就业总人数(万人)(L)	1978年不变价居民最终消费支出额(亿元)(C)	1978年不变价物和服务出口额(亿元)(NE)	1978年不变价居民消费支出额与货物和服务出口之和(亿元)(CNE)	1978年不变价资本固定形成额(亿元)(I)	投资消费比值(IC)	投资出口比值(IE)	投资消费+出口比值(ICE)
1996	21 001.15	32 496.24	68 950	9 615.40	3 561.30	13 176.70	6 976.31	0.726	1.959	0.529
1997	22 778.88	36 343.50	69 820	10 299.36	4 229.12	14 528.49	7 408.84	0.719	1.752	0.510
1998	24 347.28	40 509.98	70 637	11 037.90	4 283.44	15 321.34	8 149.73	0.738	1.903	0.532
1999	25 965.53	44 814.75	71 394	11 944.97	4 604.64	16 549.61	8 744.66	0.732	1.899	0.528
2000	27 569.40	49 495.94	72 085	12 801.99	5 760.85	18 562.84	9 592.89	0.749	1.665	0.517
2001	29 826.85	54 728.89	72 797	13 524.21	6 025.23	19 549.43	10 657.70	0.788	1.769	0.545
2002	32 767.15	61 018.94	73 280	14 430.42	7 329.33	21 759.76	12 288.33	0.852	1.677	0.565
2003	36 210.68	69 064.97	73 736	15 280.63	9 618.45	24 899.08	14 733.71	0.964	1.532	0.592
2004	39 904.55	78 380.28	74 264	16 169.05	12 173.75	28 342.79	16 884.83	1.044	1.387	0.596
2005	44 709.29	88 735.95	74 647	17 404.07	14 944.51	32 348.58	18 945.25	1.089	1.268	0.586
2006	51 189.56	101 103.28	74 978	18 979.64	17 835.40	36 815.04	22 093.59	1.164	1.239	0.600
2007	56 947.60	115 153.57	75 321	20 577.35	19 985.89	40 563.24	25 131.21	1.221	1.257	0.620
2008	62 612.16	130 968.38	75 564	22 128.12	19 893.83	42 021.95	28 435.64	1.285	1.429	0.677
2009	69 524.28	152 253.62	75 828	24 635.16	16 351.67	40 986.83	35 639.37	1.447	2.180	0.870
2010	75 265.95	175 881.55	76 105	26 300.63	19 997.13	46 297.77	40 314.93	1.533	2.016	0.871
2011	81 915.40	201 028.55	76 420	29 283.94	21 360.33	50 644.27	44 423.62	1.517	2.080	0.877
2012	90 095.30	228 248.25	76 704	32 416.93	22 021.57	54 438.50	49 252.43	1.519	2.237	0.905

① 共线性检验。

时间序列容易产生高度共线性,而高度共线性容易导致模型出现奇异矩阵而无法正确估计。在模型(5.3)中,利用相关性分析发现,各解释变量相关性较强,K 与 L 之间的相关性为 0.905。进一步利用 Chatterjee et al.(2000)诊断共线性的方法诊断,模型解释变量的主成分分析特征根倒数和为 11.03(见表 5.4),大于解释变量数目 5 倍的标准,模型存在较严重的共线性。为消除模型的共线性,利用 Kumar (2002)降低共线性的方法,以 L 为被解释变量,K 为解释变量进行回归,以得到的残差代表 L,并以 LS 表示。通过上述方法对模型的解释变量进行调整后,各模型的解释变量之间的相关性已较弱。在模型(5.3)中,各解释变量的主成分分析特征根倒数和为 2,远小于模型解释变量数目的 5 倍即 10,模型的共线性程度大大降低。

表 5.4 模型解释变量的共线性检验

模 型		特征序号		特征根倒数和
		1	2	
模型(5.3)	初始变量	1.904 8	0.095 2	11.03
	调整变量	1.0	1.00	2

② 单位根检验。

阈值协整模型要求模型各变量必须是平稳时间序列。通过对模型(5.3)中的变量进行 ADF 检验,发现变量 Y、K、LS 在 5% 的显著水平下显示不平稳,但对其一

表 5.5 模型变量的单位根检验

变量	检验类型	统计量	临界值(5%)	概率 p	检验结果
Y	$(c, 0, 0)$	-0.07	-2.95	0.944	I(1)
ΔY	$(c, 0, 0)$	-3.46	-2.96	0.015	I(0)
K	$(c, 0, 2)$	3.06	-2.96	1.000	I(1)
ΔK	$(c, t, 1)$	-4.35	-3.56	0.008	I(0)
LS	$(c, 0, 0)$	-0.99	-2.95	0.743	I(1)
ΔLS	$(c, 0, 0)$	-4.24	-2.95	0.002	I(0)

注:各变量为对数化处理后的数据;检验类型中的 c 表示含有截距项,t 表示含有时间趋势项,第三项表示含有滞后项;Δ 表示滞后一阶差分。

阶差分后,各变量序列均平稳(见表5.5)。因此,模型(5.3)所有变量均是关于 $I(1)$平稳序列。

③ 模型形式设定检验。

在计量模型中,各投入变量对经济增长的影响是否存在显著差异,即各投入变量是依模型(5.3)的形式或模型(5.5)的形式,还是依模型(5.6)的形式对经济增长产生影响,对此问题的回答需要涉及模型设定形式的检验。为此,需要分两个步骤来检验。首先检验模型是否存在的阈值效应,其次检验模型阈值 φ 的个数。

模型是否存在阈值效应检验。模型(5.3)如果存在阈值效应,必然以模型(5.5)或模型(5.6)的形式存在。假定在模型(5.5)中,设原假设 $H_0:\theta_2=0$,如果模型检验接受原假设,则不存在非线性效应,模型则按(5.3)式进行估计,如果模型检验拒绝原假设,则存在阈值效应,即非线性效应。模型的非线性检验可采用Choi 和 Saikkonen(2004)或 Gonzalo 和 Pitarakis(2006)提出的非线性约束检验 LM 统计量来检验。Gonzalo 和 Pitarakis(2006)提出的 LM 统计量为:

$$LM(\varphi) = \frac{1}{\hat{\sigma}_u^2} u'MX_\varphi \ (X'_\varphi MX_\varphi)^{-1} X'_\varphi Mu \tag{5.7}$$

在(5.7)式中,φ 为模型(5.5)的估计值,$\hat{\sigma}_u^2$ 是模型(5.4)在原假设条件下,对其估计而得的残差的长期方差的估计值,$M = I - X(X'X)^{-1}X'$。但 Gonzalo 和 Pitarakis(2006)证明了 LM 检验统计量在非平稳变量条件下不再具有标准分布。为获得 LM 检验统计量的精确临界值,本章采用 bootstrap 仿真试验来计算 LM 统计量的标准分布,并实现对阈值的估计和检验。bootstrap 仿真试验和阈值估计检验步骤如下:第一,利用格点搜索法对给定的每一个阈值 φ,分别估计模型(5.5),得到残差平方和,记为 $S_1(\varphi)$,其中与最小残差平方和对应的 φ 值即为我们所估计的阈值;第二,根据上一步而得的 φ 值,对模型(5.5)进行估计,得到 $\hat{\beta}$、$\hat{\alpha}$ 和残差 $\hat{u}_t$,同时对残差进行标准化,记为 $\hat{u}_t^*$;第三,对 $\hat{u}_t^*$ 进行有回置地抽取 bootstrap 样本,并基于第二步得到参数 $\hat{\beta}$、$\hat{\alpha}$、$\hat{u}_t^*$ 生成 bootstrap 样本序列 INY_t^*;第四步,对仿真数据重新进行估计,得到与之对应的估计残差,同时利用估计的残差,计算其 LM 检验统计量,记为 LM^b。将以上过程重复 300 次,将每次过程计算得到的 LM^b 值按降序排列,对应的 p 值为 $p = \mathrm{Prob}(LM^b > LM)$,即接受原假设的概率。

检验模型存在阈值的个数。进一步地,如果需要确定模型(5.3)是以(5.5)式还是以(5.6)式的形式存在,则需要确定模型(5.3)中阈值的个数。Teräsvirta (1994)提出的序贯检验思想可以很好地解决这一问题。针对模型(5.6),可以设原假设为 $\mathrm{H}_{01}: \theta_2 \neq 0, \theta_3 = 0$,如果模型(5.6)通过 LM 约束检验,接受原假设,则模型设定形式为(5.5)式,反之则为(5.6)式。但注意的是,在计算 LM 统计量时,尽管运用序贯估计法在对模型(5.6)进行估计时仍具有一致性,但 Bai(1997)的研究指出,根据 $\mathrm{argmin}_{\varphi_2} S_2(\varphi_2)$ 所得的 $\hat{\varphi}_2$ 是渐近有效的,但事先估计 $\hat{\varphi}_1$ 却是忽略了 $\hat{\varphi}_2$ 的残差平方和最小而估计的,因此,事先估计 $\hat{\varphi}_1$ 不是有效的,需要根据 $\hat{\varphi}_2$ 值重新对 $\hat{\varphi}_1$ 值进行修正。修正后的 $\hat{\varphi}_1$ 在模型(5.6)中也是渐近有效的。同时,根据修正后的有效估计量 $\hat{\varphi}'_1$ 和 $\hat{\varphi}_2$,重新计算相应的 LM 检验统计量。

由于本章的样本量只有 34 个,如果进一步检验模型中是否存在三个阈值的四机制效应,自由度将大幅减少,检验结论的可靠性将受到严重质疑。因此,本章中将最终模型的设定形式确定为两个阈值的三机制模型,即模型(5.5)和(5.6)。

表 5.6　模型(5.3)的形式检验

阈值变量	原假设	LM 估计值	bootstrap p 值	$\hat{\varphi}$ 值		结　论
IC	$\mathrm{H}_0: \theta_2 = 0$	6.292	0.045	0.549		拒绝 H_0
	$\mathrm{H}_{01}: \theta_2 \neq 0, \theta_3 = 0$	9.837	0.368	0.676	1.160	接受 H_{01}
IE	$\mathrm{H}_0: \theta_2 = 0$	10.149	0.041	2.054		拒绝 H_0
	$\mathrm{H}_{01}: \theta_2 \neq 0, \theta_3 = 0$	7.899	0.469	2.561	1.663	接受 H_{01}
ICE	$\mathrm{H}_0: \theta_2 = 0$	5.379	0.050	0.473		拒绝 H_0
	$\mathrm{H}_{01}: \theta_2 \neq 0, \theta_3 = 0$	15.811	0.195	0.453	0.600	接受 H_{01}

注:bootstrap 的循环次数为 300 次。

根据上述方法和步骤,对模型(5.3)进行形式检验,检验结果见表5.6。在5%的显著性水平下,模型(5.3)在以投资消费比(IC)、投资出口比(IE)和投资(消费＋出口)比为阈值变量时,均存在一个阈值。基于此,可以认为在模型(5.3)中,由于存在一个阈值,将经济增长已划分为两个机制。在不同的经济增长机制下,劳动力(L)和资本存量(K)对经济产出(Y)存在显著差异影响。特别是,根据上述的检验过程,还可以确定模型(5.3)各阈值变量的估计值,即给出了经济增长发生转换的具体水平。阈值协整模型这一功能的实现,为本章进行需求动力结构调整提供了可行思路,即先根据在不同的经济增长机制路径上,比较资本要素和劳动力要素对经济增长的贡献效率高低,进而确定经济增长过程中需求动力结构的最优水平(即计量模型中所确定的阈值),然后结合当前需求动力结构的实际水平,通过增加或减少消费、投资或出口需求,以使当前的需求动力结构调整至能够促使资本(投资)和劳动力要素对产出发挥最大贡献的水平。

④ 模型阈值协整检验。

由前所述,模型(5.3)存在阈值效应,且模型(5.3)是以(5.5)式形式存在。但要确定模型(5.3)是否阈值协整,则需要对模型(5.3)进行估计和检验。利用表5.6中所确定的阈值,对模型(5.3)进行完全修正最小二乘(FMOLS)估计[①],并基于模型估计的残差,利用 Choi 和 Saikkonen(2010)提出的基于使用部分残差计算的 $C_{FMOLS}^{b,i}$ 统计量进行计算,若计算的 $C_{FMOLS}^{b,i}$ 统计量小于其分布对应的临界值,则模型为阈值协整模型。$C_{FMOLS}^{b,i}$ 统计量为:

$$C_{FMOLS}^{b,i} = b^{-2} \hat{\omega}_{i,u}^{-2} \sum_{t=i}^{i+b-1} \left(\sum_{j=i}^{t} \hat{u}_j \right)^2 \Rightarrow \int_0^1 w^2(s)\,\mathrm{d}s \tag{5.8}$$

其中,b 为所选取的部分残差样本容量,$\hat{\omega}_{i,u}^2$ 是 u 的长期方差 ω_u^2 的一致估计,i 为部分残差的起点,$w(s)$ 代表标准布朗运动。由于 $C_{FMOLS}^{b,i}$ 统计量仅以部分残差计量,为提高统计量的检验势,对(5.8)式选取不同的 b 和 i,并取其中最大的 $C_{FMOLS}^{b,i}$ 统计量,即:

---

① 采用完全修正最小二乘法(FMOLS)可以避免小样本以及模型内生性问题所带来的协整参数估计量的非一致估计量和 OLS 估计量的非渐近正态性分布问题。

$$C_{FMOLS}^{b,i,\max} = \max(C_{FMOLS}^{b,i}, \cdots, C_{FMOLS}^{b,i,H}) \Rightarrow \int_0^1 W^2(s)\,\mathrm{d}s \tag{5.9}$$

在(5.9)式中,H 是部分残差的样本容量 b 保持不变时需计算 $C_{FMOLS}^{b,i}$ 统计量的次数。进一步地,由于 $C_{FMOLS}^{b,i}$ 统计量的分布收敛于随机泛函,本章通过 Monte Carlo 仿真试验来确定它的临界值,以实现有限样本的阈值协整检验。对模型(5.3)检验结果见表 5.7。

表 5.7　模型阈值协整检验

模型形式	阈值变量	检验统计量	估计值	5%临界值	结论
	IC	$C_{FMOLS}^{b,i,\max}$	1.969	3.723	协整
模型(5.3)	IE	$C_{FMOLS}^{b,i,\max}$	1.215	3.733	协整
	ICE	$C_{FMOLS}^{b,i,\max}$	2.003	3.871	协整

显然,在表 5.7 中,模型(5.3)的 $C_{FMOLS}^{b,i,\max}$ 估计值均小于其 5% 的临界值,本章估计的模型(5.3)为阈值协整模型。

(2)实证结果分析。

将表 5.6 中所确定的阈值代入模型(5.5),采用完全修正的最小二乘法(FMOLS)对模型分别进行估计,得到具体估计结果见表 5.8。

表 5.8　模型(5.3)的估计

基本模型	模型(5.3)		
阈值变量 tv_t	IC	IE	ICE
常　数	0.854 1	0.870 3	0.854 8
机制 1	$IC \leqslant 0.549$	$IE \leqslant 2.054$	$ICE \leqslant 0.473$
α_L	0.577 7	0.581 9	0.650 9
β_K	0.861 3	0.861 0	0.861 3
机制 2	$IC > 0.549$	$IE > 2.054$	$ICE > 0.473$
α_L	0.301 1	0.599 5	0.234 0
β_K	0.003 0	0.002 6	0.002 6

由表 5.8 的结果可知,模型(5.3)在以投资消费比(IC)为阈值变量时,当投资消费比值等于 0.549 时,劳动力和资本对中国的产出增长发生效应改变。在第一机制下($IC \leqslant 0.549$),每增加一单位劳动,产出增加 0.577 7。每增加一单位资本(投资),产出增加 0.861 3;在第二机制下($IC > 0.549$),每增加一单位劳动,产出增加 0.301 1。每增加一单位资本(投资),产出增加 0.003 0。

模型(5.3)在以投资出口比(IE)为阈值变量时,当投资出口比值等于 2.054 时,劳动力和资本对中国的产出增长发生效应改变。在第一机制下($IE \leqslant 2.054$),每增加一单位劳动,产出增加 0.581 9,每增加一单位资本(投资),产出增加 0.861 0;在第二机制下($IE > 2.054$),每增加一单位劳动,产出增加 0.599 5,每增加一单位资本(投资),产出增加 0.002 6。

模型(5.3)在以投资(消费+出口)比(ICE)为阈值变量时,当投资(消费+出口)比值等于 0.473 时,劳动力和资本对中国的产出增长发生效应改变。在第一机制下($ICE \leqslant 0.473$),每增加一单位劳动,产出增加 0.650 9,每增加一单位资本(投资),产出增加 0.861 3。在第二机制下($ICE > 0.473$),每增加一单位劳动,产出增加 0.234 0,每增加一单位资本(投资),产出增加 0.002 6。

5. 结论

根据以上分析,本章得出几条重要的实证结论:

(1)当投资消费比值小于等于 0.549 时,资本(投资)和劳动力要素促进经济增长的效应较大(即经济以第一机制增长);当投资消费比值大于 0.549 时,资本(投资)和劳动力要素促进经济增长的效应较小(即经济以第二机制增长)。

(2)当投资出口比值小于等于 2.054 时,资本(投资)和劳动力要素促进经济增长的效应较大(即经济以第一机制增长);当投资出口比值大于 2.054 时,资本(投资)和劳动力要素促进经济增长的效应较小(即经济以第二机制增长)。

(3)当投资(消费+出口)比值小于等于 0.473 时,资本(投资)和劳动力要素促进经济增长的效应较大(即经济以第一机制增长);当投资(消费+出口)比值大于 0.473 时,资本(投资)和劳动力要素促进经济增长的效应较小(即经济以第二机制增长)。

5.2.2　中国不同区域需求动力结构的现状

基于上述实证步骤和原理,分别利用东部、中部和西部地区省份的数据测算东、中、西部地区需求动力结构的理论最优经验值。

1. 东部地区需求动力结构现状

(1) 当投资消费比值小于等于 0.810 时,资本(投资)和劳动力要素促进经济增长的效应较大(即经济以第一机制增长),每增加一单位资本(投资),产出增加 0.514,每增加一单位劳动,产出增加 4.425。当投资消费比值大于 0.810 时,资本(投资)和劳动力要素促进经济增长的效应较小(即经济以第二机制增长),每增加一单位资本(投资),产出增加 -0.033,每增加一单位劳动,产出增加 4.378。

(2) 当投资出口比值小于等于 0.495 时,资本(投资)和劳动力要素促进经济增长的效应较大(即经济以第一机制增长),每增加一单位资本(投资),产出增加 0.641,每增加一单位劳动,产出增加 3.970。当投资出口比值大于 0.641 时,资本(投资)和劳动力要素促进经济增长的效应较小(即经济以第二机制增长),每增加一单位资本(投资),产出增加 0.340,每增加一单位劳动,产出增加 3.947。

(3) 当投资(消费＋出口)比值小于等于 0.281 时,资本(投资)和劳动力要素促进经济增长的效应较大(即经济以第一机制增长),每增加一单位资本(投资),产出增加 0.688,每增加一单位劳动,产出增加 4.015。当投资(消费＋出口)比值大于 0.281 时,资本(投资)和劳动力要素促进经济增长的效应较小(即经济以第二机制增长),每增加一单位资本(投资),产出增加 0.432,每增加一单位劳动,产出增加 3.994。

2. 中部地区需求动力结构现状

(1) 当投资消费比值小于等于 0.505 时,每增加一单位资本(投资),产出增加 -6.339,每增加一单位劳动,产出增加 3.406。当投资消费比值大于 0.505 而小于等于 1.041 时,每增加一单位资本(投资),产出增加 2.243,每增加一单位劳动,产出增加 3.483。当投资消费比值大于 1.041 时,每增加一单位资本 (投资),产出增加 0.038,每增加一单位劳动,产出增加 3.35。资本(投资)和劳动力要素在投资消费比值大于 0.505 而小于等于 1.041 时即第二机制下促进经济增长的效应较大。

(2) 当投资出口比值小于等于 6.766 时,每增加一单位资本(投资),产出增加 −5.138,每增加一单位劳动,产出增加 4.421。当投资消费比值大于 6.766 而小于等于 9.515 时,每增加一单位资本(投资),产出增加 1.855,每增加一单位劳动,产出增加 4.475。当投资出口比值大于 9.515 时,每增加一单位资本(投资),产出增加 0.094,每增加一单位劳动,产出增加 4.382。资本(投资)和劳动力要素在投资出口比值大于 6.766 而小于等于 9.515 时即第二机制下促进经济增长的效应较大。

(3) 当投资(消费＋出口)比值小于等于 0.461 时,每增加一单位资本(投资),产出增加 −6.339,每增加一单位劳动,产出增加 3.406。当投资(消费＋出口)比值大于 0.461 而小于等于 0.926 时,每增加一单位资本(投资),产出增加 2.243,每增加一单位劳动,产出增加 3.483。当投资(消费＋出口)比值大于 0.926 时,每增加一单位资本(投资),产出增加 −0.039,每增加一单位劳动,产出增加 3.35。资本(投资)和劳动力要素在投资(消费＋出口)比值大于 0.461 而小于等于 0.926 时即第二机制下促进经济增长的效应较大。

3. 西部地区需求动力结构现状

(1) 当投资消费比值小于等于 0.965 时,资本(投资)和劳动力要素促进经济增长的效应较大(即经济以第一机制增长),每增加一单位资本(投资),产出增加 0.820,每增加一单位劳动,产出增加 3.642。当投资消费比值大于 0.965 时,资本(投资)和劳动力要素促进经济增长的效应较小(即经济以第二机制增长),每增加一单位资本(投资),产出增加 0.671,每增加一单位劳动,产出增加 3.425。

(2) 当投资出口比值小于等于 83.106 时,资本(投资)和劳动力要素促进经济增长的效应较大(即经济以第一机制增长),每增加一单位资本(投资),产出增加

0.696,每增加一单位劳动,产出增加 3.155。当投资出口比值大于 83.106 时,资本(投资)和劳动力要素促进经济增长的效应较小(即经济以第二机制增长),每增加一单位资本(投资),产出增加 0.433,每增加一单位劳动,产出增加 3.125。

(3) 当投资(消费＋出口)比值小于等于 0.977 时,资本(投资)和劳动力要素促进经济增长的效应较大(即经济以第一机制增长),每增加一单位资本(投资),产出增加 0.82,每增加一单位劳动,产出增加 3.642。当投资(消费＋出口)比值大于 0.977 时,资本(投资)和劳动力要素促进经济增长的效应较小(即经济以第二机制增长),每增加一单位资本(投资),产出增加 0.672,每增加一单位劳动,产出增加 3.605。

5.3　集约增长目标约束下中国需求动力结构的合理性判定与调整

5.3.1　实现经济集约增长目标的中国需求动力结构的合理性判定

1. 对中国需求动力结构整体水平的合理性判定

根据 5.1 节所述,对中国当前需求动力结构合理性的判定主要是依据当前的需求动力结构能否促使生产要素最大限度地发挥对经济增长的贡献。但 5.2 节的实证研究已经表明,需求动力结构的变动能够改变中国经济增长的投入产出机制。在计量模型(5.3)中,由于投资与消费比例、投资与出口比例以及投资与(消费＋出口)比例的变化,将资本(投资)和劳动力要素对经济增长的效应划分为两种机制,在每一种机制下,资本(投资)和劳动力要素对经济增长的贡献存在明显差异。若具体考察在每一机制下所对应的年份或时期,可以根据样本期间历年经济增长的不同,将 1978—2012 年样本区间划分为不同的时期。不同机制及其对应年份或时期如表 5.9 所示。

表5.9　模型(5.3)不同经济增长机制下对应的时期

模型(5.3)以 IC 为阈值变量	
机　制	年　份
$IC \leqslant 0.549$	1981—1983, 1989—1991
$IC > 0.549$	1978—1980, 1984—1988, 1992—2012
模型(5.3)以 IC 为阈值变量	
机　制	年　份
$IE \leqslant 2.054$	1990—1992, 1994—2008, 2010
$IE > 2.054$	1978—1989, 1993, 2009, 2011—2012
模型(5.3)以 IC 为阈值变量	
机　制	年　份
$ICE \leqslant 0.473$	1981—1983, 1989—1992
$ICE > 0.473$	1978—1980, 1984—1988, 1993—2012

表5.9显示,经济增长系统如果以投资消费比为条件参照,当投资消费比值小于等于0.549时,资本(投资)和劳动力要素对经济增长的贡献较大,在1978—2012年期间,这种机制效应主要发生在1981—1983年和1989—1991年两个时期;当投资消费比值大于0.549时,资本(投资)和劳动力要素对经济增长的贡献较小,在1978—2012年期间,这种机制效应主要发生在1978—1980年、1984—1988年和1992—2012年三个时期。经济增长系统如果以投资出口比为条件参照,当投资出口比值小于等于2.054时,资本(投资)和劳动力要素对经济增长的贡献较大,在1978—2012年期间,这种机制效应主要发生在1990—1992年、1994—2008年和2010年三个时期;当投资出口的比值大于2.504时,资本(投资)和劳动力要素对经济增长的贡献较小,在1978—2012年期间,这种机制效应主要发生在1978—1989年、1993年、2009年和2011—2012年四个时期。经济增长系统如果以投资(消费＋出口)比为条件参照,当投资(消费＋出口)比值小于等于0.473时,资本(投资)和劳动力要素对经济增长的贡献较大,在1978—2012年期间,这种机制效应主要发生在1981—1983年和1989—1992年两个时期;当投资(消费＋出口)比值大于0.469

时,资本(投资)和劳动力要素对经济增长的贡献较小,在1978—2012年期间,这种机制效应主要发生在1978—1980年、1984—1988年、1993—2012年三个时期。

因此,根据以上分析,中国需求动力结构的合理性可以判断如下:如果以投资与消费的比例配置是否促进生产要素生产效率最大限度提高为参照,1981—1983年和1989—1991年两个时期的投资消费结构相对合理;如果以投资与出口的比例配置是否促进生产要素生产效率最大限度提高为参照,1990—1992年、2002—2008年和2010年三个时期的投资出口结构相对合理;如果以投资与(消费+出口)的比例配置是否促进生产要素生产效率最大限度提高为参照,1981—1983年和1989—1992年两个时期的投资(消费+出口)结构相对合理。

2. 对中国不同区域需求动力结构的合理性判定

(1) 对东部地区需求动力结构的合理性判定。

根据东部地区需求动力结构影响生产要素对经济增长效应的大小,将1978—2012年期间各年份分别列入相应的机制下(见表5.10),从而可以判断东部地区在集约增长目标约束下需求动力结构相对合理的时期。

表5.10　东部地区不同经济增长机制下对应的时期

以 IC 为阈值变量	
机　制	年　份
$IC \leqslant 0.81$	1978—2004
$IC > 0.81$	2005—2012
以 IC 为阈值变量	
机　制	年　份
$IE \leqslant 0.495$	1989—1992、1994—2008
$IE > 0.495$	1978—1988、1993、2009—2012
以 IC 为阈值变量	
机　制	年　份
$ICE \leqslant 0.281$	1987—1992、1994—2008
$ICE > 0.281$	1978—1986、1993、2009—2012

根据表 5.10,东部地区需求动力结构的合理性可以判断如下:如果以投资与消费的比例配置是否促进生产要素生产效率最大限度为参照,1978—2004 年间的投资消费结构相对合理;如果以投资与出口的比例配置是否促进生产要素生产效率最大限度提高为参照,1989—1992、1994—2008 年间的投资出口结构相对合理;如果以投资与(消费+出口)的比例配置是否促进生产要素生产效率最大限度提高为参照,1987—1992、1994—2008 年间的投资(消费+出口)结构相对合理。

(2)对中部地区需求动力结构的合理性判定。

同理,根据中部地区需求动力结构影响生产要素对经济增长效应的大小,将 1978—2012 年期间各年份分别列入相应的机制下(见表 5.11),从而可以判断中部地区在集约增长目标约束下需求动力结构相对合理的时期。

表 5.11 中部地区不同经济增长机制下对应的时期

以 IC 为阈值变量	
机 制	年 份
$IC \leqslant 0.505$	1978—1997
$0.505 < IC \leqslant 1.041$	1998—2006
$IC > 1.051$	2007—2012
以 IC 为阈值变量	
机 制	年 份
$IE \leqslant 6.766$	1981—1997
$6.766 < IE \leqslant 9.515$	1979—1980、1998—2007
$IE > 9.515$	1978、2008—2012
以 IC 为阈值变量	
机 制	年 份
$ICE \leqslant 0.46$	1978—1997
$0.46 < ICE \leqslant 0.926$	1998—2006
$ICE > 0.0.926$	2007—2012

根据表 5.11,中部地区需求动力结构的合理性可以判断如下:如果以投资与消费的比例配置是否促进生产要素生产效率最大限度提高为参照,1998—2006 年间的投资消费结构相对合理;如果以投资与出口的比例配置是否促进生产要素生产效率最大限度提高为参照,1979—1980、1998—2007 年间的投资出口结构相对合理;如果以投资与(消费＋出口)的比例配置是否促进生产要素生产效率最大限度提高为参照,1998—2006 年间的投资(消费＋出口)结构相对合理。

(3) 对西部地区需求动力结构的合理性判定。

同理,根据西部地区需求动力结构影响生产要素对经济增长效应的大小,将 1978—2012 年期间各年份分别列入相应的机制下(见表 5.12),从而可以判断西部地区在集约增长目标约束下需求动力结构相对合理的时期。

表 5.12　西部地区不同经济增长机制下对应的时期

以 IC 为阈值变量	
机　　制	年　　份
$IC \leqslant 0.965$	1978、1980—1996
$IC > 0.965$	1979、1997—2012
以 IC 为阈值变量	
机　　制	年　　份
$IE \leqslant 83.106$	1978、1983—1989、1992—2012
$IE > 83.106$	1979—1982、1990—1991
以 IC 为阈值变量	
机　　制	年　　份
$ICE \leqslant 0.977$	1978、1980—1996
$ICE > 0.977$	1979、1997—2012

根据表 5.12,中部地区需求动力结构的合理性可以判断如下:如果以投资与消费的比例配置是否促进生产要素生产效率最大限度提高为参照,1978、1980—1996 年间的投资消费结构相对合理;如果以投资与出口的比例配置是否促进生产

要素生产效率最大限度提高为参照，1978、1983—1989、1992—2012 年间的投资出口结构相对合理；如果以投资与（消费＋出口）的比例配置是否促进生产要素生产效率最大限度提高为参照，1978、1980—1996 年间的投资（消费＋出口）结构相对合理。

5.3.2　实现经济集约增长目标的中国需求动力结构调整思路

在促进经济集约增长目标约束下，中国需求动力结构的调整应有利于最大限度地促进各种生产要素生产效率的提高，尤其是提高资本（投资）要素的使用效率，降低物质资本的消耗，推进中国经济集约增长。根据 5.2 节的研究结论，中国的投资消费比值小于等于 0.549 时，能够促使生产要素较快地促进经济增长，但与此对应的时期却只有 1981—1983 年和 1989—1991 年两个时期，而绝大多数年份尤其是近期并不能有效地促使生产要素发挥出最大产出效率。同理分析，中国的投资与出口的比例配置、投资与（消费＋出口）的比例配置同样面临相似情况。因此，对于中国投资消费结构的调整，近期应要降低投资，提高消费，保持投资消费比值不高于 0.549；对于中国投资出口结构的调整，近期应要降低投资，增加出口，保持投资出口比值不高于 2.054；对于中国投资（消费＋出口）结构的调整，近期应要降低投资，扩大消费或增加出口，保持投资（消费＋出口）比值不高于 0.473。

但由于中国经济增长的区域差异性，对投资、消费和出口三者比例的调整又各不相同。具体到东部地区，对投资消费结构的调整，控制投资消费比值应不超过 0.81；对投资出口结构的调整，控制投资出口比值应不超过 0.495；对投资（消费＋出口）结构的调整，控制投资（消费＋出口）比值应不超过 0.281。中部地区，对投资消费结构的调整，控制投资消费比值应不低于 0.505 但不超过 1.041；对投资出口结构的调整，控制投资出口比值应不低于 6.766 但不超过 9.515；对投资（消费＋出口）结构的调整，控制投资（消费＋出口）比值应不低于 0.46 但不超过 0.926。西部地区，对投资消费结构的调整，控制投资消费比值应不超过 0.965；对投资出口结构的调整,控制投资出口比值应不超过 83.106;对投资(消费＋出口)结构的调整,控制投资(消费＋出口)比值应不超过 0.977。

5.4　本章小结

本章主要根据新古典增长理论并基于 C-D 生产函数构建了一个经济集约增长视角下的需求动力结构调整的理论框架——生产要素贡献最大化假说。与此同时,基于该理论框架,运用阈值协整计量方法对中国及中国东、中、西部区域经济运行中的投资与消费、投资与出口以及投资与(消费＋出口)的最优经验比例进行测算,并以此为依据,对当前中国及其区域经济增长中的投资与消费、投资与出口以及投资与(消费＋出口)比例的合理性进行判定,最后提出相应的调整思路。

第 6 章

影响中国需求动力结构调整的消费投资出口因素

　　需求动力结构的调整依赖于消费、投资和出口需求数量的相对改变。通过相对改变消费、投资和出口需求数量，从而使消费、投资和出口占按支出法核算的GDP比重或使三者之间的相互比例发生改变，进而促使经济增长预期目标的实现。但一个国家一定时期拉动经济增长的消费、投资和出口需求数量却是由经济系统内生决定的，与经济系统中的多个运行因素密切相关。在调整经济增长的需求动力结构过程中，只有找到经济运行中影响消费、投资和出口需求的敏感因素，并对敏感因素施加有针对性的政策影响，才有可能改变消费、投资和出口需求的数量，实现预期经济增长目标约束下的需求动力结构调整思路。本章主要在分析消费需求变动、投资需求变动和出口需求变动与需求动力结构调整关系的基础上，运用计量经济分析方法对影响消费需求、投资需求和出口需求的显著因素进行判别，并对若干显著影响因素对需求动力结构的影响程度予以考察，为实现中国需求动力结构调整的对策分析奠定基础。

6.1　消费需求因素

6.1.1　消费需求变动与需求动力结构调整

　　消费需求变动是指拉动经济增长的消费需求数量的改变。由于消费需求是构成社会总需求的三个重要组成部分之一，当社会总需求在一定时期保持不变时，增加或减少消费需求，就会减少或增加社会总需求的其他两个组成部分——投资需求和出口需求，这就必然引起三者分别占社会总需求（等于支出法核算的GDP）比重或三者相互之间的比例发生变动，进而使原有的消费占社会总需求（GDP）比重、投资占社会总需求（GDP）比重、出口占社会总需求（GDP）比重或消费与投资的比例、消费与出口的比例、消费与（投资＋出口）的比例等需求动力结构发生改变。如果为实现某种经济增长目标而有意增加或减少消费需求，需求动力结构就会朝着预期的方向进行调整。

6.1.2　影响消费需求变动的因素

国内外学者对中国消费需求变动影响因素的论述颇为丰富，如 Ravallion（1998）论述了初始的财富不均等影响中国农村家庭的消费。吴琴琴（2009）指出文化传统、经济体制改革和社会保障体系、收入分配差距、城镇化进程、消费环境和人口结构等因素均对中国居民消费率造成影响。方福前（2009）认为国民收入分配格局向政府倾斜和居民收入差距扩大是影响消费需求不足的重要因素。陈昌兵（2010）、聂正彦和马军敬（2013）指出消费率随城镇化率的提高而减少。赵坚毅、徐丽艳和戴李元（2011）认为国民收入分配结构失衡、城镇住房制度改革和农村居民收入增长较慢是导致消费率下降的重要因素。李国璋和梁赛（2013）认为五种社会保险参与率对消费率具有重要的影响。刘辉煌和李峰峰（2013）、王雨和王建中（2013）认为收入分配对居民消费需求具有重要影响。吕月英（2013）认为影响中国消费需求的因素主要有宏观经济环境及政策、居民收入水平、消费品价格、消费者预期、消费者心理、人口数量、人口构成、消费者偏好等因素。白重恩（2013）认为居民消费率的下降与国民收入分配体制密切相关，居民可支配收入下降直接导致了居民消费率的降低。综上，归纳国内外学者的主要观点，影响中国消费需求变动的因素主要有三类：一类是经济因素，主要包括居民收入水平、居民收入分配结构、国民收入分配体制；一类是社会因素，包括人口结构、社会保障、城镇化水平、城镇住房改革等;一类是心理文化因素,包括消费环境、传统文化影响等。由于需求动力结构的调整,必须借助政府政策对需求的敏感因素或重要因素进行影响和调整,才能达到改变消费、投资和出口需求的相对数量,从而实现对需求动力结构调整的目的。因此,在影响消费需求变动的众多因素中,必须找到消费需求的敏感或重要影响因素以及这些因素对消费需求的作用方向,才能为出台调控消费需求的政策找到着力点。但哪些影响因素是消费需求的敏感或重要因素呢?其影响效果又如何呢?本章拟通过建立消费需求与其影响因素关系的计量模型予以考察分析。

1. 模型建立

消费需求与其影响因素关系的计量模型建立如下:

$$CR_t = \alpha_0 + \alpha_1 JS_t + \alpha_2 SC + \alpha_3 GS_t + \alpha_4 RK_t + \alpha_5 SB_t + \alpha_6 CS_t$$
$$+ \alpha_7 ZF_t + \alpha_8 CH_t + \alpha_9 CW_t + \varepsilon_t \tag{6.1}$$

其中,CR 为居民消费率,JS 为居民收入水平增长率,SC 为居民收入分配结构,GS 为国民收入分配结构,RK 为人口结构;SB 为社会保障程度,CS 为城镇化水平,ZF 为住房制度改革,XH 为消费环境,CW 为传统消费文化,t 代表时期,ε 为误差项。

2. 变量指标说明

模型(6.1)中的各变量指标说明见表 6.1。

表 6.1　模型(6.1)中的变量说明

变量类型	变 量	变量符号	变量含义及说明
被解释变量	居民消费率	CR	由于居民消费需求是最终消费需求的主体构成部分,其变化趋势反映最终消费需求的变化趋势,同时居民消费需求变化也是本章重点研究和关注的对象,因此本章以居民消费率指标替代对最终消费需求变化的观测。居民消费率以支出法核算的GDP中最终居民消费额占当期支出法核算的GDP的比重表示。

续表

变量类型	变　　量	变量符号	变量含义及说明
解释变量	居民收入水平	JS	反映一个国家的城镇居民和农村居民收入的情况。由于在中国的统计指标体系中,对城镇居民和农村居民的收入水平分别以城镇居民人均可支配收入和农村居民人均纯收入指标来衡量,因此在上述计量模型中分别以城镇居民人均可支配收入增长率指标反映城镇居民收入水平变化,以农村居民人均纯收入增长率指标反映农村居民收入水平增长变化。
	城镇居民收入水平	JSC	以城镇居民人均可支配收入增长率反映城镇居民收入水平变化。
	农村居民收入水平	JSN	以农村居民人均纯收入增长率反映农村居民收入水平变化。
	居民收入分配结构	SC	反映不同居民之间的收入差距程度。在现有的文献中,学者们普遍用基尼系数来反映居民收入分配差距。本章也采用基尼系数反映居民收入分配结构变化。
	国民收入分配结构	GS	反映国民收入在居民、企业和政府等经济主体间的分配情况。本章以居民部门可支配总收入或政府财政收入分别占国民收入的比重来反映。
	人口结构	RK	反映不同年龄段的人口占总人口的比重。本文以65岁以上人口占15—64岁人口比重来衡量人口结构的变化。
	社会保障	SB	反映国家对居民的基本生活保障水平。本章以城镇职工养老保险参加人数占全社会总人口的比重来代理衡量社会保障水平。
	城镇化水平	CS	反映一个国家城镇化的程度,本章以城镇人口占总人口的比重来衡量。
	住房制度改革	ZF	反映住房政策调整对居民消费的影响。
	消费环境	XH	反映外部消费环境对居民消费的影响。
	传统消费文化	CW	反映消费习俗、习惯对居民消费的影响。

在模型(6.1)中,住房制度改革(ZF)、消费环境(XH)、传统消费文化(CW)虽

然对居民消费需求产生重要影响,但由于这些影响因素指标在实践中难以量化,所以在模型(6.1)中将上述三个影响因素予以剔除。

3. 数据来源

本章测算各影响因素对消费需求变动影响的时间跨度为 1979—2012 年。本章定义的居民消费率(CR)、城镇居民收入增长率(JSC)、农村居民收入增长率(JSN)、城镇化水平(CS)和国民收入分配结构(GS)指标均采用《中国统计年鉴》历年公布的数据测算;居民收入分配结构(SC)指标,1979—2002 年数据采用徐映梅和张学新(2011)在《统计研究》2011 年第 1 期发表的全国居民基尼系数数据,2003—2012 年采用中国国家统计局发布的全国居民基尼系数数据;人口结构(RK)指标采用世界银行 WDI 数据库的统计数据进行测算;社会保障程度(SB)指标中的城镇职工养老保险参加人数,1979—1988 年以国有单位职工人数替代城镇职工养老保险参加人数①,1989—2012 年采用以《中国统计年鉴》发布的数据。为消除计量模型的异方差性,对各变量数据进行对数化处理。

4. 影响因素对消费需求变动影响程度的确定

利用 Chatterjee et al.(2000)诊断共线性的方法,发现模型(6.1)解释变量的主成分分析特征根倒数和为 250.77,远远大于解释变量数目 5 倍的标准即 35,模型存在严重的共线性。因此,对于模型(6.1)不能直接进行 OLS 回归。为消除经济变量间普遍存在多重共线性,本章采用主成分分析对变量进行处理。

主成分分析法是一种数学变换的方法,它把给定的一组相关变量通过线性变换转成另一组不相关的变量,这些新的变量按照方差依次递减的顺序排列。在数学变换中保持变量的总方差不变,使第一变量具有最大的方差,称为第一主成分,第二变量的方差次大,并且和第一变量不相关,称为第二主成分,依次类推,有 I 个变量就有 I 个主成分。在模型(6.1)中,通过对变量 JSC、JSN、SC、GS、RK、SB、CS 进行线性变换,得 $PC1$、$PC2$、$PC3$、$PC4$、$PC5$、$PC6$、$PC7$ 七个主成分,主成分特征值见表 6.2,且主成分与原始变量数量关

---

① 国有企业改革以前,国有企业对本单位退休职工承担养老任务。因此,可以近似地认为在国有企业就业的职工,退休后可以得到养老保障。

系如表 6.3。

表6.2　模型(6.1)中变量的主成分特征值表

序号	特征值	比　例	积累值	积累比例
1	4.465 3	0.637 9	4.465 3	0.637 9
2	1.673 1	0.239 0	6.138 4	0.876 9
3	0.582 9	0.083 3	6.721 3	0.960 2
4	0.140 6	0.020 1	6.861 9	0.980 3
5	0.104 2	0.014 9	6.966 0	0.995 1
6	0.028 9	0.004 1	6.994 9	0.999 3
7	0.005 1	0.000 7	7.000 0	1.000 0

表6.3　模型(6.1)中解释变量与线性变换后主成分的数量关系

变量	$PC1$	$PC2$	$PC3$	$PC4$	$PC5$	$PC6$	$PC7$
JSC	−0.049 0	0.705 8	−0.442 1	0.540 5	0.073 4	−0.079 5	−0.010 2
JSN	−0.093 3	0.669 0	0.556 5	−0.450 0	0.177 3	0.007 8	−0.006 5
SC	0.459 7	0.022 4	−0.185 1	−0.103 6	0.462 1	0.619 4	0.382 1
GS	−0.411 5	−0.219 2	0.391 8	0.489 0	0.622 8	0.023 0	0.039 8
RK	0.465 9	−0.026 3	0.135 5	0.072 2	0.151 5	−0.705 9	0.487 2
SB	0.414 6	0.060 9	0.537 0	0.500 0	−0.442 8	0.295 7	−0.050 6
CS	0.468 2	−0.035 2	−0.019 7	−0.016 3	0.377 9	−0.154 1	−0.782 5

根据提出主成分的数量 k 满足 $\sum \lambda k / \sum \lambda j > 0.95$（$\sum \lambda k$ 为前面 K 个主成分特征值和，$\sum \lambda j$ 为全部主成分特征值和）的要求，建立居民消费率（CR）与 $PC1$、$PC2$、$PC3$ 三个主成分的线性模型，得：

$$CR_t = \beta_0 + \beta_1 PC1_t + \beta_2 PC2_t + \beta_3 PC3_t + \varepsilon_t \tag{6.2}$$

且：

$$\begin{cases} \alpha_1 = -0.049\,0\beta_1 + 0.705\,8\beta_2 - 0.442\,1\beta_3 \\ \alpha_2 = -0.093\,3\beta_1 + 0.669\,0\beta_2 + 0.556\,5\beta_3 \\ \alpha_3 = 0.459\,7\beta_1 + 0.022\,4\beta_2 - 0.185\,1\beta_3 \\ \alpha_4 = -0.411\,5\beta_1 - 0.219\,2\beta_2 + 0.391\,8\beta_3 \\ \alpha_5 = 0.465\,9\beta_1 - 0.026\,3\beta_2 + 0.135\,5\beta_3 \\ \alpha_6 = 0.465\,9\beta_1 + 0.060\,9\beta_2 + 0.537\,0\beta_3 \\ \alpha_7 = 0.468\,2\beta_1 - 0.035\,2\beta_2 - 0.019\,7\beta_3 \end{cases}$$

利用软件 Eviews6.0 对模型(6.2)进行回归,回归结果如下(括号中数值为 t 值):

$$CR_t = 4.916 - 0.281PC1_t - 0.062PC2_t - 0.006PC3_t + \varepsilon_t \tag{6.3}$$
$$84.69 \quad (-20.94) \quad (-5.72) \quad (-0.29)$$

剔除模型(6.3)中不显著的主成分 $PC3$,重新回归得:

$$CR_t = 4.909\,2 - 0.282\,3PC1_t - 0.063\,9PC2_t + \varepsilon_t \tag{6.4}$$
$$92.63 \quad (-22.16) \quad (-7.37)$$

对模型(6.4)主成分变量进行还原后的回归模型为:

$$CR_t = 4.909\,2 - 0.031\,3JSC_t - 0.016\,4JSN_t - 0.131\,2SC_t + 0.130\,2GS_t$$
$$- 0.129\,8RK_t - 0.120\,9SB_t - 0.129\,9CS_t + \varepsilon_t \tag{6.5}$$

根据(6.5)式,居民消费率的影响因素按其影响程度大小依次为:居民收入分配结构(SC)、国民收入分配体制(GS)、人口结构(RK)、城镇化水平(CS)、社会保障(SB)、城镇居民收入增长率(JSC)、农村居民收入增长率(JSN)。在这些影响因素中,居民收入分配差距每增加 1 个百分点,居民消费率将下降 0.131 2 个百分点;居民部门收入在国民收入中每增加 1 个百分点,居民消费率将增加 0.130 2 个百分点;城镇化水平每增加 1 个百分点,居民消费率将降低 0.129 9 个百分点;65 岁以上人口占 15—64 岁人口比重每增加 1 个百分点,居民消费率将降低 0.129 8 个百分点;城镇职工养老保险覆盖面每增加 1 个百分点,居民消费率将下降 0.120 9 个百分点;城镇居民收入增长率每增加 1 个百分点,居民消费率下降 0.031 3 个百分点;农村居民收入增长率每增加 1 个百分点,居民消费率下降 0.016 4 个百分点。

6.1.3　消费需求变动影响因素对需求动力结构的动态冲击效应

为进一步考察在经济系统内消费需求变动影响因素对需求动力结构的动态冲击效应变化,同时也基于消费需求变动影响因素对需求动力结构影响的长期性和复杂性,本文拟建立 VAR 模型进行计量分析,寻求各影响因素对投资消费结构、投资(消费＋出口)结构等需求动力结构的动态冲击效应。

1. 各影响因素对投资消费结构的动态冲击效应

(1) 变量选取及数据说明。

本章选取投资消费比率(IC)作为投资消费结构的代理变量,以固定资本形成额除以居民最终消费支出×100％表示,数据来源与 5.2.2 节相同。国民收入分配体制(GS)以历年政府财政收入占 GDP 比重表示。城镇居民收入增长率(JSC)、农村居民收入增长率(JSN)、居民收入分配结构(SC)、人口结构(RK)、社会保障(SB)和城镇化水平(CS)指标含义及数据来源与 6.1.2 节相同。同理,为消除异方差性,变量的数据都经过对数化处理。

(2) VAR 模型的建立及检验。

本章拟将投资消费比率(IC)、城镇居民收入增长率(JSC)、农村居民收入增长率(JSN)、居民收入分配结构(SC)、国民收入分配体制(GS)、人口结构(RK)、社会保障(SB)和城镇化水平(CS)8 个变量的 VAR 模型设立如下:

$$
\begin{bmatrix} IC_t \\ JSC_t \\ JSN_t \\ SC_t \\ GS_t \\ RK_t \\ SB_t \\ CS_t \end{bmatrix} = \begin{bmatrix} \alpha_{10} \\ \alpha_{20} \\ \alpha_{30} \\ \alpha_{40} \\ \alpha_{50} \\ \alpha_{60} \\ \alpha_{70} \\ \alpha_{80} \end{bmatrix} + \begin{bmatrix} \alpha_{11} & \alpha_{12} & \alpha_{13} & \alpha_{14} & \alpha_{15} & \alpha_{16} & \alpha_{17} & \alpha_{18} \\ \alpha_{21} & \alpha_{22} & \alpha_{23} & \alpha_{24} & \alpha_{25} & \alpha_{26} & \alpha_{27} & \alpha_{28} \\ \alpha_{31} & \alpha_{32} & \alpha_{33} & \alpha_{34} & \alpha_{35} & \alpha_{36} & \alpha_{37} & \alpha_{38} \\ \alpha_{41} & \alpha_{42} & \alpha_{43} & \alpha_{44} & \alpha_{45} & \alpha_{46} & \alpha_{47} & \alpha_{48} \\ \alpha_{51} & \alpha_{52} & \alpha_{53} & \alpha_{54} & \alpha_{55} & \beta_{56} & \alpha_{57} & \alpha_{58} \\ \alpha_{61} & \alpha_{62} & \alpha_{63} & \alpha_{64} & \alpha_{65} & \alpha_{66} & \alpha_{67} & \alpha_{68} \\ \alpha_{71} & \alpha_{72} & \alpha_{73} & \alpha_{74} & \alpha_{75} & \alpha_{76} & \alpha_{77} & \alpha_{78} \\ \alpha_{81} & \alpha_{82} & \alpha_{83} & \alpha_{84} & \alpha_{85} & \alpha_{86} & \alpha_{87} & \alpha_{88} \end{bmatrix} \begin{bmatrix} IC_{t-1} \\ JSC_{t-1} \\ JSN_{t-1} \\ SC_{t-1} \\ GS_{t-1} \\ RK_{t-1} \\ SB_{t-1} \\ CS_{t-1} \end{bmatrix}
$$

$$+\begin{bmatrix} \alpha_{19} & \alpha_{110} & \alpha_{111} & \alpha_{112} & \alpha_{113} & \alpha_{114} & \alpha_{115} & \alpha_{116} \\ \alpha_{29} & \alpha_{210} & \alpha_{211} & \alpha_{212} & \alpha_{213} & \alpha_{214} & \alpha_{215} & \alpha_{216} \\ \alpha_{39} & \alpha_{310} & \alpha_{311} & \alpha_{312} & \alpha_{313} & \alpha_{314} & \alpha_{315} & \alpha_{316} \\ \alpha_{49} & \alpha_{410} & \alpha_{411} & \alpha_{412} & \alpha_{413} & \alpha_{414} & \alpha_{415} & \alpha_{416} \\ \alpha_{59} & \alpha_{510} & \alpha_{511} & \alpha_{512} & \alpha_{513} & \beta_{514} & \alpha_{515} & \alpha_{516} \\ \alpha_{69} & \alpha_{610} & \alpha_{611} & \alpha_{612} & \alpha_{613} & \alpha_{614} & \alpha_{615} & \alpha_{616} \\ \alpha_{79} & \alpha_{710} & \alpha_{711} & \alpha_{712} & \alpha_{713} & \alpha_{714} & \alpha_{715} & \alpha_{716} \\ \alpha_{89} & \alpha_{810} & \alpha_{811} & \alpha_{812} & \alpha_{813} & \alpha_{814} & \alpha_{815} & \alpha_{816} \end{bmatrix} \begin{bmatrix} IC_{t-2} \\ JSC_{t-2} \\ JSN_{t-2} \\ SC_{t-2} \\ GS_{t-2} \\ RK_{t-2} \\ SB_{t-2} \\ CS_{t-2} \end{bmatrix} + \cdots$$

$$+\begin{bmatrix} \alpha_{18n-7} & \alpha_{18n-6} & \alpha_{18n-5} & \alpha_{18n-4} & \alpha_{18n-3} & \alpha_{18n-2} & \alpha_{18n-1} & \alpha_{18n} \\ \alpha_{28n-7} & \alpha_{28n-6} & \alpha_{28n-5} & \alpha_{28n-4} & \alpha_{28n-3} & \alpha_{28n-2} & \alpha_{28n-1} & \alpha_{28n} \\ \alpha_{38n-7} & \alpha_{38n-6} & \alpha_{38n-5} & \alpha_{38n-4} & \alpha_{38n-3} & \alpha_{38n-2} & \alpha_{38n-1} & \alpha_{38n} \\ \alpha_{48n-7} & \alpha_{48n-6} & \alpha_{48n-5} & \alpha_{48n-4} & \alpha_{48n-3} & \alpha_{48n-2} & \alpha_{48n-1} & \alpha_{48n} \\ \alpha_{58n-7} & \alpha_{58n-6} & \alpha_{58n-5} & \alpha_{58n-4} & \alpha_{58n-3} & \beta_{58n-2} & \alpha_{58n-1} & \alpha_{58n} \\ \alpha_{68n-7} & \alpha_{68n-6} & \alpha_{68n-5} & \alpha_{68n-4} & \alpha_{68n-3} & \alpha_{68n-2} & \alpha_{68n-1} & \alpha_{68n} \\ \alpha_{78n-7} & \alpha_{78n-6} & \alpha_{78n-5} & \alpha_{78n-4} & \alpha_{78n-3} & \alpha_{78n-2} & \alpha_{78n-1} & \alpha_{78n} \\ \alpha_{88n-7} & \alpha_{88n-6} & \alpha_{88n-5} & \alpha_{88n-4} & \alpha_{88n-3} & \alpha_{88n-2} & \alpha_{88n-1} & \alpha_{88n} \end{bmatrix} \begin{bmatrix} IC_{t-n} \\ JSC_{t-n} \\ JSN_{t-n} \\ SC_{t-n} \\ GS_{t-n} \\ RK_{t-n} \\ SB_{t-n} \\ CS_{t-n} \end{bmatrix} + \begin{bmatrix} \varepsilon_{1t} \\ \varepsilon_{2t} \\ \varepsilon_{3t} \\ \varepsilon_{4t} \\ \varepsilon_{5t} \\ \varepsilon_{6t} \\ \varepsilon_{7t} \\ \varepsilon_{8t} \end{bmatrix} \quad (6.6)$$

① 模型变量的平稳性检验。

VAR 模型要求模型中各变量必须平稳,如果模型中各变量不平稳,则要求各变量之间必须存在协整关系。对模型(6.6)中的变量进行 ADF 检验,发现 IC、JSC、JSN、SC、GS、RK、SB 和 CS 在 5% 的显著水平下显示不平稳,对其一阶差分后各变量平稳(见表 6.4)。模型所有变量均是关于 $I(1)$ 平稳序列。

② 模型的最优滞后阶确定。

VAR 模型的最优滞后阶一般根据 AIC 标准、SC 标准或 HQ 标准的最小值来确定。根据表 6.5,模型(6.6)选择滞后二阶时,无论是 AIC 标准值、SC 标准值,还是 HQ 标准值均比滞后一阶要小。但由于本章只有 34 期样本数据,数据样本较小。因此,综合考虑,模型(6.6)选择滞后一阶为最优滞后阶。

表 6.4　模型(6.6)中各变量的单位根检验

变量	检验类型	统计量	临界值(5%)	变量	检验类型	统计量	临界值(5%)
IC	$(c, 0, 2)$	-0.19	-2.96	GS	$(c, 0, 0)$	-0.68	-2.95
ΔIC	$(c, 0, 1)$	-4.67	-2.96	ΔGS	$(0, 0, 0)$	-3.29	-2.96
JSC	$(c, 0, 0)$	-2.71	-2.95	RK	$(c, 0, 4)$	-1.35	-3.57
ΔJSC	$(c, 0, 0)$	-6.10	-2.96	ΔRK	$(c, 0, 0)$	-8.49	-3.56
JSN	$(c, 0, 0)$	-2.57	-2.95	SB	$(c, 0, 0)$	0.18	-2.95
ΔJSN	$(c, 0, 0)$	-5.80	-2.96	ΔSB	$(c, 0, 0)$	-5.22	-2.96
SC	$(c, 0, 0)$	-0.84	-2.95	CS	$(c, 0, 0)$	-2.13	-2.95
ΔSC	$(c, 0, 0)$	-4.47	-2.96	ΔCS	$(c, 0, 0)$	-5.25	-2.96

注:检验类型中的 c 表示含有截距项,t 表示含有时间趋势项,第三项表示含有滞后项,Δ 表示滞后一阶差分。

表 6.5　模型(6.6)的最优滞后阶的选择标准

滞后阶数	AIC	SC	HQ
0	-19.2784	-18.9120	-19.1570
1	-29.6712	-26.3733	-28.5781
2	-35.9941^*	-29.7647^*	-33.9292^*

注:* 表明在不同标准下的最优滞后阶选择。

③ 模型(6.6)的稳定性检验。

检验 VAR 模型是否稳定,是判断模型能否进行脉冲响应分析与方差分解分析的前提。对 VAR 模型(6.6)进行稳定性检验,模型(6.6)所有特征根模的倒数均小于 1,即单位圆内(见图 6.1),VAR 模型(6.6)稳定。

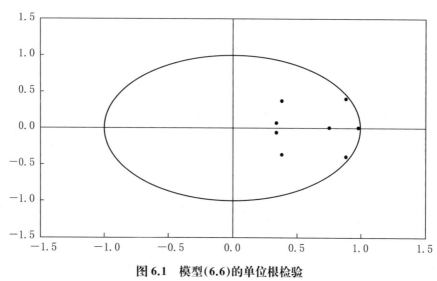

图 6.1　模型(6.6)的单位根检验

④ 模型变量的协整检验。

由于建立 VAR 模型的变量序列不是 $I(0)$ 阶平稳时间序列,而均是 $I(1)$ 阶平稳序列,因此,判断 VAR 模型中变量之间是否存在协整关系,是建立 VAR 模型的基本前提。根据表 6.6,在 5% 的显著水平下,迹统计检验显示模型变量之间至少

表 6.6　模型(6.6)中各变量序列协整检验的结果

原假设	特征根	迹统计量(P 值)	最大特征根统计量(P 值)
0 个协整向量	0.981 1	369.400 7(0.000 0)	127.075 9(0.000 0)
至少 1 个协整向量	0.940 2	242.324 8(0.000 0)	90.135 07(0.000 0)
至少 2 个协整向量	0.850 8	152.189 8(0.000 0)	60.874 93(0.000 1)
至少 3 个协整向量	0.679 0	91.314 84(0.000 4)	36.359 83(0.024 7)
至少 4 个协整向量	0.595 3	54.955 01(0.009 3)	28.945 08(0.033 3)
至少 5 个协整向量	0.382 5	* 26.009 93(0.128 4)	* 15.424 01(0.260 3)
至少 6 个协整向量	0.281 6	10.585 92(0.238 3)	10.582 98(0.176 4)
至少 7 个协整向量	0.000 1	0.002 939(0.955 2)	0.002 939(0.955 2)

注:* 表明在 5% 的显著性水平下拒绝原假设。

存在 4 个协整关系,而最大特征根统计检验显示模型变量之间至少存在 4 个协整关系。因此,无论是迹统计检验还是最大特征根统计检验,说明模型变量之间至少存在协整关系,符合建立 VAR 模型的基本假设前提。

利用软件 Eviews6.0 对模型(6.6)进行回归,得:

$$
\begin{bmatrix} IC_t \\ JSC_t \\ JSN_t \\ SC_t \\ GS_t \\ RK_t \\ SB_t \\ CS_t \end{bmatrix} = \begin{bmatrix} -3.872 \\ 0.602 \\ -12.27 \\ -0.616 \\ 3.111 \\ 0.015 \\ -4.860 \\ -0.117 \end{bmatrix} + \begin{bmatrix} 0.843 & -0.017 & -0.044 & 0.501 & 0.707 & -7.196 & 0.068 & -0.167 \\ 2.238 & 0.583 & -0.130 & -1.841 & 0.030 & -26.253 & -1.030 & 12.254 \\ 3.921 & 0.644 & 0.215 & -3.452 & 2.513 & -27.990 & -0.728 & 7.277 \\ 0.134 & 0.019 & -0.016 & 0.938 & 0.112 & 2.343 & -0.071 & 0.534 \\ -0.285 & -0.023 & 0.013 & -0.079 & 0.503 & 0.089 & 0.153 & -0.654 \\ 0.012 & -0.001 & -0.001 & -0.019 & 0.001 & 0.919 & 0.002 & -0.119 \\ 1.077 & -0.099 & -0.075 & -0.345 & 0.780 & -7.029 & 0.490 & -2.446 \\ -0.033 & -0.006 & -0.0001 & 0.034 & 0.029 & 0.657 & 0.017 & 0.477 \end{bmatrix}
$$

$$
\begin{bmatrix} IC_{t-1} \\ JSC_{t-1} \\ JSN_{t-1} \\ SC_{t-1} \\ GS_{t-1} \\ RK_{t-1} \\ SB_{t-1} \\ CS_{t-1} \end{bmatrix} + \begin{bmatrix} \varepsilon_{1t} \\ \varepsilon_{2t} \\ \varepsilon_{3t} \\ \varepsilon_{4t} \\ \varepsilon_{5t} \\ \varepsilon_{6t} \\ \varepsilon_{7t} \\ \varepsilon_{8t} \end{bmatrix} \tag{6.7}
$$

(3) 各影响因素对投资消费比率的动态冲击效应。

利用(6.7)式建立的 VAR 方程,分别给予城镇居民收入增长率(JSC)、农村居民收入增长率(JSN)、居民收入分配结构(SC)、国民收入分配体制(GS)、人口结构(RK)、社会保障(SB)和城镇化水平(CS)一个正的冲击,采用广义脉冲法得到关于投资消费比率变动的脉冲响应图[见图 6.2]。

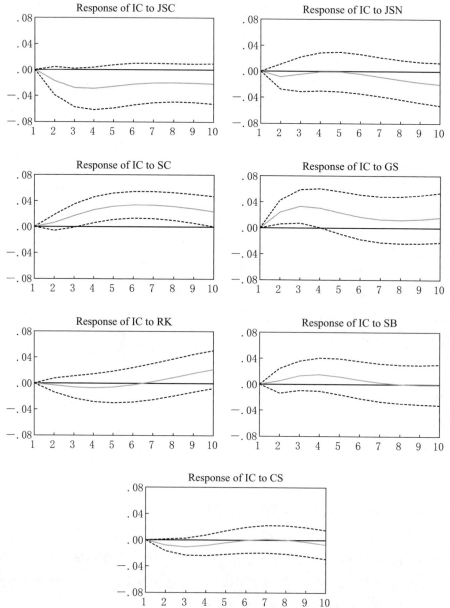

图 6.2 （a—g)投资消费比率对消费需求变动影响因素的脉冲响应

由图 6.2(a)可见,当在本期给城镇居民收入水平增长率(JSC)一个正的冲击后,投资消费比率(IC)发生反向变化,并在第 4 期达到负值最大,之后开始回升并趋向于零。这表明城镇居民收入水平增长率的某一冲击会给投资消费比率带来负向的冲击,即城镇居民收入水平增长率的增加会带来投资消费比率的下降,并在第 4 期达到最大值,随后对投资消费比率产生向下的拉动作用逐渐减弱,并趋向于零。

由图 6.2(b)可见,当在本期给农村居民收入水平增长率(JSN)一个正的冲击后,投资消费比率(IC)发生反向变化,并在第 2 期达到负值最大,之后开始回升,但第 5 期之后反向变化趋势又趋于扩大。这表明农村居民收入水平增长率的某一冲击会给投资消费比率带来负向的冲击,即农村居民收入水平增长率的增加会带来投资消费比率的下降,并在第 2 期达到最大值,随后对投资消费比率产生向下的拉动作用减弱,但第 5 期之后对投资消费比率产生向下的拉动作用又趋于加强。

由图 6.2(c)可见,当在本期给居民收入分配结构(SC)一个正的冲击后,投资消费比率(IC)发生同向变化,并且在第 6 期达到最大值,随后开始回落并趋向于零。这表明居民收入分配结构的某一冲击会给投资消费比率带来正向的冲击,即居民收入分配差距的扩大会带来投资消费比率的上升,并在第 6 期达到最大值,随后对投资消费比率产生向上的拉动作用减弱并逐渐趋向于零。

由图 6.2(d)可见,当在本期给国民收入分配结构(GS)一个正的冲击后,投资消费比率(IC)发生同向变化,并在第 3 期达到最大值,之后开始缓慢回落并趋于零。这表明国民收入分配结构的某一冲击会给投资消费比率带来正向的冲击,即政府部门收入占国民收入比重的扩大会带来投资消费比率的上升,并在第 3 期达到最大值,之后对投资消费比率产生向上的拉动作用逐渐减弱并趋向于零。

由图 6.2(e)可见,当在本期给人口结构(RK)一个正的冲击后,投资消费比率(IC)发生反向变化,并在第 4 期达到最大值,之后同向变化的趋势不断加强。这表明人口结构的某一冲击会给投资消费比率带来负向的冲击,即65岁以上人口占15—64岁人口比重的增加会带来投资消费比率的下降,并且并在第4期达到最大值,随后对投资消费比率产生向上的拉动作用。

由6.2(f)可见,当在本期给社会保障(SB)一个正的冲击后,投资消费比率(IC)发生同向变化,在第4期达到最大值,随后同向变化的趋势不断减弱并趋向于零。这表明社会保障的某一冲击会给投资消费比率带来正向的冲击,即参加社会养老保险的人数占总人口比率重的扩大会带来投资消费比率的上升,并在第4期达到最大值,但随着时间的推移,对投资消费比率产生向上的拉动作用逐渐减弱。

由6.2(g)可见,当在本期给城镇化(CS)一个正的冲击后,投资消费比率(IC)发生反向变化,在第3期达到最大值,随后反向变化的趋势不断减弱并趋向于零。这表明城镇化水平的某一冲击会给投资消费比率带来负向的冲击,即城镇化率的提升会带来投资消费比率的下降,在第3期达到最大值,随着时间的推移,对投资消费比率产生向下的拉动作用逐渐减弱,并趋向于零。

2. 各影响因素对投资(消费+出口)结构的动态冲击效应

(1) 变量选取及数据说明。

本章选取投资(消费+出口)比率作为投资(消费+出口)结构的代理变量,以固定资本形成额除以居民最终消费支出与出口额之和×100%表示,数据来源与5.2.2节相同。城镇居民收入增长率(JSC)、农村居民收入增长率(JSN)、居民收入分配结构(SC)、国民收入分配体制(GS)、人口结构(RK)、社会保障(SB)和城镇化水平(CS)指标含义及数据来源说明与6.1.1节相同。同时,为避免计量模型的异方差问题,变量的数据经过对数化处理。

(2) VAR模型的建立及检验。

本章拟将投资(消费+出口)比率(ICE)、城镇居民收入增长率(JSC)、农村居民收入增长率(JSN)、居民收入分配结构(SC)、国民收入分配体制(GS)、人口结构(RK)、社会保障(SB)和城镇化水平(CS)8个变量的VAR模型设立如下:

$$
\begin{bmatrix} ICE_t \\ JSC_t \\ JSN_t \\ SC_t \\ GS_t \\ RK_t \\ SB_t \\ CS_t \end{bmatrix} = \begin{bmatrix} \alpha_{10} \\ \alpha_{20} \\ \alpha_{30} \\ \alpha_{40} \\ \alpha_{50} \\ \alpha_{60} \\ \alpha_{70} \\ \alpha_{80} \end{bmatrix} + \begin{bmatrix} \alpha_{11} & \alpha_{12} & \alpha_{13} & \alpha_{14} & \alpha_{15} & \alpha_{16} & \alpha_{17} & \alpha_{18} \\ \alpha_{21} & \alpha_{22} & \alpha_{23} & \alpha_{24} & \alpha_{25} & \alpha_{26} & \alpha_{27} & \alpha_{28} \\ \alpha_{31} & \alpha_{32} & \alpha_{33} & \alpha_{34} & \alpha_{35} & \alpha_{36} & \alpha_{37} & \alpha_{38} \\ \alpha_{41} & \alpha_{42} & \alpha_{43} & \alpha_{44} & \alpha_{45} & \alpha_{46} & \alpha_{47} & \alpha_{48} \\ \alpha_{51} & \alpha_{52} & \alpha_{53} & \alpha_{54} & \alpha_{55} & \beta_{56} & \alpha_{57} & \alpha_{58} \\ \alpha_{61} & \alpha_{62} & \alpha_{63} & \alpha_{64} & \alpha_{65} & \alpha_{66} & \alpha_{67} & \alpha_{68} \\ \alpha_{71} & \alpha_{72} & \alpha_{73} & \alpha_{74} & \alpha_{75} & \alpha_{76} & \alpha_{77} & \alpha_{78} \\ \alpha_{81} & \alpha_{82} & \alpha_{83} & \alpha_{84} & \alpha_{85} & \alpha_{86} & \alpha_{87} & \alpha_{88} \end{bmatrix} \begin{bmatrix} ICE_{t-1} \\ JSC_{t-1} \\ JSN_{t-1} \\ SC_{t-1} \\ GS_{t-1} \\ RK_{t-1} \\ SB_{t-1} \\ CS_{t-1} \end{bmatrix}
$$

$$
+ \begin{bmatrix} \alpha_{19} & \alpha_{110} & \alpha_{111} & \alpha_{112} & \alpha_{113} & \alpha_{114} & \alpha_{115} & \alpha_{116} \\ \alpha_{29} & \alpha_{210} & \alpha_{211} & \alpha_{212} & \alpha_{213} & \alpha_{214} & \alpha_{215} & \alpha_{216} \\ \alpha_{39} & \alpha_{310} & \alpha_{311} & \alpha_{312} & \alpha_{313} & \alpha_{314} & \alpha_{315} & \alpha_{316} \\ \alpha_{49} & \alpha_{410} & \alpha_{411} & \alpha_{412} & \alpha_{413} & \alpha_{414} & \alpha_{415} & \alpha_{416} \\ \alpha_{59} & \alpha_{510} & \alpha_{511} & \alpha_{512} & \alpha_{513} & \beta_{514} & \alpha_{515} & \alpha_{516} \\ \alpha_{69} & \alpha_{610} & \alpha_{611} & \alpha_{612} & \alpha_{613} & \alpha_{614} & \alpha_{615} & \alpha_{616} \\ \alpha_{79} & \alpha_{710} & \alpha_{711} & \alpha_{712} & \alpha_{713} & \alpha_{714} & \alpha_{715} & \alpha_{716} \\ \alpha_{89} & \alpha_{810} & \alpha_{811} & \alpha_{812} & \alpha_{813} & \alpha_{814} & \alpha_{815} & \alpha_{816} \end{bmatrix} \begin{bmatrix} ICE_{t-2} \\ JSC_{t-2} \\ JSN_{t-2} \\ SC_{t-2} \\ GS_{t-2} \\ RK_{t-2} \\ SB_{t-2} \\ CS_{t-2} \end{bmatrix} + \cdots
$$

$$
+ \begin{bmatrix} \alpha_{18n-7} & \alpha_{18n-6} & \alpha_{18n-5} & \alpha_{18n-4} & \alpha_{18n-3} & \alpha_{18n-2} & \alpha_{18n-1} & \alpha_{18n} \\ \alpha_{28n-7} & \alpha_{28n-6} & \alpha_{28n-5} & \alpha_{28n-4} & \alpha_{28n-3} & \alpha_{28n-2} & \alpha_{28n-1} & \alpha_{28n} \\ \alpha_{38n-7} & \alpha_{38n-6} & \alpha_{38n-5} & \alpha_{38n-4} & \alpha_{38n-3} & \alpha_{38n-2} & \alpha_{38n-1} & \alpha_{38n} \\ \alpha_{48n-7} & \alpha_{48n-6} & \alpha_{48n-5} & \alpha_{48n-4} & \alpha_{48n-3} & \alpha_{48n-2} & \alpha_{48n-1} & \alpha_{48n} \\ \alpha_{58n-7} & \alpha_{58n-6} & \alpha_{58n-5} & \alpha_{58n-4} & \alpha_{58n-3} & \beta_{58n-2} & \alpha_{58n-1} & \alpha_{58n} \\ \alpha_{68n-7} & \alpha_{68n-6} & \alpha_{68n-5} & \alpha_{68n-4} & \alpha_{68n-3} & \alpha_{68n-2} & \alpha_{68n-1} & \alpha_{68n} \\ \alpha_{78n-7} & \alpha_{78n-6} & \alpha_{78n-5} & \alpha_{78n-4} & \alpha_{78n-3} & \alpha_{78n-2} & \alpha_{78n-1} & \alpha_{78n} \\ \alpha_{88n-7} & \alpha_{88n-6} & \alpha_{88n-5} & \alpha_{88n-4} & \alpha_{88n-3} & \alpha_{88n-2} & \alpha_{88n-1} & \alpha_{88n} \end{bmatrix} \begin{bmatrix} ICE_{t-n} \\ JSC_{t-n} \\ JSN_{t-n} \\ SC_{t-n} \\ GS_{t-n} \\ RK_{t-n} \\ SB_{t-n} \\ CS_{t-n} \end{bmatrix} + \begin{bmatrix} \varepsilon_{1t} \\ \varepsilon_{2t} \\ \varepsilon_{3t} \\ \varepsilon_{4t} \\ \varepsilon_{5t} \\ \varepsilon_{6t} \\ \varepsilon_{7t} \\ \varepsilon_{8t} \end{bmatrix} \tag{6.8}
$$

① 模型变量的平稳性检验。

对模型(6.8)中投资(消费＋出口)比率(ICE)时间序列进行 ADF 检验发现，

ICE 变量原始时序不平稳,接受有单位根的原假设概率达到 0.835。对其进行一阶差分后检验发现,ICE 变量时序已经平稳,接受有单位根的原假设概率仅为 0.000 9。因此,ICE 变量是关于 $I(1)$ 阶平稳时间序列。模型其他变量 JSC、JSN、SC、GS、RK、SB 和 CS 也是关于 $I(1)$ 阶平稳时间序列(见表 6.4)。VAR 模型(6.8)中的所有变量均为 $I(1)$ 阶平稳时间序列。

② 模型的最优滞后阶确定。

同理,模型(6.8)在选择滞后阶时,参照 AIC 标准、SC 标准值、HQ 标准最小值标准。从检验结果看,无论是 AIC 标准值、SC 标准值,还是 HQ 标准值,滞后二阶均比滞后一阶要小,但由于本文数据样本较小,综合考虑,模型(6.8)选择滞后一阶为最优滞后阶。

③ 模型的稳定性检验。

对 VAR 模型(6.8)进行稳定性检验,模型(6.8)所有特征根模的倒数均小于1,即单位圆内(见图 6.3),VAR 模型(6.8)稳定。

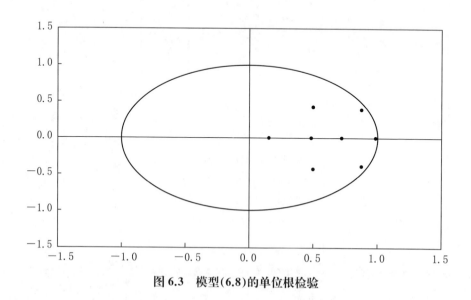

图6.3 模型(6.8)的单位根检验

④ 模型变量的协整检验。

由于 VAR 模型(6.8)的变量序列是 $I(1)$ 阶平稳序列,因此,判断 VAR 模型中变量之间是否存在协整关系,是建立 VAR 模型(6.8)的基本前提。根据表 6.7,在 5%的显著水平下,迹统计检验显示模型变量之间至少存在 4 个协整关系,而最大特征根统计检验显示模型变量之间至少存在 4 个协整关系。因此,模型(6.8)中变量之间存在协整关系,符合建立 VAR 模型的基本假设前提。

表 6.7　模型(6.8)中各变量序列协整检验的结果

原假设	特征根	迹统计量(P 值)	最大特征根统计量(P 值)
0 个协整向量	0.984 7	356.465 8(0.000)	133.714 8(0.000 0)
至少 1 个协整向量	0.888 1	222.751 1(0.000)	70.089 9(0.000 0)
至少 2 个协整向量	0.842 1	152.661 2(0.000)	59.061 0(0.000 1)
至少 3 个协整向量	0.677 7	93.600 2(0.002)	36.234 6(0.025 7)
至少 4 个协整向量	0.612 9	57.365 5(0.050)	30.371 1(0.021 4)
至少 5 个协整向量	0.372 5	* 26.994 4(0.101 8)	* 14.913 6(0.295 0)
至少 6 个协整向量	0.308 2	12.080 9(0.153 1)	11.789 2(0.118 8)
至少 7 个协整向量	0.009 1	0.291 7(0.589 1)	0.291 7(0.589 1)

注:* 表明在 5%的显著性水平下拒绝原假设。

利用软件 Eviews6.0 对模型(6.8)进行回归,得:

$$
\begin{bmatrix} ICE_t \\ JSC_t \\ JSN_t \\ SC_t \\ GS_t \\ RK_t \\ SB_t \\ CS_t \end{bmatrix} = \begin{bmatrix} 0.870 \\ -2.750 \\ -17.06 \\ -0.371 \\ 2.855 \\ -0.025 \\ -3.592 \\ -0.081 \end{bmatrix} + \begin{bmatrix} 0.395 & -0.033 & -0.044 & 0.013 & 0.234 & -6.396 & 0.334 & -1.58 \\ 1.342 & 0.558 & -0.086 & -0.052 & 0.049 & -30.99 & -0.555 & 9.637 \\ 2.197 & 0.598 & 0.290 & -0.376 & 2.442 & -36.40 & 0.167 & -17.06 \\ 0.017 & 0.017 & -0.014 & 1.020 & 0.071 & 2.007 & -0.016 & 0.381 \\ -0.074 & -0.019 & 0.008 & -269 & 0.566 & 0.772 & 0.052 & -0.325 \\ 0.010 & -0.001 & -0.001 & -0.001 & 0.003 & 0.896 & 0.003 & -0.133 \\ 0.235 & -0.114 & -0.056 & -0.356 & 0.533 & -6.642 & 0.892 & -0.369 \\ -0.018 & -0.006 & -0.001 & 0.001 & 0.029 & 0.727 & 0.010 & 0.515 \end{bmatrix}
$$

$$
\begin{bmatrix} ICE_{t-1} \\ JSC_{t-1} \\ JSN_{t-1} \\ SC_{t-1} \\ GS_{t-1} \\ RK_{t-1} \\ SB_{t-1} \\ CS_{t-1} \end{bmatrix} + \begin{bmatrix} \varepsilon_{1t} \\ \varepsilon_{2t} \\ \varepsilon_{3t} \\ \varepsilon_{4t} \\ \varepsilon_{5t} \\ \varepsilon_{6t} \\ \varepsilon_{7t} \\ \varepsilon_{8t} \end{bmatrix} \tag{6.9}
$$

（3）各影响因素对投资（消费＋出口）比率的动态冲击效应。

利用（6.9）式建立的 VAR 方程，分别给予城镇居民收入增长率（JSC）、农村居民收入增长率（JSN）、居民收入分配结构（SC）、国民收入分配体制（GS）、人口结构（RK）、社会保障（SB）和城镇化水平（CS）一个正的冲击，采用广义脉冲法得到关于投资（消费＋出口）比率变动的脉冲响应图［见图 6.4（a—g）］。

由图 6.4（a）可见，当在本期给城镇居民收入水平增长率（JSC）一个正的冲击后，投资（消费＋出口）比率（ICE）发生反向变化，并在第 3 期达到最大值，之后开始回升并趋向于零。这表明城镇居民收入水平增长率的某一冲击会给投资（消费＋出口）比率带来负向的冲击，即城镇居民收入水平增长率的增加会带来投资（消费＋出口）比率的下降，并在第 3 期达到最大值，随后对投资（消费＋出口）比率产生向下的拉动作用减弱并趋向于零。

由图 6.4（b）可见，当在本期给农村居民收入水平增长率（JSN）一个正的冲击后，投资（消费＋出口）比率（ICE）发生反向变化，并在第 2 期达到负值最大，之后开始回升，在第 3 期开始同向变化。这表明农村居民收入水平增长率的某一冲击会给投资（消费＋出口）比率带来反向的冲击，即农村居民收入水平增长率的增加会带来投资（消费＋出口）比率的下降，并在第 2 期达到最大值，随后对投资（消费＋出口）比率产生向下的拉动作用逐步减弱，在第 3 期对投资（消费＋出口）比率开始产生向上的拉动作用。

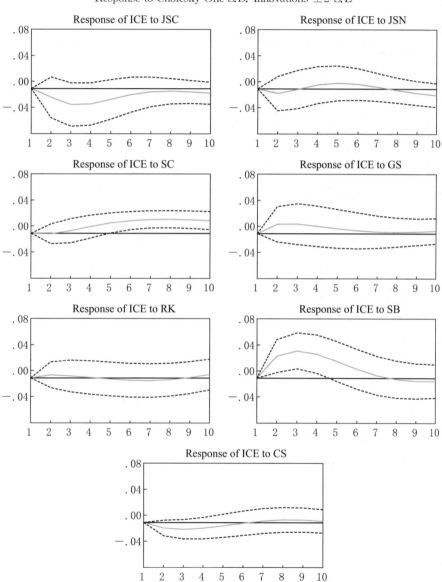

图 6.4(a—g)　投资(消费＋出口)比率对消费需求变动影响因素的脉冲响应

由图 6.4(c)可见,当在本期给居民收入分配结构(SC)一个正的冲击后,投资

(消费＋出口)比率(ICE)发生同向变化,并且同向变化趋势不断趋强。这表明居民收入分配结构的某一冲击会给投资(消费＋出口)比率带来正向的冲击,即居民收入分配差距的扩大会带来投资(消费＋出口)比率的上升,并且对投资(消费＋出口)比率产生向上的拉动作用逐步趋强。

由图 6.4(d)可见,当在本期给国民收入分配结构(GS)一个正的冲击后,投资(消费＋出口)比率(ICE)发生同向变化,并在第 2 期达到最大值,之后缓慢趋向于零。这表明国民收入分配结构的某一冲击会给投资(消费＋出口)比率带来正向的冲击,即政府部门占国民收入比重的扩大会带来投资(消费＋出口)比率的上升,并在第 2 期达到最大值,随后对投资(消费＋出口)比率产生向上的拉动作用逐步减弱并趋向于零。

由图 6.4(e)可见,当在本期给人口结构(RK)一个正的冲击后,投资(消费＋出口)比率(ICE)发生同向变化,并在第 2 期达到最大值,之后开始回落并在第 4 期间转为反向变化。这表明人口结构的某一冲击会给投资(消费＋出口)比率带来负向的冲击,即 65 岁以上人口占 15—64 岁人口比重的扩大会带来投资(消费＋出口)比率的上升,并在第 2 期达到最大值,随后对投资(消费＋出口)比率产生向上的拉动作用减弱,并在第 4 期对投资(消费＋出口)比率开始产生向下的拉动作用。

由图 6.4(f)可见,当在本期给社会保障(SB)一个正的冲击后,投资(消费＋出口)比率(ICE)发生同向变化,并在第 3 期达到最大值,之后开始回落并趋向于零。这表明社会保障的某一冲击会给投资(消费＋出口)比率带来正向的冲击,即参加社会养老保险的人数占总人口比重的增加会带来投资(消费＋出口)比率的上升,并在第 3 期达到最大值,随后对投资(消费＋出口)比率产生向上的拉动作用趋于下降并趋向于零。

由图 6.4(g)可见,当在本期给城镇化水平(CS)一个正的冲击后,投资(消费＋出口)比率(ICE)发生反向变化,并在第 3 期达到最大值,之后开始回升并在第 6 期间转为同向变化。这表明城镇化水平的某一冲击会给投资(消费＋出口)比率带来负向的冲击,即城镇化率的提升会带来投资(消费＋出口)比率的下降,并在第 3 期达到最大值,随后对投资(消费＋出口)比率产生向下的拉动作用逐渐减弱,在第 6 期后对投资(消费＋出口)比率开始产生向上的拉动作用。

6.2　投资需求因素

6.2.1　投资需求变动与需求动力结构调整

投资需求变动是指拉动经济增长的投资需求数量的改变。由于投资需求也是构成社会总需求的三个重要组成部分之一,当社会总需求在一定时期保持不变时,增加或减少投资需求,就会相应减少或增加社会总需求的另外两个组成部分——消费需求和出口需求,这就必然也会引起三者分别占社会总需求(等于支出法核算的 GDP)比重或三者相互之间的比例发生变动,进而使原有的投资占社会总需求(GDP)比重、消费占社会总需求(GDP)比重、出口占社会总需求(GDP)比重以及投资与消费的比例、投资与出口的比例、投资与(消费＋出口)的比例等需求动力结构发生改变。如果为实现某种经济增长目标而有意增加或减少投资需求,需求动力结构就会朝着预期的方向进行调整。

6.2.2　影响投资需求变动的因素

国内外学者对影响中国投资需求变动的因素也有过详细的阐述。雍同(1990)、崔顺伟(2012)认为投资成本和投资收益率是影响固定资产投资的重要因素。Alesina 和 Perotti(1993)实证研究发现收入分配和投资之间存在负相关关系。Perkins(2006)认为高储蓄率是中国高投资率的重要影响因素。国家统计局综合司课题组(2005)认为住房制度改革、政府实施积极财政政策、重化工业发展、承接国际产业转移对中国高投资率具有重要影响。陆铭、陈钊和万广华(2005)实证研究发现收入差距在即期对投资有较强的负面影响。郑京平(2006)认为政府、企业和个人固定资产投资偏好、城镇化和工业化发展、住房制度改革、外商直接投资是导致中国高投资率的重要因素。于文涛(2006)认为中国的高投资率主要由投资回报率、高储蓄率、外资流入和政府绩效考核体制四种因素导致。陈昌兵(2010)指出投资率随城镇化率提高而提高。樊明(2009)认为政府重资本轻劳动的政治制度安排导致了中国的高投资率现象。孙文凯、肖耿和杨秀科(2010)认为高资本回报率导致了中国的高投资率。蔡甜甜(2012)研究发现资本收入份额、对外开放、投资相对价格、税收、政府支出是投资率的重要影响因素。郭庆旺和赵旭杰(2012)认为地方政府由于政治业绩和经济财政利益激励,导致企业投资加速。Aro 和 Pennanen(2013)认为投资规模取决于负债成本与资本回报的比较。综上,归纳上述学者的观点,影响投资需求变动的因素大致可以分为经济因素,包括投资(资本)回报率、储蓄率、工业化、城镇化、外资流入、政府税收或收入;政治因素,包括政府投资冲动的体制安排、实施积极财政政策安排;社会和心理因素,包括城镇住房制度改革、政府、企业和个人的固定投资偏好等。在上述影响因素中,哪些因素对投资需求变动具有重要影响? 其影响的效果又如何? 本文仍采用计量经济学方法予以分析和判断。

1. 建模思路

同理,遵循 6.1.2 消费需求与其影响因素分析的建模思路,我们建立如下投资需求与其影响因素关系的计量模型:

$$IR_t = \alpha_0 + \alpha_1 TH_t + \alpha_2 QX + \alpha_3 GY_t + \alpha_4 CS_t + \alpha_5 WZ_t + \alpha_6 ZS_t + \alpha_7 TZ_t$$
$$+ \alpha_8 ZC_t + \alpha_9 ZF + \alpha_{10} PH_t + \varepsilon_t \tag{6.10}$$

在(6.10)式中,IR 为固定资产投资率,TH 为投资(资本)回报率,QX 为国民储蓄率,GY 为工业化水平,CS 为城镇化水平,WZ 为外资利用率,ZS 为政府税收增长率,TZ 为政府投资冲动体制安排,ZC 为政府积极财政政策安排,ZF 为住房制度改革,PH 为投资偏好,t 代表时期,ε 为误差项。

2. 指标说明

模型(6.10)中的各变量指标说明见表 6.8。

表6.8 模型(6.10)中的变量说明

变量类型	变 量	变量符号	变量含义及说明
被解释变量	固定资产投资率	IR	反映固定资产投资需求变化的情况。投资可以分为固定资产投资、非固定资产投资和存货投资,由于非固定资产投资并不形成社会的长期生产能力,存货投资是反映企业对自己生产产品的暂时购买,而且两者每期的数量较少,因此本章予以忽略分析。本章重点考察固定资产投资的影响因素,并以支出法核算的当期GDP中的固定资本形成额占当期支出法核算的GDP的比重表示固定资产投资率。
解释变量	投资(资本)回报率	TH	反映投资主体进行投资所获得的回报。本章采用"CCER"中国经济观察研究组(2007)对投资(资本)回报率的定义,即资本回报与创造回报所用资本之比率。
			关系表示(资本)回报率。资本回报用全国工业企业利润总额指标替代衡量,创造回报所用资本用全国工业企业固定资产净值替代衡量。
	国民储蓄率	QX	反映社会投资来源的充足率水平。本章采用王博(2012)对国民储蓄率的测算方法,以国内生产总值与最终消费之差除以国内生产总值表示。
	工业化水平	GY	反映一个国家的工业化程度水平。本章以当期工业增加值除以当期GDP表示。
	城镇化水平	CS	指标含义同6.1.2节所述。
	外资利用率	WZ	反映外国资本流入变化情况。本章以当期外资实际利用额除以当期GDP表示。
	政府税收增长率	ZS	反映政府收入水平变化情况。本章以当期政府税收收入与上期政府税收收入之差除以上期政府税收收入表示。
	政府投资冲动体制安排	TZ	反映引起政府投资冲动的体制安排对固定资产投资的影响。
	政府积极财政政策安排	ZC	反映一个国家的财政政策因素对固定资产投资的影响。
	住房制度改革	ZF	反映住房制度改革对固定资产投资的影响。
	投资偏好	PH	反映企业等投资主体的投资习惯对固定资产投资的影响。

在模型(6.10)中,由于政治、社会和心理因素指标难以量化,因此将政府投资冲动的体制安排(TZ)、政府积极财政政策安排(ZC)、住房制度改革(ZF)、投资偏好(PH)四个影响因素予以剔除。

3. 数据来源

本章测算各影响因素对投资需求变动影响的时间跨度为 1979—2012 年。本章定义的固定资产投资率(IR)、国民储蓄率(SQ)、工业化水平(GY)、城镇化水平(CS)、外资利用率(WZ)和政府税收增长率(ZS)指标均采用《中国统计年鉴》历年公布的数据测算。对投资(资本)回报率(TH)指标的测算,1978—2006 年企业利润总额和企业固定资产总额数据均采用 CCER"中国经济观察"研究组在《经济学季刊》2007 年第 3 期发表的数据,2007—2012 年企业利润总额和企业固定资产总额数据均采用《中国统计年鉴》2013 年公布的数据。为消除计量模型的异方差性,仍对各变量数据进行对数化处理。

4. 影响因素对投资需求变动影响程度的确定

运用 Chatterjee 等(2000)诊断共线性的方法,发现模型(6.10)存在共线性[模型解释变量的主成分分析特征根倒数和为 48.68,大于解释变量数目 5 倍的标准(即 35)]。因此,模型(6.10)不能直接进行 OLS 回归。为消除经济变量间存在多重共线性问题,仍采用主成分分析对变量进行处理。

在模型(6.10)中,解释变量 TH、QX、GY、CS、WZ 和 ZS 通过线性变换,得 $PC1$、$PC2$、$PC3$、$PC4$、$PC5$、$PC6$ 六个主成分,主成分特征值见表 6.9,主成分与原始变量的数量关系见表 6.10。

表 6.9　模型(6.10)中各变量的主成分特征值表

序号	特征值	比 例	积累值	积累比例
1	2.393 7	0.399 0	2.393 7	0.399 0
2	1.896 9	0.316 2	4.290 6	0.715 1
3	0.830 1	0.138 3	5.120 7	0.853 5
4	0.707 1	0.117 8	5.827 8	0.971 3
5	0.107 3	0.017 9	5.935 1	0.989 2
6	0.064 9	0.010 8	6.000 0	1.000 0

表 6.10　模型(6.10)中解释变量与线性变换后主成分的数量关系

变量	PC1	PC2	PC3	PC4	PC5	PC6
TH	−0.081 4	0.675 5	−0.173 7	−0.255 2	0.664 4	0.017 5
QX	0.580 8	0.166 5	−0.350 2	0.078 1	−0.141 3	−0.697 3
GY	0.182 6	0.416 3	0.522 0	0.718 5	0.009 7	0.067 9
CS	0.598 9	0.090 9	−0.330 0	−0.030 4	−0.135 8	0.710 5
WZ	0.351 0	−0.573 1	0.110 8	0.155 3	0.715 0	−0.027 7
ZS	0.375 3	0.077 0	0.673 5	−0.622 5	−0.093 8	−0.058 0

根据提出主成分的数量 k 满足 $\sum \lambda k / \sum \lambda j > 0.95$（$\sum \lambda k$ 为前面 K 个主成分特征值和，$\sum \lambda j$ 为全部主成分特征值和）的要求，建立固定资产投资率（IR）与 $PC1$、$PC2$、$PC3$、$PC4$ 四个主成分的线性模型，得：

$$IR_t = \beta_0 + \beta_1 PC1_t + \beta_2 PC2_t + \beta_3 PC3_t + \beta_4 PC_t + \varepsilon_t \tag{6.11}$$

且：

$$\begin{cases} \alpha_1 = -0.081\,4\beta_1 + 0.675\,5\beta_2 - 0.173\,7\beta_3 - 0.255\,2\beta_4 \\ \alpha_2 = 0.580\,8\beta_1 + 0.166\,5\beta_2 - 0.350\,2\beta_3 - 0.078\,1\beta_4 \\ \alpha_3 = 0.182\,6\beta_1 + 0.416\,3\beta_2 + 0.522\,0\beta_3 + 0.718\,5\beta_4 \\ \alpha_4 = 0.598\,9\beta_1 + 0.090\,9\beta_2 - 0.330\,0\beta_3 - 0.030\,4\beta_4 \\ \alpha_5 = 0.351\,0\beta_1 - 0.573\,1\beta_2 + 0.110\,8\beta_3 + 0.155\,3\beta_4 \\ \alpha_6 = 0.375\,3\beta_1 + 0.077\,0\beta_2 + 0.673\,5\beta_3 - 0.093\,8\beta_4 \end{cases}$$

利用软件 Eviews6.0 对模型(6.11)进行回归，回归结果如下（括号中数值为 t 值）：

$$IR_t = -5\,755 + 0.475\,2PC1_t + 0.278\,5PC2_t - 0.023\,2PC3_t + 0.286\,9PC4_t + \varepsilon_t \tag{6.12}$$
$$(-0.73) \qquad (10.47) \qquad (3.20) \qquad (-0.21) \qquad (1.83)$$

由于模型(6.12)中 $PC3$ 的系数统计检验不显著，剔除主成分 $PC3$，重新对模型(6.11)进行回归得（括号中数值为 t 值）：

$$IR_t = -0.728\,3 + 0.482\,4PC1_t + 0.295\,8PC2_t + 0.318\,4PC3_t + \varepsilon_t$$
$$(-2.73)\qquad(17.02)\qquad(12.94)\qquad(9.40)\tag{6.13}$$

对模型(6.13)主成分变量进行还原后的回归模型为：

$$IR_t = -0.728\,3 + 0.079\,3TH_t + 0.354\,3QX_t + 0.440\,0GY_t$$
$$+ 0.306\,1CS_t + 0.049\,2WZ_t + 0.005\,6ZS_t + \varepsilon_t\tag{6.14}$$

根据(6.14)式,固定资产投资率的影响因素按其影响程度大小依次为:工业化水平(GY)、国民储蓄率(QX)、城镇化水平(CS)、投资(资本)回报率(TH)、外资利用率(WZ)、政府税收增长率(ZS)。在这些影响因素中,工业化水平每增加1个百分点,固定资产投资率将增加0.44个百分点;国民储蓄率每增加1个百分点,固定资产投资率将增加0.354 3个百分点;城镇化水平每增加1个百分点,固定资产投资率将增加0.306 1个百分点;投资回报率每增加1个百分点,固定资产投资率将增加0.079 3个百分点;外资利用率每增加1个百分点,固定资产投资率将增加0.049 2个百分点;政府税收每增加1个百分点,固定资产投资率将增加0.005 6个百分点。

6.2.3 投资需求变动影响因素对需求动力结构的动态冲击效应

为寻求经济系统内投资需求变动影响因素对投资消费结构、投资出口结构、投资(消费+出口)结构等需求动力结构的动态冲击效应变化,本章仍建立 VAR 模型进行计量分析。

1. 各影响因素对投资消费结构的动态冲击效应

(1) 变量选取及数据说明。

本章仍选取投资消费比率(IC)作为投资消费结构的代理变量,其指标含义及数据来源与6.1.3节相同。投资(资本)回报率(TH)、国民储蓄率(QX)、工业化水平(GY)、城镇化水平(CS)、外资利用率(WZ)、政府税收增长率(ZS)指标含义及说明与6.2.2节相同。同理,为消除异方差性,变量的数据都经过对数化处理。

(2) VAR 模型的建立及检验。

投资消费比率(IC)、投资(资本)回报率(TH)、国民储蓄率(QX)、工业化水平(GY)、城镇化水平(CS)、外资利用率(WZ)和政府税收增长率(ZS)7 个变量的 VAR 模型建立如下：

$$
\begin{bmatrix} IC_t \\ TH_t \\ QX_t \\ GY_t \\ CS_t \\ WZ_t \\ ZS_t \end{bmatrix}
=
\begin{bmatrix} \alpha_{10} \\ \alpha_{20} \\ \alpha_{30} \\ \alpha_{40} \\ \alpha_{50} \\ \alpha_{60} \\ \alpha_{70} \end{bmatrix}
+
\begin{bmatrix}
\alpha_{11} & \alpha_{12} & \alpha_{13} & \alpha_{14} & \alpha_{15} & \alpha_{16} & \alpha_{17} \\
\alpha_{21} & \alpha_{22} & \alpha_{23} & \alpha_{24} & \alpha_{25} & \alpha_{26} & \alpha_{27} \\
\alpha_{31} & \alpha_{32} & \alpha_{33} & \alpha_{34} & \alpha_{35} & \alpha_{36} & \alpha_{37} \\
\alpha_{41} & \alpha_{42} & \alpha_{43} & \alpha_{44} & \alpha_{45} & \alpha_{46} & \alpha_{47} \\
\alpha_{51} & \alpha_{52} & \alpha_{53} & \alpha_{54} & \alpha_{55} & \alpha_{56} & \alpha_{57} \\
\alpha_{61} & \alpha_{62} & \alpha_{63} & \alpha_{64} & \alpha_{65} & \alpha_{66} & \alpha_{67} \\
\alpha_{71} & \alpha_{72} & \alpha_{73} & \alpha_{74} & \alpha_{75} & \alpha_{76} & \alpha_{77}
\end{bmatrix}
\begin{bmatrix} IC_{t-1} \\ TH_{t-1} \\ QX_{t-1} \\ GY_{t-1} \\ CS_{t-1} \\ WZ_{t-1} \\ ZS_{t-1} \end{bmatrix}
$$

$$
+
\begin{bmatrix}
\alpha_{18} & \alpha_{19} & \alpha_{110} & \alpha_{111} & \alpha_{112} & \alpha_{113} & \alpha_{114} \\
\alpha_{28} & \alpha_{29} & \alpha_{210} & \alpha_{211} & \alpha_{212} & \alpha_{213} & \alpha_{214} \\
\alpha_{38} & \alpha_{39} & \alpha_{310} & \alpha_{311} & \alpha_{312} & \alpha_{313} & \alpha_{314} \\
\alpha_{48} & \alpha_{49} & \alpha_{410} & \alpha_{411} & \alpha_{412} & \alpha_{413} & \alpha_{414} \\
\alpha_{58} & \alpha_{59} & \alpha_{510} & \alpha_{511} & \alpha_{512} & \alpha_{513} & \alpha_{514} \\
\alpha_{68} & \alpha_{69} & \alpha_{610} & \alpha_{611} & \alpha_{612} & \alpha_{613} & \alpha_{614} \\
\alpha_{78} & \alpha_{79} & \alpha_{710} & \alpha_{711} & \alpha_{712} & \alpha_{713} & \alpha_{714}
\end{bmatrix}
\begin{bmatrix} IC_{t-2} \\ TH_{t-2} \\ QX_{t-2} \\ GY_{t-2} \\ CS_{t-2} \\ WZ_{t-2} \\ ZS_{t-2} \end{bmatrix}
+ \cdots
$$

$$
+
\begin{bmatrix}
\alpha_{17n-6} & \alpha_{17n-5} & \alpha_{17n-4} & \alpha_{17n-3} & \alpha_{17n-2} & \alpha_{17n-1} & \alpha_{17n} \\
\alpha_{27n-6} & \alpha_{27n-5} & \alpha_{27n-4} & \alpha_{27n-3} & \alpha_{27n-2} & \alpha_{7n-1} & \alpha_{27n} \\
\alpha_{37n-6} & \alpha_{37n-5} & \alpha_{37n-4} & \alpha_{37n-3} & \alpha_{37n-2} & \alpha_{37n-1} & \alpha_{37n} \\
\alpha_{47n-6} & \alpha_{47n-5} & \alpha_{47n-4} & \alpha_{47n-3} & \alpha_{47n-2} & \alpha_{47n-1} & \alpha_{47n} \\
\alpha_{57n-6} & \alpha_{57n-5} & \alpha_{57n-4} & \alpha_{57n-3} & \alpha_{57n-2} & \alpha_{57n-1} & \alpha_{57n} \\
\alpha_{67n-6} & \alpha_{67n-5} & \alpha_{67n-4} & \alpha_{67n-3} & \alpha_{67n-2} & \alpha_{67n-1} & \alpha_{67n} \\
\alpha_{77n-6} & \alpha_{77n-5} & \alpha_{77n-4} & \alpha_{77n-3} & \alpha_{77n-2} & \alpha_{77n-1} & \alpha_{77n}
\end{bmatrix}
\begin{bmatrix} IC_{t-n} \\ TH_{t-n} \\ QX_{t-n} \\ GY_{t-n} \\ CS_{t-n} \\ WZ_{t-n} \\ ZS_{t-n} \end{bmatrix}
+
\begin{bmatrix} \varepsilon_{1t} \\ \varepsilon_{2t} \\ \varepsilon_{3t} \\ \varepsilon_{4t} \\ \varepsilon_{5t} \\ \varepsilon_{6t} \\ \varepsilon_{7t} \end{bmatrix}
\tag{6.15}
$$

① 模型变量的平稳性检验。

对模型(6.15)中的变量进行 ADF 检验,发现 IC、TH、QX、GY、CS、WZ 和

ZS 在 5％的显著水平下显示不平稳，对其一阶差分后各变量平稳(见表6.11)。模型所有变量均是关于 $I(1)$ 平稳序列。

表6.11　模型(6.15)中各变量的单位根检验

变量	检验类型	统计量	临界值(5％)	变量	检验类型	统计量	临界值(5％)
IC	$(c, 0, 2)$	−0.08	−2.96	ΔGY	$(c, 0, 0)$	−4.49	−2.96
ΔIC	$(c, 0, 1)$	−4.57	−2.96	CS	$(c, 0, 1)$	−0.39	−2.96
TH	$(c, t, 2)$	−0.50	−3.56	ΔCS	$(c, 0, 0)$	−3.59	−2.96
ΔTH	$(c, t, 1)$	−5.74	−3.56	WZ	$(c, t, 0)$	−0.44	−3.56
QX	$(c, 0, 1)$	−0.69	−2.96	ΔWZ	$(c, t, 0)$	−3.77	−2.58
ΔQX	$(c, 0, 0)$	−3.73	−2.96	ZS	$(0, 0, 0)$	−1.04	−1.96
GY	$(c, 0, 0)$	−2.31	−2.96	ΔZS	$(0, 0, 6)$	−3.73	−1.96

注：检验类型中的 c 表示含有截距项，t 表示含有时间趋势项，第三项表示含有滞后项，△ 表示滞后一阶差分。

② 模型的最优滞后阶确定。

根据表6.12，模型(6.15)选择滞后一阶时，SC 标准值，HQ 标准值较小。根据多数原则以及本文数据样本较小的现实，模型(6.15)选择滞后一阶为最优滞后阶。

表6.12　模型(6.15)的最优滞后阶的选择标准

滞后阶数	AIC	SC	HQ
0	−4.998 4	−4.677 8	−4.892 2
1	−19.406 4	−16.841 4*	−18.556 2*
2	−19.559 7*	−14.750 2	−17.965 5

注：＊表明在不同标准下的最优滞后阶选择。

③ 模型(6.15)的稳定性检验。

对 VAR 模型(6.15)进行稳定性检验，模型(6.15)所有特征根模的倒数均小于

1,即单位圆内(见图 6.5),VAR 模型(6.15)稳定。

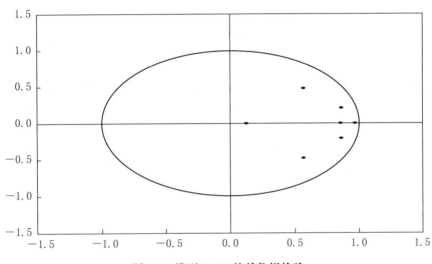

图 6.5　模型(6.15)的单位根检验

④ 模型变量的协整检验。

根据表 6.13,在 5% 的显著水平下,迹统计检验显示模型变量之间至少存在 3 个协整关系,而最大特征根统计检验显示模型变量之间至少存在 3 个协整关系,这说明模型变量之间至少存在协整关系,符合建立 VAR 模型的基本假设前提。

表 6.13　模型(6.15)中各变量序列协整检验的结果

原假设	特征根	迹统计量(P 值)	最大特征根统计量(P 值)
0 个协整向量	0.794 4	50.618 5(0.016 0)	182.271 4(0.000 0)
至少 1 个协整向量	0.749 8	44.331 6(0.015 6)	131.652 9(0.000 0)
至少 2 个协整向量	0.672 1	35.678 5(0.030 2)	87.321 3(0.001 1)
至少 3 个协整向量	0.605 1	29.732 8(0.026 1)	51.642 8(0.021 1)
至少 4 个协整向量	0.338 2	* 13.211 0(0.433 0)	* 21.910 0(0.303 5)
至少 5 个协整向量	0.192 4	6.839 8(0.508 3)	8.699 0(0.394 0)
至少 6 个协整向量	0.056 4	1.859 2(0.172 7)	1.859 2(0.172 7)

注:* 表明在 5% 的显著性水平下拒绝原假设。

利用软件 Eviews6.0 对模型(6.15)进行回归,得:

$$
\begin{bmatrix} IC_t \\ TH_t \\ QX_t \\ GY_t \\ CS_t \\ WZ_t \\ ZS_t \end{bmatrix} = \begin{bmatrix} 1.473 \\ 6.832 \\ 0.583 \\ 1.210 \\ -0.097 \\ 10.902 \\ 15.414 \end{bmatrix} + \begin{bmatrix} 0.923 & -0.066 & -0.145 & -0.345 & 0.268 & -0.069 & -0.003 \\ 2.329 & 0.432 & -3.751 & -0.567 & 0.333 & -0.430 & -0.106 \\ -0.089 & 0.042\,8 & 0.874 & -0.081 & 0.126 & 0.032 & 0.003 \\ 0.181 & -0.028 & -0.149 & 0.697 & -0.071 & -0.006 & -0.004 \\ 0.055 & -0.020 & -0.106 & 0.089 & 1.004 & -0.014 & 0.002 \\ 0.666 & -0.168 & -0.507 & -2.634 & -0.549 & 0.796 & 0.109 \\ 5.659 & -0.938 & -5.782 & -2.398 & -1.275 & -0.642 & 0.118 \end{bmatrix}
$$

$$
\begin{bmatrix} IC_{t-1} \\ TH_{t-1} \\ QX_{t-1} \\ GY_{t-1} \\ CS_{t-1} \\ WZ_{t-1} \\ ZS_{t-1} \end{bmatrix} + \begin{bmatrix} \varepsilon_{1t} \\ \varepsilon_{2t} \\ \varepsilon_{3t} \\ \varepsilon_{4t} \\ \varepsilon_{5t} \\ \varepsilon_{6t} \\ \varepsilon_{7t} \end{bmatrix} \tag{6.16}
$$

(3) 各影响因素对投资消费比率的动态冲击效应。

利用(6.16)式建立的 VAR 方程,分别给予投资(资本)回报率(TH)、国民储蓄率(QX)、工业化水平(GY)、城镇化水平(CS)、外资利用率(WZ)和政府税收增长率(ZS)一个正的冲击,采用广义脉冲法得到关于投资消费比率变动的脉冲响应图(见图 6.6)。

由图 6.6(a)可见,当在本期给投资回报率(TH)一个正的冲击后,投资消费比率(IC)发生反向变化,并在第 3 期达到负值最大,之后开始回升,并在第 6 期趋于同向变化。这表明投资回报率的某一冲击会给投资消费比率带来负向的冲击,即投资回报率的增加会导致投资消费比率的下降,并在第 3 期达到最大值,随后对投资消费比率产生的向下拉动作用减弱,在第 6 期对投资消费比率开始产生向上的拉动作用。

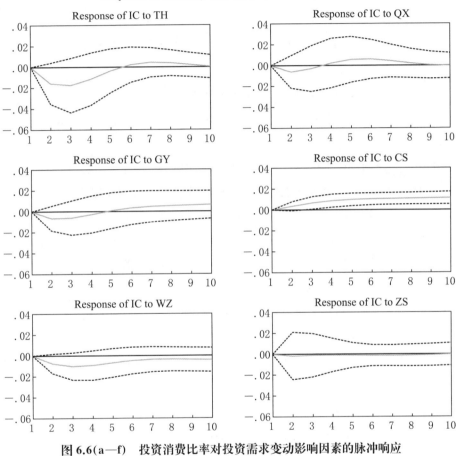

Response to Cholesky One S.D. Innovations ±2 S.E

图 6.6(a—f)　投资消费比率对投资需求变动影响因素的脉冲响应

　　由图 6.6(b)可见,当在本期给国民储蓄率(QX)一个正的冲击后,投资消费比率(IC)发生反向变化,并在第 2 期达到负值最大,之后开始回升并在第 4 期间趋于同向变化。这表明国民储蓄率的某一冲击会给投资消费比率带来负向的冲击,即国民储蓄率增加会带来投资消费比率的下降,并在第 2 期达到最大值,随后对投资消费比率产生的向下拉动作用逐步减弱,并在第 4 期对投资消费比率产生向上的拉动作用。

　　由图 6.6(c)可见,当在本期给工业化水平(GY)一个正的冲击后,投资消费比率(IC)发生反向变化,并在第 3 期达到负值最大,之后开始回升并在第 5 期趋于同向变化。这表明工业化水平的某一冲击会给投资消费比率带来负向的冲击,即工业化水平的提升会带来投资消费比率的下降,并在第3期达到最大值,随后对投资消费比率产生的向下拉动作用逐步减弱,并在第5期对投资消费比率产生向上的拉动作用,且上拉作用逐步趋强。

由图6.6(d)可见,当在本期给城镇化水平(CS)一个正的冲击后,投资消费比率(IC)发生同向变化,且同向变化具有扩大的趋势。这表明城镇化水平的某一冲击会给投资消费比率带来正向的冲击,即城镇化水平的提升会带来投资消费比率的上升,并且随着时间的推移,对投资消费比率产生向上拉动作用的趋势不断增强。

由图6.6(e)可见,当在本期给外资利用率(WZ)一个正的冲击后,投资消费比率(IC)发生反向变化,并在第3期达到负值最大,随后反向变化的趋势不断减弱。这表明外资利用率的某一冲击会给投资消费比率带来反向的冲击,即外资流入的增加会带来投资消费比率的下降,并第3期达到最大值,随后对投资消费比率产生的向下拉动作用逐渐减弱。

由6.6(f)可见,当在本期给政府税收增长率(ZS)一个正的冲击后,投资消费比率(IC)发生反向变化,在第2期达到负值最大,之后缓慢趋向于零。这表明政府税收增长率的某一冲击会给投资消费比率带来负向的冲击,即政府税收增长率的提升会带来投资消费比率的下降,并第2期达到最大值,随后对投资消费比率产生的向下拉动作用逐渐减弱。

2. 各影响因素对投资(消费+出口)结构的动态冲击效应

(1) 变量选取及数据说明。

本章仍选取投资(消费+出口)比率(ICE)作为投资(消费+出口)结构的代理变量,其指标含义及数据来源与6.1.3节相同。投资(资本)回报率(TH)、国民储蓄率(QX)、工业化水平(GY)、城镇化水平(CS)、外资利用率(WZ)、政府税收增长率(ZS)指标含义及数据来源处理与6.2.2节相同。

(2) VAR模型的建立及检验。

投资(消费+出口)比率(ICE)、投资(资本)回报率(TH)、国民储蓄率(QX)、工业化水平(GY)、城镇化水平(CS)、外资利用率(WZ)和政府税收增长率(ZS)7

个变量的 VAR 模型设立如下：

$$
\begin{bmatrix} ICE_t \\ TH_t \\ QX_t \\ GY_t \\ CS_t \\ WZ_t \\ ZS_t \end{bmatrix} = \begin{bmatrix} \alpha_{10} \\ \alpha_{20} \\ \alpha_{30} \\ \alpha_{40} \\ \alpha_{50} \\ \alpha_{60} \\ \alpha_{70} \end{bmatrix} + \begin{bmatrix} \alpha_{11} & \alpha_{12} & \alpha_{13} & \alpha_{14} & \alpha_{15} & \alpha_{16} & \alpha_{17} \\ \alpha_{21} & \alpha_{22} & \alpha_{23} & \alpha_{24} & \alpha_{25} & \alpha_{26} & \alpha_{27} \\ \alpha_{31} & \alpha_{32} & \alpha_{33} & \alpha_{34} & \alpha_{35} & \alpha_{36} & \alpha_{37} \\ \alpha_{41} & \alpha_{42} & \alpha_{43} & \alpha_{44} & \alpha_{45} & \alpha_{46} & \alpha_{47} \\ \alpha_{51} & \alpha_{52} & \alpha_{53} & \alpha_{54} & \alpha_{55} & \alpha_{56} & \alpha_{57} \\ \alpha_{61} & \alpha_{62} & \alpha_{63} & \alpha_{64} & \alpha_{65} & \alpha_{66} & \alpha_{67} \\ \alpha_{71} & \alpha_{72} & \alpha_{73} & \alpha_{74} & \alpha_{75} & \alpha_{76} & \alpha_{77} \end{bmatrix} \begin{bmatrix} ICE_{t-1} \\ TH_{t-1} \\ QX_{t-1} \\ GY_{t-1} \\ CS_{t-1} \\ WZ_{t-1} \\ ZS_{t-1} \end{bmatrix}
$$

$$
+ \begin{bmatrix} \alpha_{18} & \alpha_{19} & \alpha_{110} & \alpha_{111} & \alpha_{112} & \alpha_{113} & \alpha_{114} \\ \alpha_{28} & \alpha_{29} & \alpha_{210} & \alpha_{211} & \alpha_{212} & \alpha_{213} & \alpha_{214} \\ \alpha_{38} & \alpha_{39} & \alpha_{310} & \alpha_{311} & \alpha_{312} & \alpha_{313} & \alpha_{314} \\ \alpha_{48} & \alpha_{49} & \alpha_{410} & \alpha_{411} & \alpha_{412} & \alpha_{413} & \alpha_{414} \\ \alpha_{58} & \alpha_{59} & \alpha_{510} & \alpha_{511} & \alpha_{512} & \alpha_{513} & \alpha_{514} \\ \alpha_{68} & \alpha_{69} & \alpha_{610} & \alpha_{611} & \alpha_{612} & \alpha_{613} & \alpha_{614} \\ \alpha_{78} & \alpha_{79} & \alpha_{710} & \alpha_{711} & \alpha_{712} & \alpha_{713} & \alpha_{714} \end{bmatrix} \begin{bmatrix} ICE_{t-2} \\ TH_{t-2} \\ QX_{t-2} \\ GY_{t-2} \\ CS_{t-2} \\ WZ_{t-2} \\ ZS_{t-2} \end{bmatrix} + \cdots
$$

$$
+ \begin{bmatrix} \alpha_{17n-6} & \alpha_{17n-5} & \alpha_{17n-4} & \alpha_{17n-3} & \alpha_{17n-2} & \alpha_{17n-1} & \alpha_{17n} \\ \alpha_{27n-6} & \alpha_{27n-5} & \alpha_{27n-4} & \alpha_{27n-3} & \alpha_{27n-2} & \alpha_{7n-1} & \alpha_{27n} \\ \alpha_{37n-6} & \alpha_{37n-5} & \alpha_{37n-4} & \alpha_{37n-3} & \alpha_{37n-2} & \alpha_{37n-1} & \alpha_{37n} \\ \alpha_{47n-6} & \alpha_{47n-5} & \alpha_{47n-4} & \alpha_{47n-3} & \alpha_{47n-2} & \alpha_{47n-1} & \alpha_{47n} \\ \alpha_{57n-6} & \alpha_{57n-5} & \alpha_{57n-4} & \alpha_{57n-3} & \alpha_{57n-2} & \alpha_{57n-1} & \alpha_{57n} \\ \alpha_{67n-6} & \alpha_{67n-5} & \alpha_{67n-4} & \alpha_{67n-3} & \alpha_{67n-2} & \alpha_{67n-1} & \alpha_{67n} \\ \alpha_{77n-6} & \alpha_{77n-5} & \alpha_{77n-4} & \alpha_{77n-3} & \alpha_{77n-2} & \alpha_{77n-1} & \alpha_{77n} \end{bmatrix} \begin{bmatrix} ICE_{t-n} \\ TH_{t-n} \\ QX_{t-n} \\ GY_{t-n} \\ CS_{t-n} \\ WZ_{t-n} \\ ZS_{t-n} \end{bmatrix} + \begin{bmatrix} \varepsilon_{1t} \\ \varepsilon_{2t} \\ \varepsilon_{3t} \\ \varepsilon_{4t} \\ \varepsilon_{5t} \\ \varepsilon_{6t} \\ \varepsilon_{7t} \end{bmatrix} \quad (6.17)
$$

① 模型变量的平稳性检验。

对模型(6.17)中的 ICE 变量进行 ADF 检验，发现 ICE 在 5％的显著水平下显示不平稳[t 值为 -0.69，5％的临界值为 -2.95，检验类型为$(c, 0, 0)$]，对其一阶差分后各变量平稳[t 值为 -4.59，5％的临界值为 -2.96，检验类型为

$(c,0,0)$]。模型其他变量也是 $I(1)$ 平稳序列(检验见表 6.11),因此,模型(6.17)所有变量均是关于 $I(1)$ 的平稳序列。

② 模型的最优滞后阶确定。

根据表 6.14,模型(6.17)选择滞后一阶时,SC 标准值,HQ 标准值较小。根据多数原则以及本文数据样本较小的现实,模型(6.17)仍选择滞后一阶为最优滞后阶。

表 6.14　模型(6.17)的最优滞后阶的选择标准

滞后阶数	AIC	SC	HQ
0	−4.051 4	−3.730 8	−3.945 1
1	−17.844 6	−15.279 5*	−16.994 3*
2	−18.142 1*	−13.332 7	−16.547 9

注:＊表明在不同标准下的最优滞后阶选择。

③ 模型(6.17)的稳定性检验。

对 VAR 模型(6.17)进行稳定性检验,模型(6.17)所有特征根模的倒数均小于 1,即单位圆内(见图 6.7),VAR 模型(6.17)稳定。

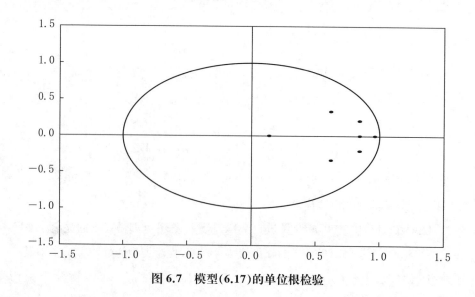

图 6.7　模型(6.17)的单位根检验

④ 模型变量的协整检验。

根据表 6.15,在 5%的显著水平下,迹统计检验显示模型变量之间至少存在 3 个协整关系,而最大特征根统计检验显示模型变量之间至少存在 3 个协整关系,这说明模型变量之间至少存在协整关系,符合建立 VAR 模型的基本假设前提。

表 6.15　模型(6.17)中各变量序列协整检验的结果

原假设	特征根	迹统计量(P 值)	最大特征根统计量(P 值)
0 个协整向量	0.812 1	190.082 7(0.000 0)	53.503 1(0.007 1)
至少 1 个协整向量	0.760 6	136.579 6(0.000 0)	45.753 3(0.010 3)
至少 2 个协整向量	0.683 4	90.826 3(0.000 4)	36.805 7(0.021 7)
至少 3 个协整向量	0.600 7	54.020 7(0.011 8)	29.375 4(0.029 1)
至少 4 个协整向量	0.324 4	* 24.645 3(0.174 5)	* 12.547 4(0.494 6)
至少 5 个协整向量	0.240 1	12.097 9(0.152 3)	8.787 3(0.304 3)
至少 6 个协整向量	0.098 3	3.310 6(0.068 8)	3.310 6(0.068 8)

注: * 表明在 5%的显著性水平下拒绝原假设。

利用软件 Eviews6.0 对模型(6.17)进行回归,得:

$$
\begin{bmatrix} ICE_t \\ TH_t \\ QX_t \\ GY_t \\ CS_t \\ WZ_t \\ ZS_t \end{bmatrix} = \begin{bmatrix} 0.995 \\ -1.269 \\ 0.889 \\ 0.581 \\ -0.286 \\ 8.583 \\ -4.282 \end{bmatrix} + \begin{bmatrix} 0.681 & -0.054 & 0.230 & -0.247 & 0.158 & -0.072 & -0.001 \\ 0.798 & 0.624 & -1.487 & 0.435 & 1.003 & -0.298 & -0.094 \\ -0.106 & 0.043 & 0.831 & -0.091 & 0.103 & 0.030 & 0.003 \\ 0.050 & -0.012 & 0.034 & 0.779 & -0.018 & 0.005 & -0.003 \\ 0.026 & -0.016 & -0.058 & 0.110 & 1.020 & -0.011 & 0.002 \\ 0.196 & -0.109 & 0.160 & -2.335 & -0.356 & 0.835 & 0.113 \\ 1.762 & -0.453 & -0.178 & 0.102 & 0.360 & -0.311 & 0.149 \end{bmatrix}
$$

$$
\begin{bmatrix} ICE_{t-1} \\ TH_{t-1} \\ QX_{t-1} \\ GY_{t-1} \\ CS_{t-1} \\ WZ_{t-1} \\ ZS_{t-1} \end{bmatrix} + \begin{bmatrix} \varepsilon_{1t} \\ \varepsilon_{2t} \\ \varepsilon_{3t} \\ \varepsilon_{4t} \\ \varepsilon_{5t} \\ \varepsilon_{6t} \\ \varepsilon_{7t} \end{bmatrix} \tag{6.18}
$$

（3）各影响因素对投资（消费＋出口）比率的动态冲击效应。

利用(6.18)式建立的 VAR 方程，分别给予投资（资本）回报率(TH)、国民储蓄率(QX)、工业化水平(GY)、城镇化水平(CS)、外资利用率(WZ)和政府税收增长率(ZS)一个正的冲击，采用广义脉冲法得到关于投资（消费＋出口）比率变动的脉冲响应图（见图 6.8）。

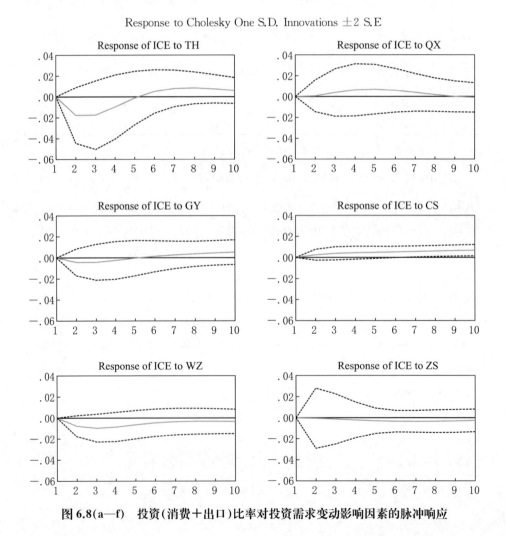

图 6.8(a—f)　投资（消费＋出口）比率对投资需求变动影响因素的脉冲响应

由图 6.8(a)可见,当在本期给投资回报率(TH)一个正的冲击后,投资(消费＋出口)比率(ICE)发生反向变化,并在第 2 期达到负值最大,之后开始回升,并在第 5 期趋于同向变化。这表明投资回报率的某一冲击会给投资(消费＋出口)比率带来负向的冲击,即投资回报率的增加会带来投资(消费＋出口)比率的下降,并在第 2 期达到最大值,随后对投资(消费＋出口)比率产生的向下拉动作用逐步减弱,在第 5 期对投资(消费＋出口)比率开始产生向上的拉动作用。

由图 6.8(b)可见,当在本期给国民储蓄率(QX)一个正的冲击后,投资(消费＋出口)比率(ICE)发生同向变化,并在第 5 期达到最大值,之后开始回落并在第 8 期后趋于反向变化。这表明国民储蓄率的某一冲击会给投资(消费＋出口)比率带来正向的冲击,即国民储蓄率增加会带来投资(消费＋出口)比率的上升,并在第 5 期达到最大值,随后对投资(消费＋出口)比率产生的向上拉动作用逐步减弱,在第 8 期对投资(消费＋出口)比率开始产生向下的拉动作用。

由图 6.8(c)可见,当在本期给工业化水平(GY)一个正的冲击后,投资(消费＋出口)比率(ICE)发生反向变化,并在第 2 期达到负值最大,之后开始回升并在第 5 期趋于同向变化。这表明工业化水平的某一冲击会给投资(消费＋出口)比率带来负向的冲击,即工业化水平的提升会带来投资(消费＋出口)比率的下降,并在第 2 期达到最大值,随后对投资(消费＋出口)比率产生的向下拉动作用逐步减弱,在第 5 期对投资(消费＋出口)比率开始产生向上的拉动作用。

由图 6.8(d)可见,当在本期给城镇化水平(CS)一个正的冲击后,投资(消费＋出口)比率(ICE)发生同向变化,且同向变化具有扩大的趋势。这表明城镇化水平的某一冲击会给投资(消费＋出口)比率带来正向的冲击,即城镇化水平的提升会带来投资(消费＋出口)比率的上升,并且随着时间的推移,对投资(消费＋出口)比率产生的向上拉动作用趋势不断增强。

由图 6.8(e)可见,当在本期给外资利用率(WZ)一个正的冲击后,投资(消费＋出口)比率(ICE)发生反向变化,并在第 3 期达到负值最大,随后反向变化的趋势不断减弱。这表明外资利用率的某一冲击会给投资(消费＋出口)比率带来负向的冲击,即外资流入的增加会带来投资(消费+出口)比率的下降,并在第 3 期达到最大值,随后对投资(消费+出口)比率产生的向下拉动作用逐渐减弱并趋向于零。

由 6.8(f)可见,当在本期给政府税收增长率(ZS)一个正的冲击后,投资(消费+出口)比率(ICE)发生反向变化,在第 6 期达到负值最大,之后缓慢趋回升。这表明政府税收增长率的某一冲击会给投资(消费+出口)比率带来负向的冲击,即政府税收增长率的提升会带来投资(消费+出口)比率的下降,并在第 6 期达到最大值,随后对投资(消费+出口)比率产生的向下拉动作用逐渐减弱。

3. 各影响因素对投资出口结构的动态冲击效应

(1) 变量选取及数据说明。

本章选取投资出口比率(IE)作为投资出口结构的代理变量,以固定资本形成额除以出口额×100%表示,数据来源处理与 5.2.2 节相同。投资(资本)回报率(TH)、国民储蓄率(QX)、工业化水平(GY)、城镇化水平(CS)、外资利用率(WZ)、政府税收增长率(ZS)指标含义及数据来源处理与 6.2.2 节相同。

(2) VAR 模型的建立及检验。

投资出口比率(IE)、投资(资本)回报率(TH)、国民储蓄率(QX)、工业化水平(GY)、城镇化水平(CS)、外资利用率(WZ)和政府税收增长率(ZS)7 个变量的 VAR 模型设立如下:

$$
\begin{bmatrix} IE_t \\ TH_t \\ QX_t \\ GY_t \\ CS_t \\ WZ_t \\ ZS_t \end{bmatrix} = \begin{bmatrix} \alpha_{10} \\ \alpha_{20} \\ \alpha_{30} \\ \alpha_{40} \\ \alpha_{50} \\ \alpha_{60} \\ \alpha_{70} \end{bmatrix} + \begin{bmatrix} \alpha_{11} & \alpha_{12} & \alpha_{13} & \alpha_{14} & \alpha_{15} & \alpha_{16} & \alpha_{17} \\ \alpha_{21} & \alpha_{22} & \alpha_{23} & \alpha_{24} & \alpha_{25} & \alpha_{26} & \alpha_{27} \\ \alpha_{31} & \alpha_{32} & \alpha_{33} & \alpha_{34} & \alpha_{35} & \alpha_{36} & \alpha_{37} \\ \alpha_{41} & \alpha_{42} & \alpha_{43} & \alpha_{44} & \alpha_{45} & \alpha_{46} & \alpha_{47} \\ \alpha_{51} & \alpha_{52} & \alpha_{53} & \alpha_{54} & \alpha_{55} & \alpha_{56} & \alpha_{57} \\ \alpha_{61} & \alpha_{62} & \alpha_{63} & \alpha_{64} & \alpha_{65} & \alpha_{66} & \alpha_{67} \\ \alpha_{71} & \alpha_{72} & \alpha_{73} & \alpha_{74} & \alpha_{75} & \alpha_{76} & \alpha_{77} \end{bmatrix} \begin{bmatrix} IE_{t-1} \\ TH_{t-1} \\ QX_{t-1} \\ GY_{t-1} \\ CS_{t-1} \\ WZ_{t-1} \\ ZS_{t-1} \end{bmatrix}
$$

$$
+ \begin{bmatrix}
\alpha_{18} & \alpha_{19} & \alpha_{110} & \alpha_{111} & \alpha_{112} & \alpha_{113} & \alpha_{114} \\
\alpha_{28} & \alpha_{29} & \alpha_{210} & \alpha_{211} & \alpha_{212} & \alpha_{213} & \alpha_{214} \\
\alpha_{38} & \alpha_{39} & \alpha_{310} & \alpha_{311} & \alpha_{312} & \alpha_{313} & \alpha_{314} \\
\alpha_{48} & \alpha_{49} & \alpha_{410} & \alpha_{411} & \alpha_{412} & \alpha_{413} & \alpha_{414} \\
\alpha_{58} & \alpha_{59} & \alpha_{510} & \alpha_{511} & \alpha_{512} & \alpha_{513} & \alpha_{514} \\
\alpha_{68} & \alpha_{69} & \alpha_{610} & \alpha_{611} & \alpha_{612} & \alpha_{613} & \alpha_{614} \\
\alpha_{78} & \alpha_{79} & \alpha_{710} & \alpha_{711} & \alpha_{712} & \alpha_{713} & \alpha_{714}
\end{bmatrix}
\begin{bmatrix}
IE_{t-2} \\ TH_{t-2} \\ QX_{t-2} \\ GY_{t-2} \\ CS_{t-2} \\ WZ_{t-2} \\ ZS_{t-2}
\end{bmatrix} + \cdots
$$

$$
+ \begin{bmatrix}
\alpha_{17n-6} & \alpha_{17n-5} & \alpha_{17n-4} & \alpha_{17n-3} & \alpha_{17n-2} & \alpha_{17n-1} & \alpha_{17n} \\
\alpha_{27n-6} & \alpha_{27n-5} & \alpha_{27n-4} & \alpha_{27n-3} & \alpha_{27n-2} & \alpha_{7n-1} & \alpha_{27n} \\
\alpha_{37n-6} & \alpha_{37n-5} & \alpha_{37n-4} & \alpha_{37n-3} & \alpha_{37n-2} & \alpha_{37n-1} & \alpha_{37n} \\
\alpha_{47n-6} & \alpha_{47n-5} & \alpha_{47n-4} & \alpha_{47n-3} & \alpha_{47n-2} & \alpha_{47n-1} & \alpha_{47n} \\
\alpha_{57n-6} & \alpha_{57n-5} & \alpha_{57n-4} & \alpha_{57n-3} & \alpha_{57n-2} & \alpha_{57n-1} & \alpha_{57n} \\
\alpha_{67n-6} & \alpha_{67n-5} & \alpha_{67n-4} & \alpha_{67n-3} & \alpha_{67n-2} & \alpha_{67n-1} & \alpha_{67n} \\
\alpha_{77n-6} & \alpha_{77n-5} & \alpha_{77n-4} & \alpha_{77n-3} & \alpha_{77n-2} & \alpha_{77n-1} & \alpha_{77n}
\end{bmatrix}
\begin{bmatrix}
IE_{t-n} \\ TH_{t-n} \\ QX_{t-n} \\ GY_{t-n} \\ CS_{t-n} \\ WZ_{t-n} \\ ZS_{t-n}
\end{bmatrix} +
\begin{bmatrix}
\varepsilon_{1t} \\ \varepsilon_{2t} \\ \varepsilon_{3t} \\ \varepsilon_{4t} \\ \varepsilon_{5t} \\ \varepsilon_{6t} \\ \varepsilon_{7t}
\end{bmatrix} \quad (6.19)
$$

① 模型变量的平稳性检验。

对模型(6.19)中的 IE 变量进行 ADF 检验,发现 IE 在 5% 的显著水平下显示不平稳[t 值为 -2.51,5% 的临界值为 -2.95,检验类型为 $(c,0,0)$],对其一阶差分后各变量平稳[t 值为 -5.49,5% 的临界值为 -2.96,检验类型为 $(c,0,0)$]。模型其他变量也是 $I(1)$ 平稳序列(检验见表 6.11),因此,模型(6.19)所有变量均是关于 $I(1)$ 平稳序列。

② 模型的最优滞后阶确定。

根据表 6.16,模型(6.19)选择滞后一阶时,SC 标准值、HQ 标准值较小。根据多数原则以及本文数据样本较小的现实,模型(6.19)仍选择滞后一阶为最优滞后阶。

③ 模型(6.19)的稳定性检验。

对 VAR 模型(6.19)进行稳定性检验,模型(6.19)所有特征根模的倒数均小于

1,即单位圆内(见图 6.9),VAR 模型(6.19)稳定。

表 6.16　模型(6.19)的最优滞后阶的选择标准

滞后阶数	AIC	SC	HQ
0	−2.732 9	−2.412 3	−2.626 6
1	−16.299 7	−13.734 7*	−15.449 5*
2	−16.703 6*	−11.894 1	−15.109 4

注:＊表明在不同标准下的最优滞后阶选择。

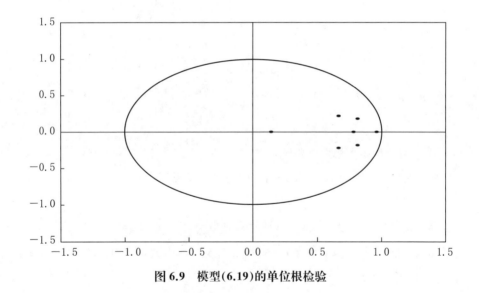

图 6.9　模型(6.19)的单位根检验

④ 模型变量的协整检验。

根据表 6.17,在 5％的显著水平下,迹统计检验显示模型变量之间至少存在 3 个协整关系,而最大特征根统计检验显示模型变量之间至少存在 1 个协整关系,这说明模型变量之间至少存在协整关系,符合建立 VAR 模型的基本假设前提。

表 6.17　模型(6.19)中各变量序列协整检验的结果

原假设	特征根	迹统计量(P 值)	最大特征根统计量(P 值)
0 个协整向量	0.837 0	200.406 8(0.000 0)	58.039 1(0.001 8)
至少 1 个协整向量	0.778 9	142.367 7(0.000 0)	48.298 8(0.004 8)
至少 2 个协整向量	0.648 5	94.068 9(0.000 2)	* 33.454 6(0.056 1)
至少 3 个协整向量	0.623 6	60.614 3(0.002 0)	31.265 8(0.016 0)
至少 4 个协整向量	0.341 1	* 29.348 5(0.056 3)	13.347 7(0.420 7)
至少 5 个协整向量	0.272 4	16.000 9(0.041 9)	10.175 4(0.200 7)
至少 6 个协整向量	0.166 4	5.825 5(0.015 8)	5.825 5(0.015 8)

注：* 表明在 5% 的显著性水平下拒绝原假设。

利用软件 Eviews6.0 对模型(6.19)进行回归,得：

$$
\begin{bmatrix} IE_t \\ TH_t \\ QX_t \\ GY_t \\ CS_t \\ WZ_t \\ ZS_t \end{bmatrix} = \begin{bmatrix} 1.914 \\ -2.477 \\ 1.327 \\ 0.530 \\ -0.355 \\ 8.433 \\ -5.493 \end{bmatrix} + \begin{bmatrix} 0.636 & -0.071 & 0.360 & -0.010 & -0.281 & -0.139 & -0.011 \\ 0.180 & 0.685 & -0.932 & 0.572 & 1.190 & -0.236 & -0.091 \\ -0.067 & 0.040 & 0.736 & -0.068 & 0.041 & 0.017 & 0.003 \\ 0.007 & -0.008 & 0.067 & 0.792 & -0.010 & 0.009 & -0.003 \\ 0.010 & -0.015 & -0.037 & 0.110 & 1.030 & -0.008 & 0.002 \\ 0.022 & -0.092 & 0.285 & -2.28 & -0.330 & 0.848 & 0.113 \\ 0.174 & -0.295 & 0.934 & 0.620 & 0.576 & -0.200 & 0.156 \end{bmatrix}
$$

$$
\begin{bmatrix} IE_{t-1} \\ TH_{t-1} \\ QX_{t-1} \\ GY_{t-1} \\ CS_{t-1} \\ WZ_{t-1} \\ ZS_{t-1} \end{bmatrix} + \begin{bmatrix} \varepsilon_{1t} \\ \varepsilon_{2t} \\ \varepsilon_{3t} \\ \varepsilon_{4t} \\ \varepsilon_{5t} \\ \varepsilon_{6t} \\ \varepsilon_{7t} \end{bmatrix} \tag{6.20}
$$

（3）各影响因素对投资出口比率的动态冲击效应。

利用(6.20)式建立的 VAR 方程,分别给予投资(资本)回报率(TH)、国民储蓄率(QX)、工业化水平(GY)、城镇化水平(CS)、外资利用率(WZ)和政府税收增长率(ZS)一个正的冲击,采用广义脉冲法得到关于投资出口比率变动的脉冲响应图(见图 6.10)。

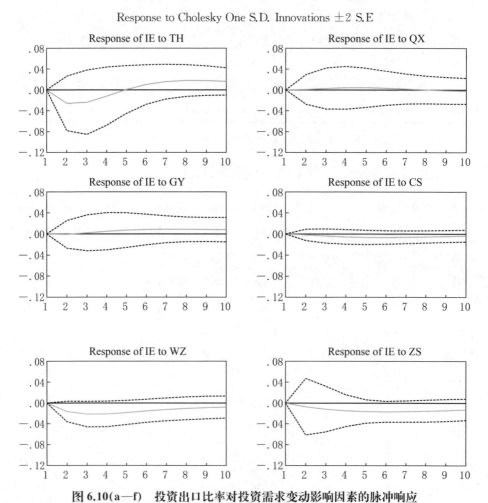

图 6.10(a—f)　投资出口比率对投资需求变动影响因素的脉冲响应

由图 6.10(a)可见,当在本期给投资回报率(TH)一个正的冲击后,投资出口比率(IE)发生反向变化,并在第 2 期达到负值最大,之后开始回升,并在第 5 期趋于同向变化。这表明投资回报率的某一冲击会给投资出口比率带来反向的冲击,即投资回报率的增加会带来投资出口比率的下降,并在第2期达到最大值,随后对投资出口比率产生的向下拉动作用逐步减弱,在第5期对投资出口比率开始产生向上的拉动作用。

由图6.10(b)可见,当在本期给国民储蓄率(QX)一个正的冲击后,投资出口比率(IE)发生同向变化,并在第5期达到最大值,之后开始缓慢回落。这表明国民储蓄率的某一冲击会给投资出口比率带来正向的冲击,即国民储蓄率的增加会带来投资出口比率的上升,并在第5期达到最大值,随后对投资出口比率产生的向上拉动作用逐步减弱,并趋向于零。

由图6.10(c)可见,当在本期给工业化水平(GY)一个正的冲击后,投资出口比率(IE)发生同向变化,并在第5期达到最大值,之后开始回落并趋向于零。这表明工业化水平的某一冲击会给投资出口比率带来正向的冲击,即工业化水平的提升会带来投资出口比率的上升,并在第5期达到最大值,随后对投资出口比率产生的向上拉动作用逐步减弱,并趋向于零。

由图6.10(d)可见,当在本期给城镇化水平(CS)一个正的冲击后,投资出口比率(IE)发生反向变化,并在第4期达到负值最大,之后开始回升并趋向于零。这表明城镇化水平的某一冲击会给投资出口比率带来反向的冲击,即城镇化水平的提升会带来投资出口比率的下降,在第4期达到最大值,随后对投资出口比率产生的向下拉动作用逐步减弱。

由图6.10(e)可见,当在本期给外资利用率(WZ)一个正的冲击后,投资出口比率(IE)发生反向变化,并在第3期达到负值最大,随后反向变化的趋势不断减弱。这表明外资利用率的某一冲击会给投资出口比率带来负向的冲击,即外资流入的增加会带来投资出口比率的下降,并在第3期达到最大值,随后对投资出口比率产生的向下拉动作用逐步减弱。

由6.10(f)可见,当在本期给政府税收增长率(ZS)一个正的冲击后,投资出口比率(IE)发生反向变化,在第5期达到负值最大,之后缓慢回升。这表明政府税收增长率的某一冲击会给投资出口比率带来负向的冲击,即政府税收增长的提升会带来投资出口比率的下降,并在第5期达到最大值,随后对投资出口比率产生的向下拉动作用逐步减弱。

6.3 出口需求因素

6.3.1 出口需求变动与需求动力结构调整

出口需求变动是指拉动经济增长的出口需求数量的改变。由于出口需求也是构成社会总需求的三个重要组成部分之一,当社会总需求在一定时期保持不变时,增加或减少出口需求,就会相应减少或增加社会总需求的另外两个组成部分——消费需求和投资需求,这就必然也会引起三者分别占社会总需求(等于支出法核算的 GDP)比重或三者相互之间的比例发生变动,进而使原有的出口占社会总需求(GDP)比重、消费占社会总需求(GDP)比重、投资占社会总需求(GDP)比重或出口与消费的比例、出口与投资的比例、出口与(消费+投资)的比例等需求动力结构发生改变。如果为实现某种经济增长目标而有意增加或减少出口需求,需求动力结构就会朝着预期的方向进行调整。

6.3.2 影响出口需求变动的因素

国内外学者对出口需求变动的影响因素的研究也较为丰富,综观国内外学者对出口需求变动影响因素的研究成果,出口需求变动影响因素主要可以归为两类:一类是影响出口的外部环境因素,包括汇率、对外直接投资、贸易壁垒、国际经济景气程度、贸易区域安排。Clark 等(2004)研究发现,汇率波动与贸易流量之间存在显著负相关关系。郑恺(2006)研究发现,实际汇率波动对出口具有负影响,且不同行业和不同产品对汇率波动反应不同。许和连和赖明勇(2002)、李国荣(2006)研究发现,外商直接投资对中国出口贸易具有积极影响。孙龙中和徐松(2008)、王静岩(2010)

研究认为,技术性壁垒和绿色壁垒对中国农产品出口增长具有负面影响。赵革和黄国华(2006)实证研究发现,世界经济持续增长对中国出口年均增长的贡献约为21.8%。陈雯(2009)论证了建立中国—东盟自由贸易区促进了中国与东盟国家之间的进出口贸易。另一类是影响出口的内部条件因素,包括技术创新、人力资本、出口产品贸易结构、出口退税力度、出口商品多样化、出口区域集中度等。Wakelin(1998)研究表明,非技术创新型企业比技术创新型企业更具有出口的可能性和出口的倾向。Wagner(1996)发现德国的出口绩效与人力资本、产品创新密切相关。Chen 等(2006)研究表明,出口退税率的提高会提升本国对第三国的出口数量。肖黎、谭忠真和刘纯阳(2010)研究发现,湖南出口贸易增长与一般传统商品具有强关联性,与高新技术产品关联度偏低。白红光和陈建国(2011)实证研究发现,短期内提升人力资本不利于出口,长期内提升人力资本有利于出口。但对于技术进步和研发支出的增加,无论是在短期还是在长期都不利于出口。胡兵和乔晶(2009)研究发现,不同国家和地区对中国商品出口持续稳定增长的影响存在较大差异。强永昌和龚向明(2011)研究指出,出口多样化与减弱出口波动之间并不具有稳定关系。项松林和赵曙东(2012)通过实证研究发现,出口能力较强的行业是生产率较高的行业,技术变迁引致生产效率改进是中国出口增长的重要原因。对于影响出口需求变动的以上两类因素,由于外部环境因素或多或少受到其他国家的干扰,国内政府无法有效控制,但内部条件因素则完全可以由国内政策对其进行调控,进而可以实现对出口需求的调控。因此,本文重点主要研究影响出口需求变动的内部条件因素。但在这些影响出口的内部条件因素中,哪些因素对出口需求具有重要影响? 其影响的效果又如何? 本章仍采用计量经济学方法予以分析和判断。

1. 建模思路

同理,遵循 6.1.2 节消费需求与其影响因素分析的建模思路,我们建立如下出口需求与其影响因素关系的计量模型:

$$ER_t = \alpha_0 + \alpha_1 JS_t + \alpha_2 RL + \alpha_3 CJ_t + \alpha_4 CZ_t + \alpha_5 TS_t + \alpha_6 QY_t + \varepsilon_t \quad (6.21)$$

在(6.21)式中,ER 为出口率,JS 为技术进步率,RL 为人力资本丰裕度,CJ 为出口产品贸易结构,CZ 为出口产品种类集中度,TS 为出口退税率,QY 为出口区域集中度。

2. 指标说明

模型(6.21)中的各变量指标说明见表6.18。

表 6.18 模型(6.21)中的变量说明

变量类型	变 量	变量符号	变量含义及说明
被解释变量	出口率	ER	反映出口需求变化的情况,以当期货物和服务出口额占支出法核算的 GDP 的比重来表示。
解释变量	技术进步率	JS	反映社会技术进步的速度。本章以年度专利申请授权数表示全社会企业平均技术进步水平,并以当期专利申请授权数与上期专利申请授权数之差除以上期专利申请授权数表示技术进步率。
	人力资本丰裕度	RL	反映社会的人力资本水平。本章采用白红光和陈建国(2011)对人力资本的测算方法,以高校毕业人数表示绝对人力资本丰裕度,并以高校毕业人数占全社会就业总人数的比重表示相对人力资本丰裕度。
	出口产品贸易结构	CJ	反映不同类型出口产品之间的比率。本章按贸易方式对出口产品进行分类,并以加工贸易出口额占一般贸易出口额比重表示出口产品贸易结构。
	出口产品种类集中度	CZ	反映一国出口产品品种的多样性。本章按照国家统计局对出口产品的分类标准,将分类的食品及供食用的活动物;饮料及烟类;非食用原料;矿物燃料、润滑油及有关原料;动植物油脂及腊;化学品及有关产品;轻纺产品、橡胶产品、矿冶产品及其制品;机械及运输设备;杂项物品;未分类的其他物品共 10 大类产品中出口额排名前 3 位的产品贸易额之和占全部出口产品贸易额的比重表示出口产品种类集中度。
	出口退税率	TS	反映政府对出口贸易的税收支持力度。本章以出口退税额除以同期出口额表示。
	出口区域集中度	QY	反映一国出口地域的多样化。本章根据国家统计局对出口地区的统计分类,以出口亚洲地区的贸易额占全部出口贸易额的比重表示出口区域集中度。

3. 数据来源

由于统计数据的限制,本文测算各影响因素对出口需求变动影响的时间跨度为 1985—2012 年。本文定义的出口率(ER),技术进步率(JS),人力资本丰裕度

（RL），出口产品贸易结构（CJ），出口产品种类集中度（CZ），出口退税率（TS），出口区域集中度（QY）指标均采用《中国统计年鉴》2013 年公布的原始数据测算。为消除计量模型的异方差性，对各变量数据进行对数化处理。

4. 影响因素对出口需求变动影响程度的确定

运用 Chatterjee 等（2000）诊断共线性的方法，发现模型（6.21）仍然存在共线性[模型解释变量的主成分分析特征根倒数和为 53.97，大于解释变量数目 5 倍的标准（即 30）]。因此，模型（6.21）不能直接进行 OLS 回归。为消除经济变量间存在多重共线性问题，仍采用主成分分析对变量进行处理。

在模型（6.21）中，解释变量 JS、RL、CJ、CZ、TS 和 QY 通过线性变换，得 PC1、PC2、PC3、PC4、PC5、PC6 6 个主成分，主成分特征值见表 6.19，主成分与原始变量的数量关系见表 6.20。

表 6.19　模型（6.21）中各变量的主成分特征值表

序号	特征值	比　例	积累值	积累比例
1	3.389 9	0.565	3.389 9	0.565
2	1.292 1	0.215 3	4.682 1	0.780 3
3	0.905 3	0.150 9	5.587 4	0.931 2
4	0.323 9	0.054	5.911 2	0.985 2
5	0.056 5	0.009 4	5.967 7	0.994 6
6	0.032 3	0.005 4	6.000 0	1.000 0

表 6.20　模型（6.21）中解释变量与线性变换后主成分的数量关系

变量	PC1	PC2	PC3	PC4	PC5	PC6
JS	−0.251 7	0.680 3	−0.254 7	0.628 7	0.052 2	0.105 1
RL	0.443 2	0.467 2	0.024 4	−0.293 5	0.562 3	−0.427 1
CJ	0.427 1	−0.411 7	0.036 6	0.693 7	0.060 3	−0.402 4
CZ	0.514 7	−0.097 1	−0.270 1	0.052 0	0.286 4	0.753 7
TS	0.260 2	0.282 1	0.852 5	0.122 7	−0.228 3	0.242 5
QY	−0.474 6	−0.245 8	0.365 4	0.140 4	0.737 1	0.133 6

根据提出主成分的数量 k 满足 $\sum \lambda k / \sum \lambda j > 0.95$（$\sum \lambda k$ 为前面 K 个主成分特征值和，$\sum \lambda j$ 为全部主成分特征值和）的要求，建立出口率（ER）与 $PC1$、$PC2$、$PC3$、$PC4$ 4 个主成分的线性模型，得：

$$ER_t = \beta_0 + \beta_1 PC1_t + \beta_2 PC2_t + \beta_3 PC3_t + \beta_4 PC4_t + \varepsilon_t \qquad (6.22)$$

且：

$$\begin{cases} \alpha_1 = -0.251\,7\beta_1 + 0.680\,3\beta_2 - 0.254\,7\beta_3 + 0.628\,7\beta_4 \\ \alpha_2 = 0.443\,2\beta_1 + 0.467\,2\beta_2 + 0.024\,4\beta_3 - 0.293\,5\beta_4 \\ \alpha_3 = 0.427\,1\beta_1 - 0.411\,7\beta_2 - 0.036\,6\beta_3 + 0.693\,7\beta_4 \\ \alpha_4 = 0.514\,7\beta_1 - 0.097\,1\beta_2 - 0.210\,1\beta_3 + 0.052\,0\beta_4 \\ \alpha_5 = 0.260\,2\beta_1 + 0.282\,1\beta_2 + 0.852\,5\beta_3 + 0.122\,7\beta_4 \\ \alpha_6 = -0.474\,6\beta_1 - 0.245\,8\beta_2 + 0.365\,4\beta_3 + 0.140\,4\beta_4 \end{cases}$$

利用软件 Eviews6.0 对模型（6.22）进行回归，回归结果如下（括号中数值为 t 值）：

$$ER_t = 2.405\,4 + 0.491\,0PC1_t + 0.050\,4PC2_t - 0.201\,6PC3_t + 0.066\,1PC4_t + \varepsilon_t$$
$$\quad (4.74) \qquad (11.48) \qquad (1.41) \qquad (-1.93) \qquad (0.68) \qquad\qquad (6.23)$$

由于模型（6.24）中 $PC2$ 和 $PC4$ 的系数统计检验不显著，剔除主成分 $PC2$、$PC3$ 和 $PC4$，重新对模型（6.22）进行回归得（括号中数值为 t 值）：

$$ER_t = 2.534\,8 + 0.378\,7PC1_t + \varepsilon_t$$
$$\quad (43.17) \qquad (9.33) \qquad\qquad\qquad\qquad (6.24)$$

对模型（6.24）主成分变量进行还原后的回归模型为：

$$IR_t = 2.534\,8 - 0.095\,3JS_t + 0.167\,8RL_t + 0.161\,8CJ_t + 0.194\,9CZ_t$$
$$\quad + 0.098\,5TS_t - 0.179\,7QY_t + \varepsilon_t \qquad\qquad\qquad (6.25)$$

根据（6.25）式，出口需求变动影响因素按其影响程度大小依次为：出口产品种类集中度(CZ)、出口区域集中度(QY)、人力资本丰裕度(RL),出口产品贸易结构(CJ)、出口退税率(TS),技术进步率(JS)。在这些影响因素中,出口产品种类集中度每提高 1 个百分点,出口率将增加 0.194 9 个百分点;出口区域集中度每提高 1 个百分点,出口率将下降 0.179 7 个百分点;人力资本丰裕度每增加 1 个百分点,出口率增加 0.167 8 个百分点;加工贸易出口占一般贸易出口比重每提高 1 个百分点,出口率将增加 0.161 8 个百分点;出口退税率每增加 1 个百分点,出口率将上升 0.098 5 个百分点;技术进步率每增长 1 个百分点,出口率将下降 0.095 3 个百分点。

6.3.3　出口需求变动影响因素对需求动力结构的动态冲击效应

为寻求经济系统内出口需求变动影响因素对投资出口结构、投资(消费＋出口)结构等需求动力结构的动态冲击效应变化,本文仍建立 VAR 模型进行计量分析。

1. 各影响因素对投资出口结构的动态冲击效应

(1) 变量选取及数据说明。

本章仍选取投资出口比率作为投资出口结构的代理变量,其指标含义及数据来源处理与 6.2.3 节相同。技术进步率(JS),人力资本丰裕度(RL),出口产品贸易结构(CJ),出口产品种类集中度(CZ),出口退税率(TS),出口区域集中度(QY)指标含义及数据来源处理与 6.3.2 节相同。各变量指标的时间跨度为 1985 年至 2012 年。

(2) VAR 模型的建立及检验。

投资出口比率(IE)、技术进步率(JS),人力资本丰裕度(RL),出口产品贸易结构(CJ),出口产品种类集中度(CZ),出口退税率(TS),出口区域集中度(QY) 7 个变量的 VAR 模型设立如下:

$$
\begin{bmatrix} IE_t \\ JS_t \\ RL_t \\ CJ_t \\ CZ_t \\ TS_t \\ QY_t \end{bmatrix} =
\begin{bmatrix} \alpha_{10} \\ \alpha_{20} \\ \alpha_{30} \\ \alpha_{40} \\ \alpha_{50} \\ \alpha_{60} \\ \alpha_{70} \end{bmatrix} +
\begin{bmatrix}
\alpha_{11} & \alpha_{12} & \alpha_{13} & \alpha_{14} & \alpha_{15} & \alpha_{16} & \alpha_{17} \\
\alpha_{21} & \alpha_{22} & \alpha_{23} & \alpha_{24} & \alpha_{25} & \alpha_{26} & \alpha_{27} \\
\alpha_{31} & \alpha_{32} & \alpha_{33} & \alpha_{34} & \alpha_{35} & \alpha_{36} & \alpha_{37} \\
\alpha_{41} & \alpha_{42} & \alpha_{43} & \alpha_{44} & \alpha_{45} & \alpha_{46} & \alpha_{47} \\
\alpha_{51} & \alpha_{52} & \alpha_{53} & \alpha_{54} & \alpha_{55} & \alpha_{56} & \alpha_{57} \\
\alpha_{61} & \alpha_{62} & \alpha_{63} & \alpha_{64} & \alpha_{65} & \alpha_{66} & \alpha_{67} \\
\alpha_{71} & \alpha_{72} & \alpha_{73} & \alpha_{74} & \alpha_{75} & \alpha_{76} & \alpha_{77}
\end{bmatrix}
\begin{bmatrix} IE_{t-1} \\ JS_{t-1} \\ RL_{t-1} \\ CJ_{t-1} \\ CZ_{t-1} \\ TS_{t-1} \\ QY_{t-1} \end{bmatrix}
$$

$$
+
\begin{bmatrix}
\alpha_{18} & \alpha_{19} & \alpha_{110} & \alpha_{111} & \alpha_{112} & \alpha_{113} & \alpha_{114} \\
\alpha_{28} & \alpha_{29} & \alpha_{210} & \alpha_{211} & \alpha_{212} & \alpha_{213} & \alpha_{214} \\
\alpha_{38} & \alpha_{39} & \alpha_{310} & \alpha_{311} & \alpha_{312} & \alpha_{313} & \alpha_{314} \\
\alpha_{48} & \alpha_{49} & \alpha_{410} & \alpha_{411} & \alpha_{412} & \alpha_{413} & \alpha_{414} \\
\alpha_{58} & \alpha_{59} & \alpha_{510} & \alpha_{511} & \alpha_{512} & \alpha_{513} & \alpha_{514} \\
\alpha_{68} & \alpha_{69} & \alpha_{610} & \alpha_{611} & \alpha_{612} & \alpha_{613} & \alpha_{614} \\
\alpha_{78} & \alpha_{79} & \alpha_{710} & \alpha_{711} & \alpha_{712} & \alpha_{713} & \alpha_{714}
\end{bmatrix}
\begin{bmatrix} IE_{t-2} \\ JS_{t-2} \\ RL_{t-2} \\ CJ_{t-2} \\ CZ_{t-2} \\ TS_{t-2} \\ QY_{t-2} \end{bmatrix} + \cdots
$$

$$
+
\begin{bmatrix}
\alpha_{17n-6} & \alpha_{17n-5} & \alpha_{17n-4} & \alpha_{17n-3} & \alpha_{17n-2} & \alpha_{17n-1} & \alpha_{17n} \\
\alpha_{27n-6} & \alpha_{27n-5} & \alpha_{27n-4} & \alpha_{27n-3} & \alpha_{27n-2} & \alpha_{7n-1} & \alpha_{27n} \\
\alpha_{37n-6} & \alpha_{37n-5} & \alpha_{37n-4} & \alpha_{37n-3} & \alpha_{37n-2} & \alpha_{37n-1} & \alpha_{37n} \\
\alpha_{47n-6} & \alpha_{47n-5} & \alpha_{47n-4} & \alpha_{47n-3} & \alpha_{47n-2} & \alpha_{47n-1} & \alpha_{47n} \\
\alpha_{57n-6} & \alpha_{57n-5} & \alpha_{57n-4} & \alpha_{57n-3} & \alpha_{57n-2} & \alpha_{57n-1} & \alpha_{57n} \\
\alpha_{67n-6} & \alpha_{67n-5} & \alpha_{67n-4} & \alpha_{67n-3} & \alpha_{67n-2} & \alpha_{67n-1} & \alpha_{67n} \\
\alpha_{77n-6} & \alpha_{77n-5} & \alpha_{77n-4} & \alpha_{77n-2} & \alpha_{77n-2} & \alpha_{77n-1} & \alpha_{77n}
\end{bmatrix}
\begin{bmatrix} IE_{t-n} \\ JS_{t-n} \\ RL_{t-n} \\ CJ_{t-n} \\ CZ_{t-n} \\ TS_{t-n} \\ QY_{t-n} \end{bmatrix} +
\begin{bmatrix} \varepsilon_{1t} \\ \varepsilon_{2t} \\ \varepsilon_{3t} \\ \varepsilon_{4t} \\ \varepsilon_{5t} \\ \varepsilon_{6t} \\ \varepsilon_{7t} \end{bmatrix}
\tag{6.26}
$$

① 模型变量的平稳性检验。

对模型(6.26)中的变量进行 ADF 检验,发现 IE、JS、RL、CJ、CZ、TS 和 QY 在 5% 的显著水平下显示不平稳,对其一阶差分后各变量平稳(见表 6.21)。模型所有变量均是关于 $I(1)$ 平稳序列。

表 6.21　模型(6.26)中各变量的单位根检验

变量	检验 类型	统计量	临界值 (5%)	变量	检验 类型	统计量	临界值 (5%)
IE	$(c,0,0)$	−2.65	−2.98	ΔCJ	$(0,0,0)$	−5.35	−1.95
ΔIE	$(c,0,0)$	−5.11	−2.98	CZ	$(c,t,5)$	−2.92	−3.63
JS	$(c,t,0)$	−3.53	−3.59	ΔCZ	$(c,t,0)$	−4.79	−3.60
ΔJS	$(c,t,0)$	−9.84	−3.60	TS	$(c,t,0)$	−3.38	−3.59
RL	$(c,t,1)$	−2.27	−3.60	ΔTS	$(c,t,1)$	−4.76	−3.60
ΔRL	$(0,0,0)$	−2.04	−1.95	QY	$(c,t,0)$	−2.30	−3.59
CJ	$(c,t,2)$	−3.49	−3.60	ΔQY	$(0,0,0)$	−5.30	−1.95

注:检验类型中的 c 表示含有截距项,t 表示含有时间趋势项,第三项表示含有滞后项,Δ 表示滞后一阶差分。

② 模型的最优滞后阶确定。

根据表 6.22,模型(6.26)选择滞后 2 阶时,AIC 标准值和 HQ 标准值均较小,根据多数原则,模型的滞后阶应确定为滞后 2 阶,但由于本文数据样本较小,模型(6.26)选择滞后 1 阶为最优滞后阶。

表 6.22　模型(6.26)的最优滞后阶的选择标准

滞后阶数	AIC	SC	HQ
0	−1.574 1	−1.235 4	−1.476 6
1	−11.191 3	−8.481 6*	−10.411 0
2	−12.500 4*	−7.419 6	−11.037 3*

注:*表明在不同标准下的最优滞后阶选择。

③ 模型(6.26)的稳定性检验。

对 VAR 模型(6.26)进行稳定性检验,模型(6.26)所有特征根模的倒数均小于 1,即单位圆内(见图 6.11),VAR 模型(6.26)稳定。

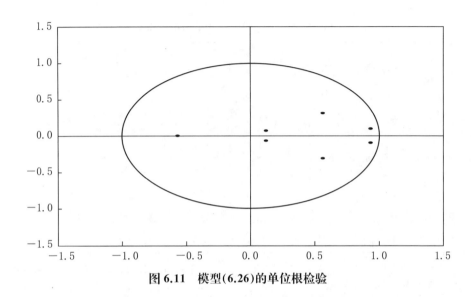

图 6.11　模型(6.26)的单位根检验

④ 模型变量的协整检验。

根据表 6.23，在 5％的显著水平下，迹统计检验显示模型变量之间至少存在 3 个协整关系，而最大特征根统计检验显示模型变量之间至少存在 3 个协整关系，这说明模型变量之间至少存在协整关系，符合建立 VAR 模型的基本假设前提。

表 6.23　模型(6.26)中各变量序列协整检验的结果

原假设	特征根	迹统计量(P 值)	最大特征根统计量(P 值)
0 个协整向量	0.847 8	200.596 0(0.000 0)	54.163 6(0.005 9)
至少 1 个协整向量	0.791 1	146.432 4(0.000 0)	48.946 5(0.003 9)
至少 2 个协整向量	0.672 3	97.485 9(0.000 1)	40.718 3(0.006 6)
至少 3 个协整向量	0.488 8	56.767 6(0.005 8)	29.007 9(0.032 6)
至少 4 个协整向量	0.210 8	* 27.759 8(0.084 4)	* 17.447 9(0.151 9)
至少 5 个协整向量	0.147 8	10.311 9(0.257 5)	6.154 0(0.593 5)
至少 6 个协整向量	0.847 8	4.157 8(0.041 4)	4.157 8(0.041 4)

注：* 表明在 5％的显著性水平下拒绝原假设。

利用软件 Eviews6.0 对模型(6.26)进行回归,得:

$$
\begin{bmatrix} IE_t \\ JS_t \\ RL_t \\ CJ_t \\ CZ_t \\ TS_t \\ QY_t \end{bmatrix} = \begin{bmatrix} -8.443 \\ 92.460 \\ 5.611 \\ 0.453 \\ 0.396 \\ 4.203 \\ 6.010 \end{bmatrix} + \begin{bmatrix} 0.631 & -0.019 & 0.221 & -0.098 & 0.956 & -0.288 & 1.840 \\ 2.544 & -0.440 & 2.181 & 1.338 & -16.400 & -3.431 & -6.592 \\ -0.305 & 0.013 & 0.733 & -0.215 & 0.297 & 0.137 & -1.238 \\ -0.494 & -0.018 & -0.181 & 0.466 & 0.790 & 0.045 & 0.198 \\ -0.033 & -0.001 & 0.016 & 0.045 & 0.808 & -0.0003 & 0.112 \\ -0.141 & 0.012 & 0.192 & -0.078 & -0.049 & 0.337 & 0.113 \\ 0.014 & -0.011 & -0.040 & 0.044 & -0.708 & 0.060 & 0.168 \end{bmatrix}
$$

$$
\begin{bmatrix} IE_{t-1} \\ JS_{t-1} \\ RL_{t-1} \\ CJ_{t-1} \\ CZ_{t-1} \\ TS_{t-1} \\ QY_{t-1} \end{bmatrix} + \begin{bmatrix} \varepsilon_{1t} \\ \varepsilon_{2t} \\ \varepsilon_{3t} \\ \varepsilon_{4t} \\ \varepsilon_{5t} \\ \varepsilon_{6t} \\ \varepsilon_{7t} \end{bmatrix} \tag{6.27}
$$

(3) 各影响因素对投资出口比率的动态冲击效应。

利用(6.27)式建立的 VAR 方程,分别给予技术进步率(JS),人力资本丰裕度(RL),出口产品贸易结构(CJ),出口产品种类集中度(CZ),出口退税率(TS),出口区域集中度(QY)一个正的冲击,采用广义脉冲法得到关于投资出口比率变动的脉冲响应图(见图 6.12)。

由图 6.12(a)可见,当在本期给技术进步率(JS)一个正的冲击后,投资出口比率(IE)发生同向变化,并在第 2 期达到最大值,之后开始回落反向变化,并在第 3 期达到负值最大,第 6 期之后开始同向变化。这表明技术进步率的某一冲击会给投资出口比率带来正向的冲击,即技术进步率的提升会带来投资(消费+出口)比率的上升,并在第 2 期达到最大值,随后对投资出口比率产生的上升拉动作用逐步减弱,并在第 2 期至第 3 期之间对投资(消费+出口)比率转为下拉作用。

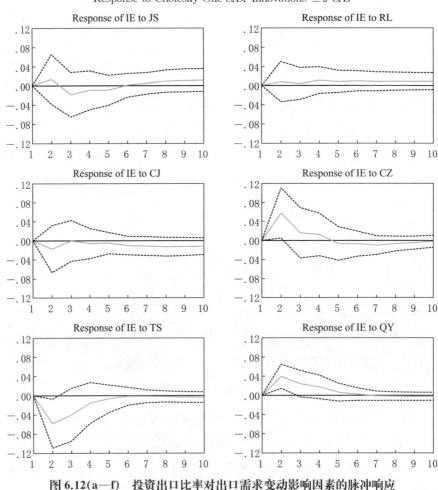

图 6.12(a—f)　投资出口比率对出口需求变动影响因素的脉冲响应

由图 6.12(b)可见,当在本期给人力资本丰裕度(*RL*)一个正的冲击后,投资出口比率(*IE*)发生同向变化,并在第 4 期达到最大值,之后缓慢回落并趋向于零。这表明人力资本丰裕度的某一冲击会给投资出口比率带来正向的冲击,即提升人力资本水平会带来投资出口比率的上升,并在第 4 期达到最大值,随后对投资出口比率产生的上升拉动作用逐步减弱并趋向于零。

由图 6.12(c)可见,当在本期给出口产品贸易结构(*CJ*)一个正的冲击后,投资出口比率发生反向变化,并在第 2 期达到负值最大,之后缓慢回升并趋向于零。这表明出口产品贸易结构的某一冲击会给投资出口比率带来反向的冲击,即提高加工贸易出口占一般贸易出口的比重会带来投资出口比率的下降,并在第 2 期达到最大值,随后对投资出口比率产生下降的拉动作用逐步减弱并趋向于零。

由图 6.12(d)可见,当在本期给出口产品品种集中度(CS)一个正的冲击后,投资出口比率发生同向变化,并在第 2 期达到最大值,随后回落并在第 5 期转为反向变化。这表明出口产品品种集中度的某一冲击首先会给投资出口比率带来正向的冲击,即出口产品品种集中度的提升会带来投资出口比率的上升,并在第 2 期达到最大,之后对投资出口比率的上升拉动作用逐渐减弱,在第 5 期后对投资出口比率开始产生下降的拉动作用。

由图 6.12(e)可见,当在本期给出口退税率(TS)一个正的冲击后,投资出口比率(IE)发生反向变化,并在第 2 期达到最大值,之后缓慢回升并趋向于零。这表明出口退税率的某一冲击会给投资出口比率带来负向的冲击,即提高出口退税率水平会带来投资出口比率的下降,并在第 2 期达到最大值,随后对投资出口比率产生的下降拉动作用逐步减弱并趋向于零。

由 6.12(f)可见,当在本期给出口区域集中度(QY)一个正的冲击后,投资出口比率发生同向变化,并在第 2 期达到最大值,之后缓慢回落并趋向于零。这表明出口区域集中度的某一冲击会给投资出口比率带来正向的冲击,即出口区域的集中度提高会带来投资出口比率的上升,并在第 2 期达到最大值,随后对投资出口比率产生的上升拉动作用逐步减弱并趋向于零。

2. 各影响因素对投资(消费＋出口)结构的动态冲击效应

(1) 变量选取及数据说明。

本章仍选取投资(消费＋出口)比率(ICE)作为投资(消费＋出口)结构的代理变量,其指标含义及数据来源处理与 6.1.3 节相同。技术进步率(JS),人力资本丰裕度(RL),出口产品贸易结构(CJ),出口产品种类集中度(CZ),出口退税率(TS),出口区域集中度(QY)指标含义及数据来源处理与 6.3.2 节相同。各变量指标的时间跨度为 1985 年至 2012 年。

（2）VAR 模型的建立及检验。

投资（消费＋出口）比率（ICE）、技术进步率（JS），人力资本丰裕度（RL），出口产品贸易结构（CJ），出口产品种类集中度（CZ），出口退税率（TS），出口区域集中度（QY）7 个变量的 VAR 模型设立如下：

$$
\begin{bmatrix} ICE_t \\ JS_t \\ RL_t \\ CJ_t \\ CZ_t \\ TS_t \\ QY_t \end{bmatrix}
=
\begin{bmatrix} \alpha_{10} \\ \alpha_{20} \\ \alpha_{30} \\ \alpha_{40} \\ \alpha_{50} \\ \alpha_{60} \\ \alpha_{70} \end{bmatrix}
+
\begin{bmatrix}
\alpha_{11} & \alpha_{12} & \alpha_{13} & \alpha_{14} & \alpha_{15} & \alpha_{16} & \alpha_{17} \\
\alpha_{21} & \alpha_{22} & \alpha_{23} & \alpha_{24} & \alpha_{25} & \alpha_{26} & \alpha_{27} \\
\alpha_{31} & \alpha_{32} & \alpha_{33} & \alpha_{34} & \alpha_{35} & \alpha_{36} & \alpha_{37} \\
\alpha_{41} & \alpha_{42} & \alpha_{43} & \alpha_{44} & \alpha_{45} & \alpha_{46} & \alpha_{47} \\
\alpha_{51} & \alpha_{52} & \alpha_{53} & \alpha_{54} & \alpha_{55} & \alpha_{56} & \alpha_{57} \\
\alpha_{61} & \alpha_{62} & \alpha_{63} & \alpha_{64} & \alpha_{65} & \alpha_{66} & \alpha_{67} \\
\alpha_{71} & \alpha_{72} & \alpha_{73} & \alpha_{74} & \alpha_{75} & \alpha_{76} & \alpha_{77}
\end{bmatrix}
\begin{bmatrix} ICE_{t-1} \\ JS_{t-1} \\ RL_{t-1} \\ CJ_{t-1} \\ CZ_{t-1} \\ TS_{t-1} \\ QY_{t-1} \end{bmatrix}
$$

$$
+
\begin{bmatrix}
\alpha_{18} & \alpha_{19} & \alpha_{110} & \alpha_{111} & \alpha_{112} & \alpha_{113} & \alpha_{114} \\
\alpha_{28} & \alpha_{29} & \alpha_{210} & \alpha_{211} & \alpha_{212} & \alpha_{213} & \alpha_{214} \\
\alpha_{38} & \alpha_{39} & \alpha_{310} & \alpha_{311} & \alpha_{312} & \alpha_{313} & \alpha_{314} \\
\alpha_{48} & \alpha_{49} & \alpha_{410} & \alpha_{411} & \alpha_{412} & \alpha_{413} & \alpha_{414} \\
\alpha_{58} & \alpha_{59} & \alpha_{510} & \alpha_{511} & \alpha_{512} & \alpha_{513} & \alpha_{514} \\
\alpha_{68} & \alpha_{69} & \alpha_{610} & \alpha_{611} & \alpha_{612} & \alpha_{613} & \alpha_{614} \\
\alpha_{78} & \alpha_{79} & \alpha_{710} & \alpha_{711} & \alpha_{712} & \alpha_{713} & \alpha_{714}
\end{bmatrix}
\begin{bmatrix} ICE_{t-2} \\ JS_{t-2} \\ RL_{t-2} \\ CJ_{t-2} \\ CZ_{t-2} \\ TS_{t-2} \\ QY_{t-2} \end{bmatrix}
+ \cdots
$$

$$
+
\begin{bmatrix}
\alpha_{17n-6} & \alpha_{17n-5} & \alpha_{17n-4} & \alpha_{17n-3} & \alpha_{17n-2} & \alpha_{17n-1} & \alpha_{17n} \\
\alpha_{27n-6} & \alpha_{27n-5} & \alpha_{27n-4} & \alpha_{27n-3} & \alpha_{27n-2} & \alpha_{7n-1} & \alpha_{27n} \\
\alpha_{37n-6} & \alpha_{37n-5} & \alpha_{37n-4} & \alpha_{37n-3} & \alpha_{37n-2} & \alpha_{37n-1} & \alpha_{37n} \\
\alpha_{47n-6} & \alpha_{47n-5} & \alpha_{47n-4} & \alpha_{47n-3} & \alpha_{47n-2} & \alpha_{47n-1} & \alpha_{47n} \\
\alpha_{57n-6} & \alpha_{57n-5} & \alpha_{57n-4} & \alpha_{57n-3} & \alpha_{57n-2} & \alpha_{57n-1} & \alpha_{57n} \\
\alpha_{67n-6} & \alpha_{67n-5} & \alpha_{67n-4} & \alpha_{67n-3} & \alpha_{67n-2} & \alpha_{67n-1} & \alpha_{67n} \\
\alpha_{77n-6} & \alpha_{77n-5} & \alpha_{77n-4} & \alpha_{77n-3} & \alpha_{77n-2} & \alpha_{77n-1} & \alpha_{77n}
\end{bmatrix}
\begin{bmatrix} ICE_{t-n} \\ JS_{t-n} \\ RL_{t-n} \\ CJ_{t-n} \\ CZ_{t-n} \\ TS_{t-n} \\ QY_{t-n} \end{bmatrix}
+
\begin{bmatrix} \varepsilon_{1t} \\ \varepsilon_{2t} \\ \varepsilon_{3t} \\ \varepsilon_{4t} \\ \varepsilon_{5t} \\ \varepsilon_{6t} \\ \varepsilon_{7t} \end{bmatrix}
\tag{6.28}
$$

① 模型变量的平稳性检验。

对模型（6.28）中的变量进行 ADF 检验，发现 ICE 在 5％的显著水平下显示不平稳[t 值为 -0.70,5% 的临界值为 -2.98,检验类型为 $(c,0,0)$],对其一阶差分后各变量平稳[t 值为 -4.10,5% 的临界值为 -2.98,检验类型为 $(c,0,0)$]。JS、RL、CJ、CZ、TS 和 QY 在 5% 的显著水平下显示不平稳,对其一阶差分各变量平稳(检验见表 6.19)。因此,模型(6.28)所有变量均是关于 $I(1)$ 平稳序列。

② 模型的最优滞后阶确定。

同理,根据表 6.24,应用多数原则判断,模型的滞后阶应确定为滞后 2 阶,但由于本文数据样本较小,模型(6.28)选择滞后 1 阶为最优滞后阶。

表 6.24　模型(6.28)的最优滞后阶的选择标准

滞后阶数	AIC	SC	HQ
0	-3.0080	-2.6692	-2.9104
1	-12.0756	-9.3658^*	-11.2953
2	-13.0260^*	-7.9452	-11.5629^*

注:＊表明在不同标准下的最优滞后阶选择。

③ 模型(6.28)的稳定性检验。

对 VAR 模型(6.28)进行稳定性检验,模型(6.28)所有特征根模的倒数均小于 1,即单位圆内(见图 6.13),VAR 模型(6.28)稳定。

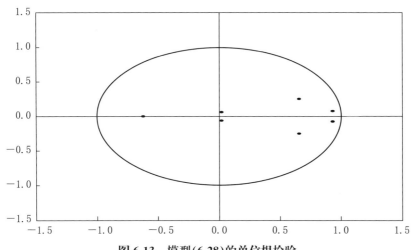

图 6.13　模型(6.28)的单位根检验

④ 模型变量的协整检验。

根据表 6.25,在 5% 的显著水平下,迹统计检验显示模型变量之间至少存在 4 个协整关系,而最大特征根统计检验显示模型变量之间至少存在 2 个协整关系,这说明模型变量之间至少存在协整关系,符合建立 VAR 模型的基本假设前提。

表 6.25　模型(6.28)中各变量序列协整检验的结果

原假设	特征根	迹统计量(P 值)	最大特征根统计量(P 值)
0 个协整向量	0.884 9	194.359 2(0.000 0)	56.218 4(0.003 2)
至少 1 个协整向量	0.800 7	138.140 8(0.000 0)	41.931 2(0.030 6)
至少 2 个协整向量	0.771 7	96.209 6(0.000 1)	38.404 2(0.013 4)
至少 3 个协整向量	0.645 9	57.805 4(0.004 4)	* 26.992 3(0.059 4)
至少 4 个协整向量	0.506 2	30.813 0(0.038 1)	18.348 0(0.117 4)
至少 5 个协整向量	0.236 9	* 12.465 1(0.135 9)	7.027 8(0.485 9)
至少 6 个协整向量	0.188 7	5.437 2(0.019 7)	5.437 2(0.019 7)

注:* 表明在 5% 的显著性水平下拒绝原假设。

利用软件 Eviews6.0 对模型(6.28)进行回归,得:

$$
\begin{bmatrix} ICE_t \\ JS_t \\ RL_t \\ CJ_t \\ CZ_t \\ TS_t \\ QY_t \end{bmatrix} = \begin{bmatrix} -4.651 \\ 108.756 \\ 3.665 \\ -2.366 \\ 0.119 \\ 3.191 \\ 6.002 \end{bmatrix} + \begin{bmatrix} 0.606 & 0.013 & 0.145 & -0.052 & 0.754 & -0.115 & 0.890 \\ 2.921 & -0.442 & 1.483 & 1.092 & -18.918 & -3.382 & -7.581 \\ -0.356 & 0.013 & 0.816 & -0.187 & 0.607 & 0.132 & -1.122 \\ -1.006 & -0.016 & -0.078 & 0.390 & 1.830 & 0.132 & 0.225 \\ 0.046 & -0001 & 0.031 & 0.072 & 0.735 & -0.019 & 0.156 \\ -0.021 & 0.012 & 0.241 & -0.025 & -0.529 & 0.303 & 0.221 \\ 0.149 & -0.012 & -0.034 & 0.080 & -0.889 & -0.031 & 0.212 \end{bmatrix}
$$

$$
\begin{bmatrix} ICE_{t-1} \\ JS_{t-1} \\ RL_{t-1} \\ CJ_{t-1} \\ CZ_{t-1} \\ TS_{t-1} \\ QY_{t-1} \end{bmatrix} + \begin{bmatrix} \varepsilon_{1t} \\ \varepsilon_{2t} \\ \varepsilon_{3t} \\ \varepsilon_{4t} \\ \varepsilon_{5t} \\ \varepsilon_{6t} \\ \varepsilon_{7t} \end{bmatrix}
$$

(6.29)

（3）各影响因素对投资（消费＋出口）比率的动态冲击效应。

利用（6.29）式建立的 VAR 方程,分别给予技术进步率（JS）,人力资本丰裕度（RL）,出口产品贸易结构（CJ）,出口产品种类集中度（CZ）,出口退税率（TS）,出口区域集中度（QY）一个正的冲击,采用广义脉冲法得到关于投资（消费＋出口）比率变动的脉冲响应图（见图 6.14）。

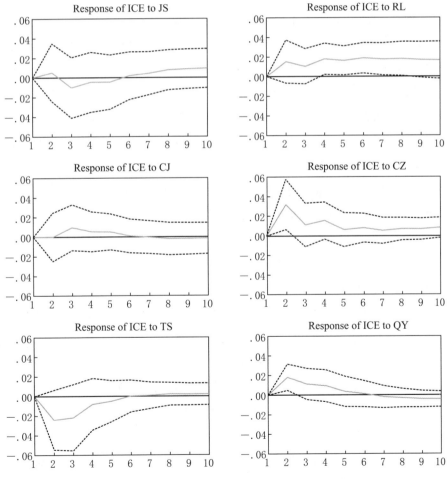

图 6.14(a—f) 投资（消费＋出口）比率对出口需求变动影响因素的脉冲响应

由图6.14(a)可见,当在本期给技术进步率(JS)一个正的冲击后,投资(消费＋出口)比率(ICE)发生同向变化,并在第2期达到最大值,之后开始回落反向变化,并在第3期达到负值最大,第6期之后开始同向变化。这表明技术进步率的某一冲击会给投资(消费＋出口)比率带来正向的冲击,即技术进步率的提升会带来投资(消费＋出口)比率的上升,并在第2期达到最大值,随后对投资(消费＋出口)比率产生的上升拉动作用逐步减弱,并在第2期至第3期之间对投资(消费＋出口)比率转为下拉作用。

由图6.14(b)可见,当在本期给人力资本丰裕度(RL)一个正的冲击后,投资(消费＋出口)比率(ICE)发生同向变化,并在第2期达到最大值,之后缓慢回落并趋向于零。这表明人力资本丰裕度的某一冲击会给投资(消费＋出口)比率带来正向的冲击,即提升人力资本水平会带来投资(消费＋出口)比率的上升,并在第2期达到最大值,随后对投资(消费＋出口)比率产生的上升拉动作用逐步减弱并趋向于零。

由图6.14(c)可见,当在本期给出口产品贸易结构(CJ)一个正的冲击后,投资(消费＋出口)比率(ICE)发生同向变化,并在第3期达到最大值,之后缓慢回落并在第6期后转为反向变化。这表明出口产品贸易结构的某一冲击首先会给投资(消费＋出口)比率带来正向的冲击,即提高加工贸易出口占一般贸易出口的比重会带来投资(消费＋出口)比的上升,并在第3期达到最大值,之后对投资(消费＋出口)比率产生的下降拉动作用逐步减弱,并在第6期后对投资(消费＋出口)比率开始产生下拉作用。

由图6.14(d)可见,当在本期给出口产品品种集中度(CS)一个正的冲击后,投资(消费＋出口)比率(ICE)发生同向变化,并在第2期达到最大值,随后回落并趋向于零。这表明出口产品品种集中度的某一冲击会给投资(消费＋出口)比率带来正向的冲击,即出口产品品种集中度的提升会带来投资(消费＋出口)比率的上升,并在第2期达到最大,之后对投资(消费＋出口)比率产生的上升拉动作用逐步减弱并趋向于零。

由图6.14(e)可见,当在本期给出口退税率(TS)一个正的冲击后,投资(消费＋出口)比率(ICE)发生反向变化,并在第2期达到负值最大,之后缓慢回升并趋向于零。这表明出口退税率的某一冲击会给投资(消费＋出口)比率率带来负向的冲击,即提高出口退税率水平会带来投资(消费＋出口)比率的下降,并在第 3 期达到最大值,随后对投资(消费＋出口)比率产生的下降拉动作用逐步减弱并趋向于零。

由 6.14(f)可见,当在本期给出口区域集中度(QY)一个正的冲击后,投资(消费＋出口)比率(ICE)发生同向变化,并在第 2 期达到最大值,之后缓慢回落并趋向于零。这表明出口区域集中度的某一冲击会给投资(消费＋出口)比率带来同向的冲击,即出口区域的集中度提高会带来投资(消费＋出口)比率的上升,并在第 2 期达到最大值,随后对投资(消费＋出口)比率产生上升的拉动作用逐步减弱并趋向于零。

6.4　本章小结

本章主要通过对相关文献分析和归纳,探讨了影响居民消费需求变动的主要因素,这些因素主要包括城镇居民收入增长率、农村居民收入增长率、国民收入分配体制、居民收入分配结构、人口结构、社会保障、城镇化水平等;探讨了影响固定资产投资需求变动的主要因素,这些因素主要包括国民储蓄率、城镇化水平、工业化水平、投资回报率、外资利用率、政府税收增长率等;探讨了影响产品出口需求变动的主要因素,这些因素主要包括技术进步率、人力资本丰裕度、出口产品贸易结构、出口产品种类集中度、出口退税率、出口区域集中度等。同时,运用多元线性回归、VAR 建模和脉冲响应函数分析等方法,研究了居民消费需求、固定资产投资需求和产品出口需求的主要影响因素分别对居民消费需求、固定资产投资需求和产品出口需求的影响方式和影响程度,以及这些影响因素分别对投资消费比率、投资出口比率、投资(消费＋出口)比率等需求动力结构的动态冲击效应,为中国需求动力结构调整开展对策分析奠定重要基础。

第 7 章

大国经济增长目标约束下中国实现需求动力结构调整的对策

消费、投资和出口需求是实现经济增长的基本动力,但三者的结构配置却对一个国家经济增长过程中若干特定目标的实现至关重要。本书的第3、4、5章重点阐述了中国需求动力结构调整与实现国民福利目标、平稳增长目标和集约增长目标的理论关系,提出了实现上述经济增长目标而对当前需求动力结构进行具体调整的思路,但这些调整思路的实施还依赖于中国政府制定出具体的政策去影响消费、投资和出口需求的敏感因素,引起消费、投资和出口需求数量的合理改变,从而达到调整消费、投资和出口需求之间的相互比例,进而实现中国当前经济增长的若干目标。与此同时,由于中国地域广阔,地区经济发展极不平衡,对中国需求动力结构的调整还必须充分考虑区域差异因素,因地因目标科学提出需求动力结构调整的思路,才能真正实现经济增长目标约束下的中国需求动力结构调整。因此,科学提出当前中国需求动力结构调整的对策,对于实现国民福利目标、平稳增长目标和集约增长目标无疑具有重要意义。本章主要基于第3、4、5章重点阐述的国民福利目标、平稳增长目标和集约增长目标约束下所提出的中国及其区域需求动力结构调整的思路,结合第6章消费投资出口需求的影响因素分析以及影响因素对消费投资出口相互结构的长期动态冲击效应分析,有效提出现阶段实现中国需求动力结构调整的对策。

7.1　实施需求动力结构区域差异化调整

中国是一个经济发展区域差异化极大的国家,东部、中部和西部地区的经济发展完全不在同一层次,2013 年东部地区人均 GDP 达到 64 158 元,中部地区为 40 614 元,西部地区为 35 264 元,东部地区经济发展水平几乎是西部地区的两倍。因此,对于中国实施经济增长目标约束下的需求动力结构调整,不能只考虑中国整体平均水平的调整,而是要针对具体区域,提出具体目标约束下的调整思路和对策。

7.1.1　东部地区需求动力结构的调整

中国的东部地区涵盖北京、天津、河北、辽宁、上海、江苏、浙江、福建、山东、广东、广西、海南 12 个省、自治区、直辖市,面积为 129.4 万平方公里,占全部国土面积的 13.5%,但经济总量 2013 年却占到全国的 57.54%。按照钱纳里和赛尔奎因 1964 年美元核算的人均 GDP 标准,中国的东部地区在 2009 年左右已进入工业化完成之后阶段,目前人均 GDP 已达到 1 500 美元左右。因此对于东部地区,在各种经济增长目标约束下,需求动力结构合理性的判断依据和调整参照标准与中国整体水平相比较存在较大的差异性。在福利目标约束下,东部地区的居民消费、投资以及出口需求调整需要参照钱纳里和赛尔奎因人均 GDP 1 000 美元以上各需求动力结构的经验标准值,而就中国整体水平而言,当前合适参照钱纳里和赛尔奎因人均 GDP 1 000 美元左右的经验标准值去合理调整。根据这一调整思路,东部地区的消费率需要提高 23.3 个百分点、投资率需要降低 15.9 个百分点、出口率需要降低 40 个百分点才能达到钱纳里和赛尔奎因标准,而中国整体水平的消费率、投资率及出口率则需要分别提高 25.7 个百分点、降低 23.8 个百分点以及提高 1.6 个百分点才能达到钱纳里和赛尔奎因标准,东部地区与中国整体水平相比较,消费率和投资率调整的任务更轻,但出口率调整的任务更重而且是反向调整。在平稳增长目标约束下,东部地区近年来投资增长率和(消费+出口)增长率都在下滑,但(消费+出口)增长率下滑的速度明显快于投资增长率的下滑速度;对于中国整体水平,近年来投资增长率保持弱增加,但(消费+出口)增长率却以较大的幅度下滑。因此,对于东部地区要保持经济平稳增长,需要大力提升(消费+出口),保持(消费+出口)增长率的持续增长,同时避免投资需求增长率的过快下降,而对中国整体而言,在基本控制投资需求增速的同时需要大力提升(消费+出口)需求的增速。在集约增长目标约束下,东部地区投资消费结构对经济集约增长的阈值为 0.81,投资出口结构对经济集约增长的阈值为 0.495,投资(消费+出口)结构对经济集约增长的阈值为 0.281,而对中国整体而言,投资消费比值对经济增长的集约效应发生在 0.549 左右,投资出口比值对经济增长的集约效应发生在 2.054 左右,投资(消费+出口)比值对经济增长的集约效应发生在 0.473 左右。因此,在集约增长目标约束下,由于东部地区自身经济发展水平的不同,相对中国整体水平对投资消费结构、投资出口结构以及投资(消费+出口)结构的调控力度和水平是不一样。

7.1.2　中部地区需求动力结构的调整

中国的中部地区涵盖山西、内蒙古、吉林、黑龙江、安徽、江西、河南、湖北、湖南 9 个省、自治区,面积为 281.8 万平方公里,占全部国土面积的 29.3%,经济总量 2013 年占到全国的 27.2%。按照钱纳里和赛尔奎因 1964 年美元核算的人均 GDP 标准,中国中部地区的人均 GDP 已达到 900 美元左右,目前进入工业化后期阶段。因此对于中部地区,在各种经济增长目标约束下,需求动力结构合理性的判断依据和调整参照标准与中国整体及东部地区相比较,也存在众多的差异性。在福利目标约束下,中部地区的居民消费、投资以及出口需求的调整应以钱纳里和赛尔奎因人均 GDP 900 美元左右各需求动力结构的经验标准值为参照。根据这一标准,中部地区的消费率需要提高 27.2 个百分点、投资率需要降低 32.1 个百分点、出口率需要提升 22.2 个百分点才能达到钱纳里和赛尔奎因标准。相对中国整体水平,消费率、投资率以及出口率调整的任务更重;相对东部地区,消费率、投资率的调整任务较重,出口率调整任务较轻但需反向调整。在平稳增长目标约束下,中部地区近年来投资增长率在下降、(消费＋出口)增长率在加速,明显区别于中国整体投资增长率保持弱增加、(消费＋出口)增长率大幅下滑趋势。因此,对于中部地区要保持经济平稳增长,在保持(消费＋出口)增速的同时,需要避免投资需求增长率的过快下降。在集约增长目标约束下,中部地区投资消费比促进经济集约增长的合理值区间为 0.505—1.041,投资出口比促进经济集约增长的合理值区间为 6.766—9.515,投资(消费＋出口)比促进经济集约增长的合理值区间为 0.46—0.926,相对中国整体及东部地区,中部地区的投资消费比、投资出口比以及投资(消费＋出口)比促使经济集约增长的效应区间完全不同。因此,在集约增长目标约束下,中部地区受自身经济发展条件制约,对投资消费结构、投资出口结构以及投资(消费＋出口)结构的调整应采取有别于中国整体及东部地区的调整思路。

7.1.3　西部地区需求动力结构的调整

中国的西部地区涵盖四川、重庆、贵州、云南、西藏、陕西、甘肃、宁夏、青海、新疆 10 个省、自治区、直辖市,面积为 541.4 万平方公里,占全部国土面积的 56.4%,但经济总量 2013 年只占到全国的 15.26%。按照钱纳里和赛尔奎因 1964 年美元核算的人均 GDP 标准,中国西部地区的人均 GDP 也已达到 800—900 美元,目前已进入工业化中后期阶段。但由于西部地区自身的区位条件及经济基础,在各种经济增长目标约束下,需求动力结构的调整也存在自身的特点。在福利目标约束下,中部地区的居民消费、投资以及出口需求的调整应以钱纳里和赛尔奎因人均 GDP 850 美元左右各需求动力结构的经验标准值为参照。根据这一标准,西部地区的消费率需要提高 32.2 个百分点、投资率需要降低 57.1 个百分点、出口率需要提升 23.2 个百分点才能达到钱纳里和赛尔奎因标准。中部地区相对于中国整体及中部地区，消费率、投资率以及出口率调整的任务更重；相对东部地区，消费率、投资率的调整任务较重，出口率调整任务较轻但需反向调整。在平稳增长目标约束下，西部地区近年来投资增长率在增长，(消费＋出口)增长率在加速，明显区别于中国整体以及东、中部地区投资增长率和(消费＋出口)增长率的变化趋势。因此，对于中部地区要保持经济平稳增长应努力保持目前投资和(消费＋出口)需求增长的基本态势，但需合理控制(消费＋出口)需求的增长速度，避免(消费＋出口)需求增长的大起大落。在集约增长目标约束下，西部地区投资消费比促进经济集约增长的阈值为 0.965，投资出口比促进经济集约增长的阈值为 83.106，投资(消费＋出口)比促进经济集约增长的阈值为 0.977，相对中国整体及东部、中部地区的投资消费比、投资出口比以及投资(消费＋出口)比促使经济集约增长的区位值也极不相同。因此，在集约增长目标约束下，西部地区也应结合自身发展条件，对投资消费结构、投资出口结构以及投资(消费＋出口)结构调整采取不同于东部和中部地区的思路。

7.2　夯实居民消费需求扩大的基础

居民消费需求是扩大消费需求的主体，它对于国民福利目标、经济平稳增长目标和经济集约增长目标的实现具有重要的影响，是调整消费投资结构、投资出口结构以及投资(消费＋出口)结构的具体实施手段。因此，针对居民消费需求的影响因素，提出有效对策，夯实扩大居民消费需求的必要基础对于需求动力结构调整十分必要。

7.2.1　提高城乡居民收入水平

城乡居民是市场消费的主体，提高城乡居民的消费能力必然扩大国内消费需求的规模,但城乡居民的消费能力却与自身的收入水平密切相关。根据凯恩斯绝对收入消费理论、杜森贝里的相对收入消费理论以及弗里德曼的持久收入消费理论,无论是绝对收入水平、相对收入水平还是持久收入水平的提高,均能有效提升居民的消费水平,扩大居民的消费总量。中国自1978年以来,城镇居民人均可支配收入从343.4元上升至2012年24 564.7元,年均增长率达到13.16%;农村居民人均纯收入从133.6元上升至2012年7 916.6元,年均增长率达到12.61%。由于城镇和农村居民人均收入绝对水平的提升,中国的居民消费需求总额从1978年的1 759.1亿元提升至2012年的190 423.77亿元,居民消费需求总额增长了108.3倍,年均增长率达到14.54%,城镇和农村居民人均收入提升对居民消费绝对数量的扩大贡献巨大。但如果从城镇居民人均可支配收入增长率和农村居民人均纯收入增长率对居民消费率提升的效果看,根据6.1.2节实证分析结果,城镇居民人均可支配收入增长率和农村居民人均纯收入增长率对居民消费率的影响为负,意味着在城镇和农村居民收入增长较快的年份,居民消费率反而降低了,在直观上形成了一种居民消费随收入增长而下降的悖论,但如果仔细究其原因,其根源在于自1978年以来,中国的城镇和农村居民人均收入持续处于较低水平,处于社会急剧转型期的城乡居民具有强烈的储蓄愿望,当遇上收入增长较快的年份时,人们将收入增长中的绝大部分用于储蓄,少量部分用于消费,因此,从消费需求额的绝对数量看,当年的消费需求额相对于上一年度可能会有所增加,但从消费需求额占GDP的相对数量看,当年的居民消费率相对上一年度反而会有所下降,即当年消费的增长赶不上GDP的增长,因而导致城镇居民人均可支配收入增长率和农村居民人均纯收入增长率对居民消费率影响为负的结论。与此同时,根据6.1.3节分析,城镇居民人均可支配收入增长率和农村居民人均纯收入增长率对投资消费比率和投资(消费+出口)比率均有负向冲击效应,即提高城镇居民人均可支配收入增长率和农村居民人均纯收入增长率水平可以在短期内降低投资与消费、投资与(消费+出口)的比值水平。因此,提高城镇和农村居民收入水平,对于扩大消费需求,改善投资与消费、投资与(消费+出口)结构中投资过高、消费偏低的状况无疑具有重要意义。但如何提高城镇和农村居民的收入水平呢?第一,实现城镇居民职工工资性收入与国民收入指数相挂钩制度,保持城镇居民职工工资性收入与国民收入的同步增长。第二,扩大农村居民增收途径,进一步解除农村居民进城务工的各种制度歧视,保障农村居民的合法权益;进一步立法完善农村居民对宅基地、土地和山林等拥有的各种权益,扩大农村居民的财产性收入。第三,充分发挥市场对农产品的自主定价功能,消除农产品因承负的社会责任进而损害农民利益的各种人为因素。第四,扩大对城镇和农村居民中低收入群体的转移支付力度,提高生活困难的城乡居民最低收入水平。

7.2.2　调整国民收入分配体制

国民收入分配体制是关于国民收入在居民、企业和政府等经济活动主体之间进行分配的制度性安排。对于某一特定时期的国民收入总量分配,如果收入分配体制发生改变,必然导致国民收入在各经济活动主体之间的分配格局发生改变,即一部分相对另一部分经济活动主体的收入增加或者减少了。由于居民、企业和政府等经济活动主体的属性和职能各有侧重,因而决定了他们所获得的收入支出领域和范围各不相同,居民获得国民收入其主要目的是通过消费来满足自身的需要,企业获得国民收入其主要目的是通过再投资追求利润最大化,政府获得国民收入其主要目的通过政府消费和政府投资来满足行使国家职能的需要。因此,居民在国民收入分配中占据主导地位必然会导致消费增加,而企业和政府在国民收入分配中占据主导地位必然会导致投资增长。1978 年至 2012 年期间,中国城乡居民总收入占 GDP 比重从 45.7％下降至 42.65％,居民消费总额占 GDP 的比重也从 48.8％下降至 35.98％,根据 6.1.2 节实证分析结果,居民部门的收入比重每上升 1 个百分点,将会带动居民消费率提升 0.130 2 个百分点,但近年来由于居民收入分配不断处于弱势地位,导致居民收入占国民总收入的比重连年下降,进而导致居民消费率不断下降。与此同时,6.1.3 节进一步论证了政府部门收入占 GDP 比重的上升对投资消费比率和投资(消费＋出口)比率具正向冲击效应,即政府部门收入占 GDP 比重的上升在短期内会扩大投资与消费、投资与(消费＋出口)的比值水平。因此,改革收入分配体制,提高居民部门的收入比重、降低企业和政府部门的收入比重对于扩大消费需求,改善投资与消费、投资与(消费＋出口)结构具有十分重要的作用。具体而言,一是提高劳动者的劳动报酬,特别是提高依靠体力劳动谋生的广大群众的工资报酬。二是通过税收等手段,合理调节企业报酬,特别是带有垄断性质的国有企业的利润水平,使企业的平均利润率水平处于合理空间。三是加大财政对贫困地区和贫困居民的转移支付力度,以免费或部分免费形式扩大教育、养老、交通基础设施等居民生活所需公共物品的供给。

7.2.3　缩小居民收入分配差距

居民收入分配差距是衡量居民内部分配均匀程度的一个指标,国际上通常以基尼系数来综合反映一个国家居民内部收入分配差异状况。居民内部收入分配差异的大小对一个国家的居民消费需求影响巨大,当一个国家居民内部收入分配差异较小时,居民收入水平接近,对消费产品的层次和结构要求较为相近,容易形成较为稳定的消费预期和总额流量;当一个国家居民内部收入分配差异较大时,居民收入水平悬殊,不同收入水平群体的消费习惯、消费理念和消费偏好均不相同,无法形成较为稳定的消费预期和总额流量,更为重要的是社会收入和财富被一小部分人占有后,由于边际消费倾向递减规律的作用,占有绝大多数收入和财富的极小数人对消费的欲望会越来越低,而占有少量收入和财富的绝大多数人具有强烈的消费欲望却因为收入过低而无法过多消费。因此,居民收入分配差距扩大,对于扩大消费,改善需求动力结构尤为不利。中国自 1978 年以来,居民收入分配差距呈现逐渐扩大的趋势,1978 年居民收入的基尼系数为 0.279 7,1988 年为 0.338 5,1998 年为 0.376 5,2008 年为 0.491,达到最高峰值,近两年来有所回落,但仍处于 0.45 水平以上。根据 6.1.2 节所述,居民收入分配差距对居民消费率的影响为 $-0.131\,2$,意味着居民收入分配差距每扩大 1 个百分点,居民消费率将下降 0.131 2 个百分点,由于近年来中国居民内部收入分配差距的持续扩大,导致中国的居民消费率也呈现持续走低趋势。与此同时,6.1.3 节也论证了居民收入差距对投资消费比率和投资(消费＋出口)比率具正向冲击效应,即居民收入分配差距扩大在短期内会扩大投资与消费、投资与(消费＋出口)的比值水平。因此,在现阶段要想扩大消费,改善投资消费、投资(消费＋出口)结构,缩小居民收入分配差距应是政府政策重点调控的领域之一。当前,缩小居民之间的收入分配差距应主要做到:一是破除城乡和区域二元经济结构。城乡和区域二元经济结构是形成居民收入差距扩大趋势的固化因素,由于城乡和区域二元结构的存在,使城市与农村地区、发达与落后地区形成经济发展的"马太效应",农村地区和落后地区将长期得不到有效发展,农村和落后地区的居民收入与城市和发达地区的居民收入差距将会越拉越大。为此,应将城市和发达地区的资金、技术、人才和企业合理引向农村和落后地区,大力发展农村经济和劳动密集型企业,解决农村地区农民的就业问题,有效提高农民的收入水平。二是充分发挥政府的调节作用。政府是一种公共权力机构,它享有其他任何机构和个人都不能享有的立法、司法和行政权,具有超出任何机构和个人的调节居民收入水平的能力。一方面,政府可以通过立法制定和完善个人所得税、遗产税、赠与税等税收制度调节个人收入分配过高的问题,另一方面可以通过司法和行政手段,打击非法收入、清理灰色收入,形成公平、公正和公开的收入分配渠道。

7.2.4　完善消费商品的有效供给体系

消费商品的有效供给体系是指当居民生活消费和企业生产消费时,社会能够及时有效地提供各种可供消费产品的生产、流通和市场监管等运作系统。消费需求的扩大既取决于消费能力的提升,同时也取决于消费商品供给体系建设的完善。当前,中国的消费商品供给体系不论是在生产和流通环节,还是在服务和监管环节均存在若干缺陷。在消费商品的生产方面,消费商品的生产与需求不能有效衔接,一方面市场需求有限的产品由于各区域产业结构趋同,供给能力过剩,造成大量产品积压,另一方面对于部分有市场需求的新的消费商品的设计开发、生产组织由于不同程度存在若干技术、资金、人才等瓶颈,不能以

合适的生产成本供应新的消费商品;在消费商品的流通方面,商品流通的组织
化和现代化水平较低,商品交易仍然以传统经营方式与传统业态为主,流通环
节复杂,交易成本居高不下,商品垄断和货物囤积居奇现象时有发生;在消费商
品的市场服务与监管方面,假冒伪劣商品、虚假广告宣传等欺诈消费者现象仍
然充斥市场,医药和食品安全仍然存在较大隐患。总之,消费商品供给体系存
在的这些问题严重干扰了消费者的消费欲望和消费信心。基于此,完善消费商
品的有效供给体系对于扩大消费需求仍具有十分重要的意义。一是针对居民
当前的消费欲望,加大科技投入,切实开发出能够满足人们生活需要的各种具
有新、奇、特等功能的消费产品,不断培育新的消费热点。二是积极引导消费商
品流通业的发展,吸引和鼓励民间资本投入到流通业的基础设施建设,创新商
品流通业的发展方式,形成特色消费服务的模式,方便人民群众及时消费,促进
消费市场繁荣。三是完善消费商品的售后服务工作,以优质的售后服务解除居
民对产品质量的消费忧虑,提振消费者的消费信心。四是加强消费市场的监管
工作,建立消费市场的监测、应急和处理体系,加大对食品和医药等涉及人民群
众生命安全的消费商品的日常监管,严厉打击坑害消费者的市场行为,规范市
场准入制度,促进消费市场有序竞争。

7.2.5　加大居民消费的金融支持力度

居民消费的前提是居民必须拥有一定的收入,但当居民收入由于暂时性原因
而中断时,由外部提供一定的资金支持必然成为扩大居民消费需求的又一重要途
径。据中国人民银行统计,2013 年中国消费性贷款达到 129 819.01 亿元,短期性
消费贷款达到 26 639.99 亿元,分别占全部贷款总额的 16.9% 和 3.5%,分别占
2013 年全部社会消费品零售总额的比重为 54.6% 和 11.2%,与美国等发达国家
的消费信贷占全部金融机构信贷总额 70% 以上规模相比较,中国消费信贷规模仍
然偏小。当前,中国加大居民消费的金融支持力度主要应从以下方面入手:第一,
加大对居民的直接融资服务。主要包括探索和创新消费信贷品种,大力发展大宗

电器、汽车等家庭耐用消费品的信贷业务,针对不同地区、不同收入群体、不同年龄和性别的消费者,灵活提供期限、首付比例、融资价格、偿还方式等条件不同的消费信贷产品,大力开展消费循环信用、小额信贷、无抵押信贷等消费信贷服务;大力发展银行信用卡业务,鼓励具有稳定收入预期的消费者刷卡消费,更新和培养消费者的消费信用意识;提高金融机构的消费者服务意识,简化贷款流程,提高贷款业务审批效率;建立专门的消费金融服务公司,更好地满足居民消费信贷的需求。第二,努力培养和提升各类消费主体的消费能力。主要包括创新农村金融服务产品和方式,努力探索和开发农村宅基地、自留承包地、林权等系列产权抵押贷款业务,大力支持家庭农场、农村合作社和龙头企业发展,拓宽农村居民的增收途径,提高农村居民的消费能力;加大对餐饮、家政、物流、信息咨询和公用事业等劳动密集型服务产业、中小微企业和大学生创业群体的信贷扶持,千方百计扩大就业人群,以就业保障普通群众的消费能力;做好贫困生助学、下岗工人再就业、农村扶贫等政策性信贷业务,帮助困难地区、困难群众实现消费能力再造。第三,充分发挥金融支持消费的示范效应。金融机构通过对当前符合国家鼓励消费的产品和方式积极开展金融支持,倡导健康和绿色消费,培育文化、旅游等消费热点,通过消费热点的辐射和扩散,活跃和带动整体市场消费。第四,优化资金产品定价,淡化居民储蓄倾向。当前相当一部分居民不愿消费,一方面固然是出于保障的需要,但另一方面也与当前部分金融机构利用各种理财产品高息揽储相关。金融机构应主动克服盲目揽储冲动,降低居民储蓄意愿,增加居民即期消费,释放居民潜在的消费能力。

7.2.6 建立健全社会保障体系

社会保障体系是指国家通过立法对社会成员特别是生活有特殊困难的人们的基本生活权利给予保障的社会安全制度体系,涵盖社会保险、社会救济、社会福利、优抚安置等内容。由于生、老、病、死等风险是人们生存于社会所面临的不可逃避的基本风险,为了避免在风险来临时给自己带来不必要的损失或困境,人们一般都会在自己的收入中储蓄部分财富作为预防风险的基金。在社会保障体系比较完善的国家,国家承担了人们的大部分预防所需支出,人们可以将少量收入用作预防基金,大部分收入可以用于当期消费,但在社会保障体系不完善的国家,人们必须合理分配用于当期消费和用作将来预防的收入,避免或降低将来发生生、老、病、死等人身风险对自己生活的冲击。根据 6.1.2 节分析,65 岁以上人口占 15—64 岁人口比重每增加 1 个百分点,居民消费率将下降 0.129 8 个百分点,意味着随着社会老年人的增多,人们出于养老的考虑,将会逐渐减少当期消费。1978 年以来特别是 20 世纪 90 年代以来,中国社会保障事业发展迅速。到 2013 年末,城镇职工基本养老参保人数达到 32 212 万人,基本医疗保险参保人数达到 57 322 万人,新型农村合作医疗制度在全国 2 489 个县(市、区)实施,新型农村合作医疗人数参与率达到 99.0%,失业保险参保人数达到 16 417 万人,工伤保险参保人数达到 19 897 万人,生育保险参保人数达到 16 397 万人,2 061.3 万城市居民享受了最低生活保障,5 382.1 万农村居民享受了最低生活保障,538.2 万农村居民享受了五保供养。经过近二十年的建设,中国的社会保障事业迅速发展,但是如果从有效促进居民消费增长的实际效果来看,还不明显。根据 6.1.2 节实证分析,养老保险覆盖率对居民消费率的影响仍然为负,这充分说明中国目前的社会保障体系还不能有效地解决居民消费的后顾之忧,因此在实践中还需要进一步完善中国的社会保障体系。首先,应进一步扩大社会保险的覆盖面。中国社会保险覆盖面尽管已经很广,但与中国城镇 69 079 万和农村 65 656 万人口相比较,无论是养老保险、医疗保险、失业保险、工伤保险和生育保险均还有较大的提升空间。其次,提高各类基本保险的保险给付金和最低生活保障的救济金标准。现行的各类社会保险和生活救助金标准基本上是按照基本生活保障水平制定和执行的,无法保障人们未来按照正常生活标准生存,致使人们虽然参加了社会保险但仍然存有较大的生活顾虑。再次,大力发展商业保险。商业保险是社会保险的有力补充,人们在得到国家的基本生活保障之后通过商业保险形式可以获得更充分的保障。最后,逐步完善社会救济、社会福利和社会优抚等制度,对突然遭受自然灾害打击、社会弱势和社会残障等特殊群体实施求助。

7.3　健全固定资产投资需求调控的手段

遏制固定资产投资需求持续上升是中国需求动力结构调整面临的一个核心和关键问题。当前,过高的固定资产投资一方面支撑了中国经济的快速增长,但另一方面也带来了严重的经济增长"后遗症"。因此,对于固定资产投资需求调控不能简单地控制,而是要注意加强引导和控制相结合,丰富和健全固定资产投资需求调整的手段。

7.3.1　实施新型工业化路径

工业化是一个国家走向现代化的必由之路。传统的工业化路径是指一个国家的工业化过程遵循 1931 年德国经济学家霍夫曼所提出的"霍夫曼经验定理",即指在工业化过程中,资本资料工业在制造业中所占比重不断上升并超过消费资料工业所占比重,也即工业化过程遵循从"轻工业化"到"重工业化"的发展趋势。传统的工业化路径注定了从劳动密集型产业到资本密集型产业的发展路径,而产业的发展路径决定了资本从少到多的投入路径。因此,传统工业化道路的基本特点可以概括为依靠大量资源和资本投入来支撑经济的外延式增长。新型的工业化路径是指一个国家的工业化过程特别是工业化中后期阶段,不必经历重化工业化阶段,重化工业化不是工业化的必经阶段,占据工业化中后期阶段的主导产业应是依托现代高新技术发展的服务业工业化。新型工业化道路与传统工业化道路相比较,新型工业化道路是一条依靠技术发展、提升效率的经济集约型增长和可持续发展道路。1978 年以来,中国依托市场化改革迅速推进工业化进程,但整体而言,仍是沿着传统的工业化道路推进工业化发展,20 世纪 80 年代至 90 年代中期,食品、饮料和烟草行业等轻工业是国民经济发展的主要支柱行业,但 20 世纪 90 年代后期以后,电子及通信设备制造业、化工原料及制造业、交通运输设备制造业、黑色金属冶炼及加工业、电气机械及制造业迅速发展,其产业产值开始超过食品、饮料、烟草和纺织等轻工业产业,成为国民经济发展的支柱行业。但与此伴随的是,中国的第二产业固定资产投资率迅速攀升,从 1993 年 12.3％上升至 2013 年 32.5％,第二产业固定资产投资率 10 年增长了近 2.64 倍,成为三次产业固定资产投资增长最快的产业部门。与此同时,6.2.2 节和 6.2.3 节的实证分析也表明,中国工业化水平每增加 1 个百分点,固定资产投资率将增加 0.44 个百分点,同时对投资消费比率、投资(消费＋出口)比率、投资出口比率也具有由负到正且正效应越来越强的冲击效应。因此,选择一条新型的工业化路径是合理控制投资率迅速提升的重要手段,有利于优化投资消费、投资(消费＋出口)、投资出口等需求动力结构。当前,中国要从传统的工业化路径转向新型的工业化路径必须做到:一是大力发展信息化技术,以信息化促进工业化发展。信息技术是现代社会的神经系统,已经渗透到社会经济发展的各个领域,通过实现工业化全过程生产的信息化,降低企业成本,提高传统产业的国际竞争力。二是大力发展信息、生物、新材料、新能源等高新技术产业。高新技术产业是以高新技术及其产品的研究、开发、生产和技术服务的企业集合,高新技术产业是一种知识密集和技术密集的产业,具有高于一般产业经济效益和社会效益的特点。三是利用高新技术、先进适用技术改造传统产业,实现传统产业结构升级优化,形成以高新技术产业为先导、技术改进的传统基础产业和制造业为支撑、现代服务业全面发展的产业格局。四是大力发展清洁生产和循环利用技术,着力解决环境污染和资源浪费问题,实现经济的可持续发展。

7.3.2　走"内涵发展"新型城镇化道路

城镇化是指农村人口不断向城镇转移,其从事职业不断向城镇二、三产业转移,从而致使城镇数量不断增加、规模不断扩大的一种过程。城镇化的过程也是国家在实现工业化、现代化过程中所经历的人口、产业等社会结构变迁的一种反映,城镇化水平的高低可以用城镇化率表示,即常住于城镇的人口占总人口的比重。由于城镇化是一种伴随人口向城市大量集聚的过程,必然引致大量的城市基础设施、住房和产业投资,以解决大量人口在城市居住生活和就业的问题。因此,城镇化的加速必然引致投资的增加。中国 1978 年改革开放以前,由于实行严格的户籍管理制度,农村人口几乎难以向城镇流动。改革开放以后,中国的城镇化加速,城镇化率由 1978 年的 17.92％增加到 2013 年的 53.73％,其间城镇化率提高了 35.81 个百分点,大大高于同期英、美、日等西方发达国家的城镇化速度。根据 6.2.2 节和 6.2.3 节的实证结论,中国的城镇化水平每增加 1 个百分点,固定资产投资率将增加 0.306 1 个百分点,同时对投资消费比率和投资(消费＋出口)比率具有持续的正向冲击效应,这也充分说明中国当前的城镇化模式是中国投资率持续攀升重要原因。因此,合理控制城镇化速度,走新型城镇化道路是合理控制投资需求的重要途径,有利于改善投资消费和投资(消费＋出口)等需求动力结构中投资偏高的不合理状态。当前,走新型城镇化道路一是防止城镇化的"功利化"趋势。城镇化是工业化和现代化进程中一种自然与市场相结合推动社会结构变迁的过程,只有当现代城市和城镇发展条件成熟,能够吸纳和安置农村富余劳动力时,才能够推进当地城镇化。当前一些地方领导人为追求所谓的政绩,人为规划圈地造城,强制农民洗脚进城,造了巨大的资源浪费和闲置。二是城镇化不能以城市建设和房地产开发为目标。以城市建设和房地产开发为目标的"造城运动"是一种低层次的城镇化建设,无法真正反映城镇化以人为本的实质内容。城镇化的高级表现是通过城镇的扩容建设真正将转移进城的农村人口内融化,使农村人口同城镇人口平等享受教育、便利交通、住房和就业等各种待遇。城镇化建设既要注重硬件的建设,同时更要注重以人为本的内涵式建设。三是摒弃城市和城镇建设贪大求快的老套思路。中国原有城市和城镇发展基本上是粗放、摊大饼式的,污染、浪费,且效率低下,新型城镇化必须转变城市和城镇的发展方式,走集约建城之路。

7.3.3 抑制地方政府投资冲动

地方政府投资是指地方政府作为独立的投资主体,以地方政府财政收入作为投资资金来源,以实现地方政府利益为目标的一种投资行为。近年来,中国固定资产投资率持续攀升,与地方政府强烈的投资冲动密切相关。一方面,自20世纪中国改革开放以来,随着分税制改革的实施,地方政府逐渐成为相对独立的事权主体。地方政府作为一级政治组织,承担着发展地区经济、维护地区社会稳定、解决地区就业、提供地区义务教育、完善地区基础设施、保护地区环境等多项经济与社会发展事务,但由于财力限制,地方政府投资建设大项目成为地方政府广开财源的应然之举。另一方面,地方政府官员的政治博弈也成为助推地方政府投资高涨的重要原因。改革开放以来,随着中国社会发展的重心向经济领域倾斜,中国对地方官员的选拔标准开始由单纯的政治标准考核逐渐演变成经济指标考核为主,追求地方 GDP 增长成为地方官员晋升的重要内容,地方官员为获取所谓“政绩”,尽力扩大地方投资也成为必然之举。据和讯网 2013 年 6 月 12 日报道,从2013 年第二季度开始以来,占据中国 GDP 60％以上的 16 个省和 2 个直辖市已经相继发表声明,大力宣称投资项目对驱动经济增长具有重要作用,并呼吁下级政府在未来几个月采取一切必要措施加快计划项目的实施进度。由于各地方政府投资热情高涨,近年来,中国的固定资产投资规模连年高涨,2003 年,中国固定资产投资规模为 55 118 亿元,2013 年却高达 447 074 亿元,十年增长了近 8.11 倍。因此,抑制地方政府不合理的投资冲动是缩减持续高涨投资需求的重要途径。为此,一是根据财权和事权相匹配的原则,完善中央政府和地方政府的税收分配制度。尽量合理界定各级地方政府的事权范围,减少地方政府的不应当支出,加快完善地方税收体系,为地方政府提供必要和稳定的税源;进一步规范和完善财政转移支付制度,加大对地方政府的新农村建设、新能源开发、环护和科技创新等专项转移支出。二是树立地方官员良好的发展观和政绩观。在科学发展观的指导下,各级地方政府要切实扭转传统的政绩观,不断调整和完善地方发展思路,不急功近利,不追求眼前利益和局部利益,以地方的长远利益和全局利益寻求发展。三是改进单纯以经济增长为核心的干部考核体制。上级组织应根据各地发展的不同特点,建立不同的政绩考核体系,破除盲目唯 GDP 至上的倾向,使围绕 GDP 的考核体系向全面综合政绩考核体系方向转变,消除地方政府官员的逐利投资冲动行为,使其行为理性回归。四是建立严格的行政问责和司法制裁机制,进一步强化对各级政府投资行为的监督和制约。通过公开的社会舆论监督和司法监督,对盲目投资决策致使当地经济社会发展受到严重损害的,实施追溯制度,对决策人在行政上进行问责,后果严重的可实施法律制裁,切实扭转地方政府的盲目投资行为。

7.3.4 合理引导外部资金的流动及使用

外国资金是国内建设和发展的重要资源之一。改革开放以来,中国利用外资规模持续扩大,1979—1982 年实际利用外商直接投资 130.6 亿美元,2013 年实际利用外商直接投资 1 176 亿美元,是 1979—1982 年 4 年利用外资总和的 9 倍多,利用外资全球排名第二位,并且连续 19 年位居发展中国家首位。由于外国资金流入绝大多数是以直接投资形式发生,随着外资的流入,必然导致国内的投资规模随之扩大。根据 6.2.2 节的实证分析,外资占 GDP 的比重每增加 1 个百分点,固定资产投资率将增加 0.0492 个百分点,外资流入是中国投资率上升的主要影响因素之一。因此,对外资流入的合理引导也是调控国内投资规模的重要手段。当前,合理引导外资一是要注意对外资流入的总量规模进行有效调控。改革开放 30 多年,中国由于政治稳定,市场巨大,许多外国投资者对中国市场纷纷看好,大量外资涌入中国,这一方面弥补了中国工业化和现代化进程中的资金不足,同时也给中国带来了技术、管理的现代化和解决部分就业问题,但另一方面大量的外资流入对中国的部分产业形成部分垄断性控制,如零售、汽车、高端电子产品等行业外资市场占有率非常高,冲击了国内民族产业的发展。因此,处理好外资流入规模与防止外资对中国产业的垄断性控制的关系是合理引导外资流入的首要前提。二是合理引导外资的流向,积极利用外资为优化中国产业结构服务。外资是重要的外部资源,但如果利用和引导不好,就会与内资产业产生恶性竞争,从而达不到充分利用外资的技术和管理优势,反而损害了国内经济的健康发展。中国正处于工业化中后期,正面临着调整经济结构、转变发展方式的战略关键期,对于外资必须合理改善外商投资产业结构,逐步将资金引向第三产业,特别是第一、三产业中的现代农业、商贸服务、技术研发和民生服务领域。在第二产业中,继续引导外资投向电子信息、集成电路、家用电器、汽车制造等技术资金密集型产业和新能源、新材料、生物医药、节能环保等高新技术产业。三是鼓励有条件的内资合理流出。经过几十年的市场化改革与发展,国内部分企业已经成长壮大,资金实力较为雄厚,完全具备在国际市场范围内寻求更为合理的投资目标的能力。针对这一部分国内企业和资金,国家应创造条件让内资走出国门,寻求更大的获利机会。因此,内资合理流出,一方面平衡了外资流入对中国投资扩张的冲击,另一方面也可避免内资在国内的低效率使用,更为重要的是通过内资对境外能源产业的投资,对中国的可持续发展更具战略意义。

7.3.5　合理调控投资回报率水平

投资回报率是进行投资活动所得与所费的比率,是投资活动的风向标和牵引器。投资回报率越高,投资活动就会越频繁,投资回报率越低,投资活动就会越萧条。中国自 1978 年以来,平均投资回报率水平达到两位数以上,以中国规模以上工业企业投资平均回报率为例,中国规模以上工业企业投资回报率从改革开放至 20 世纪 90 年代后期,投资回报率呈稳步下降趋势,从 1978 年的 24.71% 逐步下降至 1998 年的 3.33%,但 90 年代后期以后,投资回报率迅速上升,2012 年已回升至 24.13%,1978 年至 2012 年期间,中国规模以上工业企业平均投资回报率达到 14.92%,远远高于同期银行利率水平。丰厚的投资回报,吸引了国内外众多的资金参与国内市场的投资,根据 6.2.2 节和 6.2.3 节实证分析结果,投资回报率每增加 1 个百分点,将会引致固定资产投资率增加 0.079 3 个百分点,同时对投资消费比率、投资(消费＋出口)比率、投资出口比率也具有负向至正向的冲击效应,这也是近年来中国投资率持续上升、需求动力结构难以改善的重要原因。因此,合理控制投资,进而调整需求结构,就需要对投资回报率予以合理调控,尤其是对包含在投资回报率中不合理的获利成分必须予以调整。首先,对部分垄断性行业企业的投资回报率予以限制。垄断性行业企业凭借市场特有的地位通过市场高价谋取超额利润,这种利润的取得是以损害消费者利益为前提的,必须坚持予以限制。这种垄断性企业尤其存在于中国的电信、石油、燃气、电力、银行、烟草等行业,因此,加大对这些垄断性行业企业的市场化改革力度,消除市场垄断因素,是控制这些企业谋取超额投资回报的良方。其次,消除企业扭曲其他要素报酬机制而获取高额投资回报。资本是社会生产的重要要素,但不是唯一要素,在给予资本要素合理回报的同时,也要兼顾其他生产要素的合理报酬,特别是劳动力要素的合理报酬,不能因为劳动力要素的丰裕而人为扭曲其报酬机制。因此,给予要素充分自由的流动,让市场化机制配置生产要素,是建立生产要素合理报酬机制的基础,同时也是消除企业因要素报酬机制扭曲而获得不当投资回报的前提。最后,消除企业利用不当经营或违法经营而获取高额投资回报。部分生产企业通过假冒伪劣、以次充好甚至偷税漏税等手段降低成本,赚取超额利润,政府应依法对违规经营企业予以处罚,坚决制止不法企业获取高额投资回报。

7.3.6 加大政府税收的调整力度

政府税收既是政府的主要收入来源,同时也是政府调节收入分配的主要手段。政府通过税收一方面可以调节企业的收入,减少企业投资主体的投资资金积累,另一方面政府也可以通过税收手段形成的财政收入进行转移支付或提高社会保障水平,增加居民特别是低收入群体的收入,提高居民消费水平。根据 6.2.2 节和 6.2.3 节实证分析结果,政府税收每增加 1 个百分点,固定资产投资率将降低0.005 6个百分点,同时对投资消费比率、投资(消费＋出口)比率和投资出口比率产生负向冲击,说明政府税收增长率的提升具有抑制投资需求从而改善中国需求动力结构的效果。因此,从实证分析结果来看,增加税收、扩大政府财政收入并不会因为增加了政府投资资金的规模而导致整体投资率的提升,反而有可能因为政府税收力度的加大,调整了企业投资主体的投资积极性,加大政府对民生的投入,改善了中国的需求动力结构。当前,利用税收调整投资需求,一是要加大对企业所得税的管理和征收。依法缴纳所得税是企业的应尽义务,国家保护企业纳税后的正常投资行为,但应坚决杜绝企业以偷税漏税手段积累资金,扩大投资。二是要积极使用投资方向调节税。投资方向调节税是对违背国家投资方向政策的投资行为所征收的一种税,是一种优化投资结构的税种。国家通过征收投资方向调节税一方面增加了财政收入,另一方面抑制了不合理的投资,优化了投资结构,具有调节的双重意义。三是合理运用各种税收减免和优惠。税收减免和优惠是一种为实现特定政策目标而对企业行为进行诱导的财政手段。通过税收减免和优惠,可以鼓励企业进行社会慈善、技术革新等有利于社会发展的活动,这一方面抑制了企业营利性投资的强度,同时又促进了企业服务社会发展的理念。

7.4   丰富产品出口需求增加或稳定的渠道

产品出口需求是拉动国内经济增长的重要辅助动力,但容易受到外部经济发展环境的影响,具有极大的波动性,给国内需求动力结构合理配置带来严重干扰。当前,从全国平均水平看,出口需求保持相对稳定是合理选择,但从区域水平看,中西部地区的出口需求还需要通过各种途径大力拓展。

7.4.1   提升人力资本和技术水平

人力资本是一种特殊的"非物力资本",指劳动者通过接受教育、培训和实践经验等方面的投资而获得知识和技能的积累,并因为这种知识与技能的积累而能为其所带来工资等收益的资本。技术是指企业在劳动生产过程中所具备的独特知识、经验和技巧。在经济全球化时代,高素质人力资本的积累和使用以及技术创新将决定一个国家未来产业的国际竞争优势和国际分工基础,提升一个国家的人力资本水平和技术水平,意味着提高国内产品的国际竞争力,将极大地推动本国产品的出口。6.3.2 节实证分析结果表明,人力资本丰裕度每增加 1 个百分点,出口率增加 0.167 8 个百分点,人力资本水平是影响中国出口率的重要因素,但对于技术进步率每增长 1 个百分点,出口率却下降了 0.095 3 个百分点,技术进步远远没有发挥对中国出口的促进作用。中国自改革开放以来,加快了人力资本培养和技术创新的力度,以当年大学生毕业人数占全部就业人口比重和专利申请授权量为例,当年大学生毕业人数占全部就业人口比重从 1985 年的 0.06% 急剧上升至 2013 年的 0.897%,发明专利境内申请授权量从 1985 年的 185 件急剧上升至 2013 年的 221 万件。人力资本的培养,提高了劳动生产率,降低了企业的生产成本,推动了中国出口的增加。但与此同时,中国的外贸出口主要集中于"三来一补"加工贸易,加工生产技术含量低,产业技术进步优势还未能有效转化为一般产品的出口竞争优势。因此,未来中国应进一步加大对人力资本投资,其中最关键的在于加大对教育的投入和营造良好的全社会学习氛围,通过教育提高劳动者素质,通过学习氛围的营造形成全民学习、终身学习的学习型社会,加速中国从人力资源大国向人力资本强国转变;进一步加大技术创新的力度,在培养创新型人才的基础上,加大对 R&D 的经费投入,实现从技术引进到技术模仿再到自主创新的技术发展路径,加快技术与产业的对接,将技术研发优势不断转为中国的产业竞争优势和产品出口优势。

7.4.2　稳步提升出口产品在全球出口价值链中的地位

一个国家的出口贸易增长,主要通过两种方式来实现,一种是数量扩张型,另一种是价值提升型。数量扩张型增长主要通过不断降低价格成本、压缩利润空间的形式来扩大出口产品的数量而形成增长,而价值提升型增长则主要凭借独特的技术、商誉和管理等使出口产品形成高附加值进而推动贸易的增长。中国由于受技术、资金和观念等因素的影响,产业价值链整体水平不高,长期以来出口贸易仍然以粗放型的数量扩张为主要增长源泉。2008 年金融危机爆发以后,全球经济陷入低迷,中国以数量扩张带动出口贸易增长的格局受到重创,增加或稳定出口需求从数量取胜的观念必须转换到价值提升战略上来。当前,中国的出口产品从产业链环节来看,过度集中于加工组装和加工制造环节,出口产品加工深度不够,出口产品所依赖的核心技术、核心软件、产品设计、关键零部件、供应链管理、销售和品牌等核心环节发展滞后,大多依靠国外进口或依赖跨国公司提供。由于加工组装和加工制造环节在产业链上居于价值链的中低端且能源资源消耗和环境污染代价巨大,而技术、市场调研、研发设计、市场咨询、营销服务、供应链管理、品牌和物流等关键环节居于价值链的中上端,因此,造成中国在稳定现有的出口贸易规模的同时耗费了大量的物质资源和能源资源。据有关数据显示,我国制造业的增加值率为 26.27%,与美、日、德等三国相比分别低 20.28、8.73 和 3.32 个百分点。与国际先进水平相比,我国火电供电煤耗高 14.1%,水泥综合能耗高 24.4%,吨钢能耗高 9.5%,乙烯综合能耗高 56.4%。因此,增加或稳定出口需求,必须转变出口贸易增长的方式,实施出口产品价值提升战略。为此,一是重视出口产品的自主创新和技术进步能力。技术是满足消费者消费欲望的手段,也是增加产品附加值的有效途径,核心技术产品的出口既提升了出口贸易额,同时也节约了资源和能源消耗。二是通过财税、金融和制度创新等多种途径,重点支持国内企业加大对研发、设计、营销网络、品牌培育、供应链管理等高价值链环节的服务产品出口,着力改善国内出口产品的国际分工地位。三是着力促进国内企业的国际化经营能力和水平。随着中国企业实力的增强,应加大力度走出去建立自己产品的全球物流中心、分销中心等营销网络、充分利用全球资源,打造自己的核心品牌经营产品,不断提升产品的附加值。

7.4.3　加大出口退税力度

出口退税是指国家针对外贸企业的出口货物在国内生产和流通环节实际缴纳的增值税和消费税予以退还。其主要目的是通过退税减轻外贸企业出口货物的税收负担,使本国产品以不含税的生产成本进入国际市场,增强产品的国外市场竞争能力,以达到增加出口和创汇的目的。出口货物退税制度是一个国家促进出口增长的重要制度。中国自1985年实行出口退税政策以来,退税规模逐步扩大,出口退税额从1985年最初的17.85亿元急剧扩大到2012年的10 429亿元,其间增长了584.3倍,出口退税率从1985年的2.22%增长至2012年的8.06%,其间增长了3.63倍。随着出口退税规模的扩大,中国的出口额由1985年的808.9亿元上升至2012年的129 336.8亿元,其间增长了159.9倍,出口率由1985年的8.91%上升至2012年的24.9%,其间增长了2.79倍。6.3.2节实证分析结果表明,出口退税率每增加1个百分点,出口率将下降0.098 5个百分点。与此同时,根据6.3.3节的实证分析,出口退税率的正向冲击,也会使投资出口比率和投资(消费+出口)比率发生反向变动,意味着出口退税率的提升可以增加出口,改善投资出口和投资(消费+出口)结构中投资过高、出口过低的状况。因此,加大出口退税力度是增加出口需求进而改善需求动力结构的有效途径。但是,目前中国加大出口退税力度仍需要注意:一是出口退税的力度一定要控制在财政可承受的范围之内。毫无疑问,出口退税额需要国家财政负担,出口退税率过高,国家财政负担会加重,当国家财政无力支付企业的出口退税款时,再好的出口退税政策也会成为一纸空文,出口退税政策也无法有效地促进企业的外贸出口。二是合理调整出口产品的出口退税率,做到不同产品退税率有降有升,促进出口产品结构优化。结合中国经济"调结构、转方式"以及"两型"社会发展战略,对于高能耗、高污染和高排放的出口产品降低出口退税力度甚至实行零退税政策,对于高新技术产品出口、生产性服务产品出口以及农副产品出口可以提高出口退税力度,通过对出口产品退税率的调整,提高产品出口的整体效益。三是提升出口退税力度要结合有利时机。提高出口退税率是本国改善出口贸易条件的一种有效方法,但如果其他竞争国采取同样的措施,反而会引起新一轮的贸易摩擦,恶化出口贸易条件。因此,根据其他国家的贸易条件变化、本国的汇率变化趋势来相对调整本国的出口退税率是一种较为合理的选择。

7.4.4　拓宽出口贸易区域及国家

对外出口区域集中度与一个国家的出口规模息息相关。一般而言,随着国家对外出口区域范围的扩大,即对外出口区域集中度越低,出口规模也会随之扩大。这是因为当一个国家对外出口区域过度集中于某一个地区或国家时,容易受到出口对象地区或国家的政治、经济及社会波动的影响,给本国对外出口贸易的稳定带来冲击。中国是一个亚洲地区的国家,周边与十几个国家接壤,改革开放以来,中国秉承睦邻友好的原则首先积极同周边国家开展经贸往来,1985 年中国对亚洲地区和国家的出口额达到 188.42 亿美元,占当时全部对外出口额的 68.9%。随后,随着经济的市场化和全球化趋势进一步强化,中国企业开始积极开拓欧美和非洲市场,对外出口贸易的市场范围急剧扩大。截至 2012 年,中国对亚洲地区和国家出口的份额下降至 49.1%,相对 1985 年,亚洲地区的出口集中度下降了 19.8%。但与此同时,中国的出口率却从 4.65% 上升至 24.4%。6.3.2 节实证分析表明,中国对亚洲出口集中度每提高 1 个百分点,出口率将下降 0.179 7 个百分点。进一步的,6.3.3 节实证分析表明,中国出口区域集中度的正向冲击,将带来投资出口比率和投资(消费＋出口)比率的正向变动,意味着出口区域集中度的下降可以增加出口,改善投资出口和投资(消费＋出口)结构中投资比例偏高的现象。因此,降低中国出口区域过度集中于亚洲地区和国家的程度,有利于提升中国的出口率和改善需求动力结构。当前,中国降低亚洲区域的出口集中度,主要措施:一是继续巩固与亚洲地区和国家的对外贸易关系。中国是亚洲最大的国家,几千年来与亚洲各国经贸往来和人员交流密切频繁,具有促进出口贸易增长的地缘、人缘和文化优势。降低亚洲区域的出口集中度绝不是丢掉出口贸易的传统地区和主要阵地,而是主要通过开拓与其他地区的经贸关系来降低亚洲区域的出口集中度。二是深化与欧美地区及国家的对外贸易关系。欧美地区是当今世界经济最发达的地区,也是世界消费需求最为旺盛的区域,中国应瞄准欧美国家的需求趋势,创新产品,降低成本,将欧美地区视为大力发展出口贸易的主要阵地。三是开拓与非洲、拉丁美洲及大洋洲等地区和国家的贸易关系。非洲、拉丁美洲和大洋洲地区是世界经济发展最具潜力的地区,大多数经济新兴国家分布在这一区域,加强与这一区域国家的贸易往来,对中国增加或稳定出口贸易将起到极大的辅助作用,有利于降低中国出口贸易对亚洲区域的依赖程度。

7.4.5 提升加工贸易份额及优化加工贸易结构

加工贸易和一般贸易是开展出口贸易的两种形式。加工贸易是指经营企业进口全部或部分原材料、零部件、元器件、包装物料,经加工或组装后,将制成品重新出口的经营活动,包括来料加工和进料加工两种形式。加工贸易出口与一般贸易出口相比较,其优势在于出口意向稳定,无需自己开拓市场,出口数量较大,其缺点在于出口产品的附加值低,出口效益不佳。改革开放以来,中国的对外出口贸易规模逐步扩大,加工贸易形式出口占一般贸易形式出口的比重呈现先升后降的发展趋势,从 1985 年的 13.97% 迅速上升到 1998 年的 140.7%,而后逐步下降到 2012 年的 87.32%。而与此同时,中国的出口率也呈现出类似的发展趋势,从 1985 年的 4.65% 迅速上升到 2007 年的 25.1%,而后逐步下降到 2012 年的 24.4%。6.3.2 节实证分析结果表明,加工贸易出口占一般贸易出口比重每提高 1 个百分点,出口率将增加 0.161 8 个百分点。与此同时,6.3.3 节实证分析表明,加工贸易出口占一般贸易出口比重的正向冲击将带来投资出口比率和投资(消费+出口)比率的反向变动,即加工贸易出口的增加仍可改善投资出口和投资(消费+出口)结构中投资偏高的状况。因此,当前中国仍然需要重视加工贸易在贸易出口中的地位和作用,特别是注重在短期内加工贸易对于稳定贸易出口的作用。当前,中国发展加工贸易,一是要提高加工贸易产品的国产化率。国家通过税收减免和税收优惠等政策手段,积极刺激企业尽量采用国产原材料、零部件、元器件、包装物料替代外国进口料件,以提高加工贸易出口产品中的国内贡献附加值。二是引导加工贸易向高新技术产业、农业等产业领域转移。高新技术产业、农业等领域是中国目前急需发展的基础性产业,通过发展加工贸易一方面可以引进、消化吸收国外先进技术,提高自主开发能力,另一方面扩大了非资源耗竭型产品出口创汇的能力。三是发展境外加工贸易。与境内加工贸易相比较,境外加工贸易的社会效益更大,它不仅能真正解决加工贸易产品的外销问题,扩大商品出口,还可以带动劳务、技术以及服务贸易的出口,同时也可以绕过国外贸易壁垒,增强中国产品的竞争能力。

7.4.6　强化相对比较优势产品的出口

随着经济全球化的发展,各国生产的专业化趋势愈来愈明显,各国生产既为国内市场服务,又为国外市场服务,但无论是在国内市场还是在国外市场,都面临着巨大的竞争压力,尤其是在国外市场,面临更多的国外同类产品的竞争。因此,发挥比较优势,集中优势资源专注于某些类别的产品领域生产是本国获得外部出口竞争优势的重要渠道。20 世纪 80 年代中期以前,中国的出口主要集中于矿物燃料、润滑油及有关原料,轻纺产品、橡胶制品、矿冶产品及其制品,杂项制品三大类产品;80 年代中期至 90 年代初期,轻纺产品、橡胶制品、矿冶产品及其制品,食品及主要供食用的活动物,杂项制品三大类产品成为出口的主要产品;90 年代以后,轻纺产品、橡胶制品、矿冶产品及其制品,机械及运输设备,杂项制品三大类产品成为中国出口排名前三类的产品,但在不同时期三类产品的顺序排名有所变化。尽管在中国海关统计的出口分类的八类产品中,排名前三类的出口产品有一定的变化,但出口排名前三类的产品出口额占全部产品出口额的比重却呈现出上升趋势,从 1980 年的 61%上升至 2012 年的 89.5%,与此伴随的是中国的出口率从 1980 年的 5.9%上升至 2012 年的 24.4%。6.3.2 节实证分析结果表明,中国出口排名前三类的产品出口额占全部产品出口额的比重每提高 1 个百分点,出口率将增加 0.194 9 个百分点。因此,继续发展比较优势、专注于比较优势领域生产和出口是中国扩大产品出口的重要手段。当前,中国应主要从以下两个方面发挥比较优势进行生产和出口以提高出口产品的集中度:一是继续发挥劳动力资源优势,扩大劳动密集型产品的出口。中国是一个人口大国,尽管中国目前人口红利已接近刘易斯拐点,但仍有潜力可挖。一方面加快户籍制度的改革,进一步解除人口的流动性限制特别是对农村人口流动的限制,通过吸收农村剩余劳动力进入第二产业和第三产业,延长人口的红利期;另一方面可以通过转换产业的劳动力结构挖掘人口红利,如将第三产业的青壮年劳动力通过培训转移至第二产业,加快对第一产业中的中老年劳动力技能培训,走大规模机械化和农场化生产道路,转移出青壮年劳动力等。二是继续发挥制造技术优势,扩大工业制造设备及产品的出口。当前欧美发达国家已经进入后工业化时期,工业化阶段的制造业纷纷转入新兴发展中国家,包括中国在内的新兴发展中国家应抓住这一有利时机,在承接国际制造业转移的同时,引进、消化和吸收制造业的关键技术,结合自主创新和研发的新技术,尽快确定本国制造业的比较优势,扩大机械及运输设备的生产和出口。

7.5　本章小结

本章主要结合中国经济增长的区域差异、消费投资出口需求变动的影响因素以及各种影响因素对需求动力结构的冲击效应分析,提出当前中国实现需求动力结构调整的有效对策。本文认为,实施需求动力结构东中西部的差异化调整、夯实扩大居民消费需求的基础、健全调控固定资产投资需求的手段、增加或稳定产品出口需求的渠道可以逐步调整和优化中国的需求动力结构,进而为实现中国经济增长目标奠定适宜的需求动力结构基础。

第 8 章

结论与展望

　　本书首先在阐述经济增长目标内涵、需求动力结构调整内涵以及二者内在逻辑关系的基础上,结合中国经济增长的实际,提出中国需要实现提升国民福利水平、保持经济平稳增长和促进经济集约增长三大经济增长目标的要求,并从理论上分述了实现这三大经济增长目标而对需求动力结构的配置和变化应具有的内在要求。在此基础上,通过对比研究三大经济增长目标约束下的中国及其区域实际需求动力结构与理论最优结构的差异,提出为促进三大经济增长目标实现而对中国及其区域需求动力结构进行调整的思路,最后就如何实现需求动力结构调整给出相关的对策和建议。

8.1　研究结论

　　(1)需求动力结构调整是实现经济增长目标的重要手段,而经济增长目标是需求动力结构调整的具体内涵和要求。

　　经济增长目标是国家根据本国经济发展实情对经济增长提出的一种规划和要求。在不同时期或相同的时期,不同的国家会提出不同的经济增长目标,反映出各国政府对当期本国经济增长持有的一种期望。需求动力结构调整是本国经济结构调整的一部分,其目的是通过对拉动本国经济增长的消费、投资以及出口三大需求动力进行合理的比例匹配,促使本国经济增长更好地满足本国经济社会发展的需要。由于需求动力结构调整对经济增长目标实现具有较强关联作用,因此,需求动力结构调整可以作为实现经济增长目标的重要手段。与此同时,需求动力结构调整作为经济调控的服务手段,其调控的具体目的和要求要受到当期经济增长目标的约束,没有经济增长目标的约束和限定,需求动力结构的调整就没有明确的指向,需求动力结构调整本身就失去意义。

(2)在国民福利目标约束下,中国当前消费占 GDP 的比重,投资占 GDP 的比重明显偏离了工业化进程人均国民收入假说中消费、投资和出口分别占 GDP 比重的最优状态。要实现国民福利水平提升目标,就必须在以支出法核算的 GDP 中提升消费所占比重,降低投资所占比重,但对于出口需求,东部地区要降低其所占比重,中西部地区则要提高其所占比重。

人均国民收入假说是钱纳里和赛尔奎因根据世界大多数准工业化国家在实施工业化过程中,针对消费占 GDP 比重、投资占 GDP 比重以及出口占 GDP 比重与人均国民收入关系进行统计回归所得到的一条基本统计规律,反映了世界各国在工业化进程中对待国民消费、固定资产投资和对外贸易的一般态度和偏好。与钱纳里和赛尔奎因提出的人均国民收入增长路径上的消费率、投资率和出口率相比,中国的消费率明显偏低 20%—30%,投资率明显偏高 15%—25%,出口率初期偏低,中期偏高,后期大体相当。由此推论在工业化进程中,中国的经济增长相对世界其他准工业化国家而言是以缩减消费需求和扩大投资需求来实现的。而现实中,国民福利的体现首先是国民能够对物质和精神产品进行消费并通过消费所获得的满意感去实现,如果在经济增长过程中,过度缩减消费需求必然使国民的满意感程度降低,造成国民福利水平的下降。因此,要实现提升国民福利水平,中国当前必然要扩大消费占 GDP 的比重、降低投资占 GDP 的比重,基本稳定出口占 GDP 的比重,但如果具体到中国区域,对于出口需求,东部地区要降低其所占比重,中西部地区则要提高其所占比重。

(3)在平稳增长目标约束下,对照修正的稳态增长假说中的最优需求动力结构状态,单位需求产出稳态水平匀速提升平稳增长视角下的中国整体及不同区域的投资(消费+出口)比值变化均不符合假说中的最优状态。要实现单位需求产出稳态水平匀速提升平稳增长目标,就必须保持投资(消费+出口)比值以一个稳定的速度匀速扩大,因此,东、中部地区在近期需要适当控制投资增长的速度、迅速提升(消费＋出口)增长的速度,而西部地区则应保持目前基本态势。

修正的稳态增长假说是对新古典增长模型进行适当修改而提出的一种理论假说,描述了当经济偏离稳定状态时,无论单位需求资本如何变化,均存在某种力量使其恢复到长期均衡水平增长即保持单位需求产出不变的增长。该理论暗含了当经济每期按照单位需求产出的稳态水平增长时,每期资本(投资)与每期(消费＋出口)的变化需要满足按照二者原有比例同向变化,以保持每期的资本(投资)与(消费＋出口)的比例不变。当经济改变按照单位需求产出的稳态水平增长而按照单位需求产出稳态水平匀速提升变化增长时,要求每期资本(投资)的变化倍数是每期(消费＋出口)的变化倍数的固定数值,且固定数值大于零,以保持资本(投资)与(消费＋出口)的比值匀速扩大。然而,当一国经济处于低级发展阶段时,经济长期保持较低水平的稳态增长,即保持某一固定较低水平的单位需求产出的增长显然不是一国最优平稳增长目标的选择。在经济发展过程中,一国需要不断提升经济增长的长期均衡水平,即要求匀速提升本国的单位需求产出的稳态水平,并且每期按照匀速提升的单位需求产出的稳态水平保持增长,然而实现这样一种平稳增长要求,需要保持资本(投资)与(消费＋出口)的比值匀速扩大。在实践中,对照修正的稳态增长假说中实现单位需求产出稳态水平匀速提升平稳增长所要求的资本(投资)与(消费＋出口)比例的变化趋势,中国实际的资本(投资)与(消费＋出口)的比例变化并不符合理论所要求的变化趋势。因此,中国要实现单位需求产出稳态水平匀速提升变化的平稳增长,近期需要适当地控制资本(投资)的增长,更快地增加(消费＋出口),保持(消费＋出口)正的增长率,使每期的资本(投资)与(消费＋出口)的比值以一个相对稳定的速度即匀速扩大。但具体到东、中部地区,在近期却需要适当控制投资增长的速度、迅速提升(消费＋出口)增长的速度,而对于西部地区,资本(投资)和(消费＋出口)需求增长则应保持目前基本态势变化。

(4) 在集约增长目标约束下,对照要素贡献最大化假说下的最优需求动力结构指标经验值,中国整体及区域经济增长中的投资消费比、投资出口比以及投资(消费＋出口)比基本致使资本和劳动力要素对经济增长处于非集约化状态。要实现促进经济集约增长目标,就必须促使中国整体及区域的投资消费结构、投资出口结构、投资(消费+出口)结构向最优经验比值区间调整,但这需要各区域根据自身实际,合理控制投资、扩大消费以及增加或稳定出口需求。

要素贡献最大化假说是基于生产要素在需求动力结构的何种配置状态下能够最大限度地发挥出生产要素对产出的贡献这一思想提出的。在经济增长的过程中,对各种经济结构包括对需求动力结构的调整,可以改善经济运行的效率机制,提高生产要素的使用效率,从而达到节约生产资源和减少由于粗放式投入所带来的对环境的破坏,实现经济的集约增长。运用中国及东、中、西部区域 1978—2012 年的相关数据测算,中国在现行经济运行机制下,当投资消费比值、投资出口比值、投资(消费+出口)比值分别小于等于 0.549、2.054 和 0.473 时,资本和劳动力要素对经济增长的贡献较大。东部地区在现行经济运行机制下,当投资消费比值、投资出口比值、投资(消费+出口)比值分别小于等于 0.81、0.495 和 0.281 时,资本和劳动力要素对经济增长的贡献较大。中部地区在现行经济运行机制下,当投资消费比值、投资出口比值、投资(消费+出口)比值分别小于等于 0.505 小于1.041,小于等于 6.766 小于 9.515 和小于等于 0.46 小于 0.926 时,资本和劳动力要素对经济增长的贡献较大。西部地区在现行经济运行机制下,当投资消费比值、投资出口比值、投资(消费+出口)比值分别小于等于 0.965、83.106 和 0.977时,资本和劳动力要素对经济增长的贡献较大。因此,对照要素贡献最大化理论下的中国及区域最优需求动力结构的经验比值,合理控制投资、扩大消费以及增加或稳定出口需求,使中国整体及区域经济的投资消费结构、投资出口结构以及投资(消费+出口)结构向最优经验比值区间调整。

8.2　研究展望

(1) 进一步完善需求动力结构调整的理论模型研究。

在本研究中,笔者重点就提升国民福利水平、保持经济平稳增长、促进经济集约增长与需求动力结构的调整进行了深入讨论,并在归纳和修正前人理论成果的基础上,尝试性地提出各种目标约束下的最优需求动力结构理论——工业化进程人均国民收入假说、修正的稳态增长理论假说和要素贡献最大化理论假说,这些理论假说的提出能够为实践中需求动力结构的调整起到具体指导作用。但与此同时,这些理论假说的提出大多都是建立在一些严格的假设条件基础之上的,与现实的经济发展条件还具有一定的差距,因此,建立在严格假说条件基础之上的理论假说对于实践的具体指导还具有相当的局限性。未来,应进一步加强对各种需求动力结构理论假说的研究,放松各种需求动力结构理论假说的条件,使理论模型的假设条件更为接近现实的经济发展环境,从而使理论指导实践的价值更大。

(2)继续拓展需求动力结构的细化研究。

由于篇幅和笔者精力的限制,本书仅仅讨论了在提升国民福利水平目标约束下、经济平稳增长目标约束下和经济集约增长目标约束下,中国的消费、投资和出口三大需求的结构配置优化和调整问题,而对于消费、投资和出口需求各自内部结构以及内部结构之间的调整与经济增长目标的影响的研究基本上没有在书中具体体现,如政府消费与居民消费的比例安排对经济增长目标实现的影响、存货投资与固定资产投资的比例安排对经济增长目标实现的影响等。事实上,消费、投资和出口三大需求动力的比例配置对实现既定经济增长目标至关重要,而消费、投资和出口三大需求动力各自内部结构的优化和调整对实现经济增长目标也具有重要的辅助作用,进一步研究各种经济增长目标约束下三大需求动力各自内部结构的特点以及内部结构之间的优化和调整,可以帮助政府更为精准地实现对宏观经济增长目标的调控。

(3)继续深化需求动力结构调整的经济增长多目标抉择研究。

在本研究中,选择当前经济增长亟需实现的提升国民福利水平目标、经济平稳增长目标和经济集约增长目标作为当前需求动力结构调整的约束条件,根据实证研究结果,中国当前的需求动力结构调整具有方向一致性,即通过控制投资需求、扩大消费需求以及增加或稳定出口需求可以改善需求动力结构，对三种目标的实现同时具有促进作用。但这样一种需求动力结构的调整思路能在多大程度上同时满足三种目标的实现？或者当经济发展到不同阶段，经济增长的现实又提出若干不同目标且这若干不同目标对需求动力提出完全不同甚至相反的调整要求时，需求动力结构又该如何调整？因此，为进一步完善需求动力结构调整的相关理论，还需要进一步研究和探讨这些问题。

参 考 文 献

Akyüz Y., "Export Dependence and Sustainability of Growth in China", China & World Economy, 2011, 19(1):1—23.

Alesina A, Perotti R., "Income Distribution, Political Instability, and Investment", European Economic Review, 1996, 40(6):1203—1228.

Andreassen A., "Changing Patterns of Demand: BLS Projections to 1990", Monthly Lab. Rev., 1978, 101:47.

Aro H, Pennanen T., "Liability-driven investment in longevity risk management", EconPaper, 2013.

Bai J., "Estimating Multiple Breaks One at a Time", Econometric Theory, 1997, 13:315—352.

Basu S R., "The Economic Growth Story in India: Past, Present and Prospects for the Future", The Making of National Economic Forecasts, 2009:69—92.

Batisse C, Cai R, Renard M F., "Demand Structure and Interprovincial Inequality: China's Experience", Working Papers, 2004.

Benhabib J, Wen Y., "Indeterminacy, Aggregate Demand, and the Real Business Cycle", Journal of Monetary Economics, 2004, 51(3):503—530.

Bibow J., "How to Sustain the Chinese Economic Miracle", Chinese Economy, 2012, 45(1):46—73.

Cashell B W., "The Fall and Rise of Household Saving", Federal Publications, 2009.

Cass D., "Optimum Growth in An Aggregative Model of Capital Accumulation", The Review of Economic Studies, 1965, 32(3):233—240.

Cesaratto S, Serrano F, Stirati A., "Technical Change, Effective Demand and Employment", Review of Political Economy, 2003, 15(1):33—52.

Chandra R, Sandilands R J., "Does Investment Cause Growth? A Test of An Endogenous Demand-driven Theory of Growth Applied to India 1950—96", Conference on New & Old Growth Theory Pisa Italy, 2003.

Chatterjee S, Hadi A S, Price B., Regression and Analysis by Example(3rd Ed), John Wiley&Sons, Inc, 2000.

Chen C H, Mai C C, Yu H C., "The Effect of Export Tax Rebates on Export Performance: Theory and Evidence from China", China Economic Review, 2006, 17 (2):226—235.

Chenery H B, Syrquin M., Patterns of Development 1950 to 1970, Washington, DC: World Bank, 1975.

Chenery H B, Syrquin M., Patterns of Development 1950 to 1983, Washington, DC: World Bank, 1989.

Cheung Y W, Dooley M P, Sushko V., Investment and Growth in Rich and Poor Countries, National Bureau of Economic Research, 2012.

Choi I, Saikkonen P., "Tests for Nonlinear Cointegration", Econometric Theory, 2010, 26(3):682.

Choi I, Saikkonen P., "Testing Linearity in Cointegrating Smooth Transition Regressions", Econometrics Journal, 2004, 7:341—365.

Ciarli T, Savona M, Valente M., The Role of Technology, Organisation, and Demand in Growth and Income Distribution, Laboratory of Economics and Management(LEM), 2012.

Clark P, Tamirisa N, Wei S J, et al., "Exchange Rate Volatility and Trade Flows-some New Evidence", IMF Occasional Paper, 2004.

Cornwall J, Cornwall W., "A Demand and Supply Analysis of Productivity Growth", Structural Change and Economic Dynamics, 2002, 13(2):203—229.

Crespi F, Pianta M., "Demand and Innovation in Productivity growth", International Review of Applied Economics, 2008, 22(6):655—672.

De Gregorio J., "Economic Growth in Latin America", Journal of Development Economics, 1992, 39(1):59—84.

Denison E F., Trends in American Economic Growth: 1929—1982, Brookings Institution Press, 1985.

Diamond P A., "National Debt in a Neoclassical Growth Model", The American Economic Review, 1965, 55(5):1126—1150.

Domar E D., "Capital Expansion, Rate of Growth, and Employment", Journal of the Econometric Society, 1946:137—147.

Feltenstein A, Rochon C, Shamloo M., "High Growth and Low Consumption in East Asia: How to Improve Welfare while Avoiding Financial Failures", Journal of Development Economics, 2010, 91(1):25—36.

Figueroa A., "Income Distribution, Demand Structure and Employment: the Case of Peru", The Journal of Development Studies, 1975, 11(2):20—31.

Gomes O., "Imperfect Demand Expectations and Endogenous Business Cycles", Zagreb International Review of Economics and Business, 2008, 11(1):37—59.

Gonzalo J, Pitarakis J Y., "Threshold Effects in Cointegrating Relationships", Oxford Bulletin of Economics and Statistics, 2006, 68(s1):813—833.

Hamilton-Hart N., "Monetary Politics in Southeast Asia: External Imbalances in Regional Context", New Political Economy, 2014:1—23.

Hansen B E., "Threshold Effects in Non-dynamic Panels: Estimation, Testing, and Inference", Journal of Econometrics, 1999, 93:345—368.

Harrod R F., "An Essay in Dynamic Theory", The Economic Journal, 1939, 49(193):14—33.

Horvat B., "The Optimum Rate of Investment", The Economic Journal, 1958, 68(272):747—767.

Kalyanaram G K., "India's Economic Growth and Market Potential: Benchmarked Against China", Journal of Indian Business Research, 2009, 1(1):57—65.

Koopmans T C., On the Concept of Optimal Economic Growth, Cowles Foundation for Research in Economics, 1963.

Kumar N., Globalization and the Quality of Foreign Direct Investment, Oxford Univ Pr, 2002.

Kurose K., The Importance of Demand Structure in Economic Growth: An Analysis Based on Pasinetti's Structural Dynamics, London: 15th Conference of the Association for Heterodox Economics London Metropolitan University, 2013-7-4[2013-10-20]. http://scholar.google.com/scholar?q = related: JvldTwTX4X0J: scholar. google.com/&.hl=zh-CN&.as_sdt=0, 5.

Lardy N R., China: Rebalancing economic growth, Paper for the China Balance Sheet series Washington: Peterson Institute for International Economics and Center for Strategic and International Studies, 2007.

Müller-Krumholz K., "Export Demand Stimulates GNP Growth", Economic Bulletin, 1985, 22(2):1—3.

Paderanga Jr C., "Learning from the Global Economic Crisis", Philippine Review of Economics, 2012, 48(1):35—70.

Perkins D H., "China's Recent Economic Performance and Future Prospects", Asian Economic Policy Review, 2006, 1(1):15—40.

Phelps E., "The Golden Rule of Accumulation: A Fable for Growthmen", The American Economic Review, 1961, 51(4):638—643.

Poon J., "Effects of World Demand and Competitiveness on Exports and Economic Growth", Growth and change, 1994, 25(1):3—24.

Popescu G H., "The Social Evolution of China's Economic Growth", Contemporary Readings in Law and Social Justice, 2013, 1:88—93.

Ramsey F P., "A Mathematical Theory of Saving", The Economic Journal, 1928, 38(152):543—559.

Ravallion M., "Does Aggregation Hide the Harmful Effects of Inequality on Growth?", Economics Letters, 1998, 61(1):73—77.

Robertson J., "Investment led growth in India: Fact or mythology", Economic and Political Weekly, 2010, 45(40):120—124.

Schettkat R, Salverda W., Demand Patterns and Employment Growth, Consumption and Services in France, Germany, the Netherlands, the United Kingdom and the United States, AIAS, Amsterdam Institute for Advanced Labour Studies, 2004.

Shiue C H, Keller W., "Markets in China and Europe on the Eve of the Industrial Revolution", The American Economic Review, 2007, 97(4):1189—1216.

Sicat G P, Hooley R., "Investment Demand in Early Stages of Growth: The Case of Philippine Manufacturing", The Journal of Development Studies, 1971, 7(2):173—188.

Solow R., "A Contribution to the Theory of Economic Growth", Quarterly Journal of Economics, 1956, 70:65—94.

Tabata S., "The Impact of Global Financial Crisis on The Mechanism of Economic Growth in Russia", Eurasian Geography and Economics, 2009, 50(6):682—698.

Teräsvirta T., "Specification, Estimation, and Evaluation of Smooth Transition Autoregressive Models", Journal of the american Statistical association, 1994, 89(425):208—218.

Trinh B, Kobayashi K, Phong N V., "Vietnam Economic Structure Change Based on Input-Output Table(2000—2007)", Asian Economic and Financial Review, 2012, 2(1):224—232.

Tsen W H.，"Exports，Domestic Demand，and Economic Growth in China：Granger Causality Analysis"，Review of Development Economics，2010，14（3）：625—639.

Wagner J.，"Export performance，human capital，and product innovation in Germany：a micro view"，Review of Economics，1996：40—45.

Wakelin K.，"Innovation and Export Behaviour at the Firm Level"，Research policy，1998，26(7)：829—841.

Yoshikawa H.，"The Role of Demand in Macroeconomics"，Japanese Economic Review，2003，54(1)：1—27.

Zhu A，Kotz D M.，"The Dependence of China's Economic Growth on Exports and Investment"，Review of Radical Political Economics，2011，43(1)：9—32.

白重恩：《改善恶化的投资效率》，《资本市场》2013 年第 1 期。

白红光，陈建国：《我国出口影响因素的实证分析》，《山东经济》2011 年第 3 期。

鲍尖：《中国总需求结构的调整和国际收支的均衡研究》，复旦大学博士论文，2011 年。

庇古：《福利经济学》，华夏出版社 2007 年版。

卞靖：《加快我国需求结构转型的总体思路和政策选择》，《中国经贸导刊》2012 年第 13 期。

卞靖，张柄哲：《金融危机背景下我国需求结构调整的政策实践及启示》，《当代经济管理》2013 年第 6 期。

蔡甜甜：《中国投资率决定因素的结构计量分析》，东北财经大学博士论文，2012 年。

蔡跃洲，王玉霞：《投资消费结构影响因素及合意投资消费区间》，《经济理论与经济管理》2010 年第 1 期。

陈昌兵：《城市化与投资率和消费率间的关系研究》，《经济学动态》2010 年第 9 期。

陈磊,伏玉林,张涛:《产业升级、收入分配改善与需求结构变化》,《毛泽东邓小平理论研究》2012 年第 5 期。

陈雯:《中国—东盟自由贸易区的贸易效应研究——基于引力模型"单国模式"的实证分析》,《国际贸易问题》2009 年第 1 期。

程建林:《中国经济增长的需求贡献度分析》,《中国软科学》1998 年第 5 期。

崔顺伟:《中国固定资产投资的影响因素分析》,《技术经济与管理研究》2012 年第 5 期。

戴景春:《当前亟需强化需求结构调节》,《齐齐哈尔社会科学》1990 年第 4 期。

大卫·李嘉图:《政治经济学与赋税原理》,上海三联书店 2008 年版。

邓利娟:《略论台湾经济需求结构的调整及问题》,《台湾研究集刊》2003 年第 4 期。

丁志帆,刘嘉:《启动消费引擎需要"贫富兼济"——异质收入群体消费增速提升的福利效应分析》,《云南财经大学学报》2013 年第 1 期。

董辅礽:《提高消费率问题》,《宏观经济研究》2004 年第 5 期。

段先盛:《1985 年以来中国收入分配对需求结构的影响》,《经济问题探索》2011 年第 1 期。

范洁:《经济增长的需求结构调整及对比研究》,《广西社会科学》2012 年第 9 期。

范剑平:《论投资主导型向居民消费、社会投资双拉动型转换》,《经济学动态》2003 年第 2 期。

樊明:《中国高投资率、低消费率的政治因素——基于中美政治制度比较的一种解释》,《经济经纬》2009 年第 2 期。

方福前:《中国居民消费需求不足原因研究——基于中国城乡分省数据》,《中国社会科学》2009 年第 2 期。

方竹正:《积极推进经济结构调整与发展方式转变》,《管理学刊》2011 年第 4 期。

高天鹏:《启动市场关键是调整最终消费需求结构》,《财贸研究》1990 年第

6 期。

高鸿业：《西方经济学(第二版)》，中国人民大学出版社 2000 年版。

G·M·格罗斯曼，E·赫尔普曼：《全球经济中的创新与增长》，中国人民大学出版社 2009 年版。

关浩杰：《需求结构变动非我国经济波动主要冲击源之验证》，《天津财经大学学报》2011 年第 12 期。

国家发展改革委综合司：《关于消费率的国际比较》，《中国经贸导刊》2004 年第 16 期。

国家计委宏观经济研究院经济形势分析课题组：《培育内需增长的基础促进投资与消费良性循环》，《宏观经济研究》2003 年第 1 期。

国家统计局综合司：《如何看待我国目前的高投资率》，《数量经济技术经济研究》2005 年第 7 期。

郭庆旺，赵旭杰：《地方政府投资竞争与经济周期波动》，《世界经济》2012 年第 5 期。

郭兴方：《我国消费率高、低的判定》，《上海经济研究》2007 年第 2 期。

顾六宝，肖红叶：《基于消费者跨期选择的中国最优消费路径分析》，《统计研究》2005 年第 11 期。

韩永文：《经济增长要向依靠消费、投资、出口协调拉动转变》，《宏观经济研究》2007 年第 11 期。

桁林：《关于投资率和消费率高低之争——改革开放 30 年理论回顾与展望》，《社会科学研究》2008 年第 4 期。

贺铿：《中国投资、消费比例与经济发展政策》，《数量经济技术经济研究》2006 年第 5 期。

胡兵，乔晶：《我国出口国际区域结构的实证分析》，《山西财经大学学报》2009 年第 4 期。

胡春力：《需求结构偏斜与通货膨胀》，《管理世界》1995 年第 1 期。

华尔特·惠特曼·罗斯托：《经济成长的阶段：非共产党宣言》，商务印书馆

1962 年版。

晃钢令,王丽娟:《我国消费率合理性的评判标准》,《财贸经济》2009 年第 4 期。

黄飞鸣:《消费金融公司、贷款准备金政策与总需求结构调整》,《上海金融》2011 年第 6 期。

黄杰华:《需求结构变化中税收政策的调整》,《江西社会科学》2011 年第 6 期。

纪明,刘志彪:《中国需求结构演进对经济增长及经济波动的影响》,《经济科学》2014 年第 1 期。

江春,江晶晶,单超:《基于总需求结构的中国高 M 2/GDP 之谜解析》,《广东金融学院学报》2009 年第 5 期。

江小涓:《大国双引擎增长模式》,《管理世界》2010 年第 6 期。

焦智利:《浅谈我国投资结构调整方向的选择》,《南京政治学院学报》1997 年第 6 期。

"近期美国宏观经济政策研究"课题组:《美国季度需求分析与经济预测》,《经济研究参考》2007 年第 25 期。

金三林:《投资与消费比例在多大范围内才算合理》,《中国税务报》2009 年 8 月 5 日第 8 版。

景慧芬:《浅谈入世对总需求结构的影响》,《山西财税》2002 年第 3 期。

魁奈:《人口论》,商务印书馆 1979 年版。

李春顶,夏枫林:《中美需求结构比较与中国未来的需求结构优化》,《中国市场》2013 年第 3 期。

李国荣:《我国外商直接投资与出口贸易关系的实证研究》,《国际贸易问题》2006 年第 4 期。

李海莲:《促进中国总需求结构调整的财税政策探析》,《税务与经济》2008 年第 1 期。

李红,阿依努尔:《新疆最终需求结构与经济增长的数量分析》,《西北农林科技大学学报》2005 年第 4 期。

李建伟:《投资率和消费率的演变规律及其与经济增长的关系》,《经济学动态》2003 年第 3 期。

李曙光:《我国消费和投资需求结构分析》,《中国外资》2012 年第 10 期。

李永友:《我国需求结构失衡及其程度评估》,《经济学家》2012 年第 1 期。

梁媛,冯昊:《促进中国总需求结构优化的政策体系研究》,《经济问题探索》2010 年第 12 期。

林裕宏:《三大需求结构的协调与我国经济增长方式转型》,《福州党校学报》2012 年第 1 期。

林哲,毛中根:《中国经济平稳增长的总需求结构分析》,《学术月刊》2005 年第 5 期。

柳思维,王娟,尹元元:《1978—2007 年市场动力对中国工业化影响的实证分析》,《系统工程》2009 年第 2 期。

柳欣,赵雷,吕元祥:《我国经济增长中的需求结构失衡探源》,《经济学动态》2012 年第 7 期。

刘方棫:《消费结构及其合理化的考察》,《财贸经济》1982 年第 12 期。

刘方棫:《"小康水平"的需求结构与产业结构调整对策》,《经济问题》1983 年第 10 期。

刘方棫,李振明:《论投资和消费双拉动》,《人民日报》2003 年 1 月 20 日第 7 版。

刘辉煌,李峰峰:《动态耦合视角下的收入分配、消费需求与经济增长》,《中国软科学》2013 年第 12 期。

刘菊:《1993—1995 年我国居民消费需求》,《宏观经济研究》1994 年第 1 期。

刘起运,刘金山:《我国需求结构演变的回顾与思考》,《冶金经济与管理》2000 年第 4 期。

刘向农:《消费需求与投资需求协调增长》,《数量经济技术经济研究》2002 年第 12 期。

刘妍,王毅,李腊生:《论转型中需求结构的变动趋势》,《统计研究》2000 年第

11 期。

刘迎秋：《论我国消费需求的不断上升及其规律》，《南开经济研究》1991 第 3 期。

刘迎秋：《我国总需求结构变动及其产出效应剖析》，《中国工业经济》1991 年 第 11 期。

刘伟：《需求结构不对称经济运行失衡加剧》，《中国城乡金融报》2006 年 5 月 8 日第 3 版。

刘伟，蔡志洲：《国内总需求结构矛盾与国民收入分配失衡》，《经济学动态》 2010 年第 7 期。

陆铭，陈钊，万广华：《因患寡，而患不均——中国的收入差距、投资、教育和增 长的相互影响》，《经济研究》2005 年第 12 期。

卢鹏：《调整需求结构摆脱经济困境》，《宏观经济研究》1990 年第 6 期。

骆惠宁：《安徽需求结构变动特征及投资对消费需求拉动的分析》，《华东经济 管理》2001 年第 4 期。

罗云毅：《我国当前消费率水平是否"偏低"》，《宏观经济研究》2000 年第 5 期。

罗云毅：《关于最优消费投资比例存在性的思考》，《宏观经济研究》2006 年第 12 期。

罗云毅：《我国固定资产形成率并不算过高》，中国投资协会投资咨询专业委 员会投资增长速度研究专题研讨会论文集，2006 年。

吕冰洋：《财政扩张与供需失衡：孰为因？孰为果？》，《经济研究》2011 年第 3 期。

吕月英：《促进消费需求增长的思考》，《宏观经济研究》2013 年第 4 期。

马克思：《资本论（第 1—3 卷）》，人民出版社 1975 年版。

马克思：《〈政治经济学批判〉导言》，《马克思恩格斯选集（第二卷）》，人民出版 社 1995 年版。

马晓河：《迈过"中等收入陷阱"的需求结构演变与产业结构调整》，《宏观经济 研究》2010 年第 11 期。

穆智蕊,杨翠红:《出口结构及其变动对国民经济影响的分析》,《对外经济贸易大学学报》2009 年第 2 期。

N·格里高利·曼昆:《经济学原理(第三版)》,机械工业出版社 2006 年版。

聂正彦,马军敬:《我国城镇化对消费需求效应的实证研究》,《商业时代》2013 年第 35 期。

欧阳峣:《大国"内生能力"与经济发展》,《光明日报》2012 年 3 月 27 日第 11 版。

彭焕杰:《经济稳定增长的实现——我国需求结构调节政策》,《管理世界》1988 年第 3 期。

彭新,屈国柱:《总需求结构调整的宏观经济政策探析》,《生产力研究》2011 年第 3 期。

强永昌,龚向明:《出口多样化一定能减弱出口波动吗——基于经济发展阶段和贸易政策的效应分析》,《国际贸易问题》2011 年第 1 期。

乔为国:《我国投资率偏高消费率偏低的成因与对策》,《宏观经济研究》2005 年第 8 期。

乔为国,潘必胜:《我国经济增长中合理投资率的确定》,《中国软科学》2005 年第 7 期。

任太增:《需求结构与区域产业结构同质化趋势》,《当代经济研究》2002 年第 3 期。

任志军:《中国总需求结构调整与西部民族地区经济发展》,《西南民族大学学报(人文社会科学版)》2013 年第 4 期。

单豪杰:《中国资本存量 K 的再估算:1952—2006 年》,《数量经济技术经济研究》2008 年第 10 期。

沈利生:《最终需求结构变动怎样影响产业结构变动》,《数量经济技术经济研究》2011 年第 12 期。

申忠义,张拥军,闻秋月:《优化需求结构促进产业结构与投资结构的合理化》,《天中学刊》2001 年第 3 期。

史晋川,黄良浩:《总需求结构调整与经济发展方式转变》,《经济理论与经济管理》2011 年第 1 期。

孙烽,寿伟光:《最优消费、经济增长与经常账户动态》,《财经研究》2001 年第 5 期。

孙龙中,徐松:《技术性贸易壁垒对我国农产品出口的影响与对策》,《国际贸易问题》2008 年第 2 期。

孙文凯,肖耿,杨秀科:《资本回报率对投资率的影响:中美日对比研究》,《世界经济》2010 年第 6 期。

谭小芳,王迪明,邹存慧:《我国投资和消费结构合理区间的实证研究》,《财经问题研究》2006 年第 4 期。

谭兴民:《对我国投资结构调整的几点思考》,《中南财经大学学报》1991 年第 2 期。

王博:《市场化改革对中国储蓄率的影响研究》,《金融研究》2012 年第 6 期。

王春雷:《促进总需求结构调整扩大居民消费的税收政策》,《经济与管理评论》2012 年第 6 期。

王家新,曹宝明,姜德波,李群:《南京市总需求结构现状与扩大内需的总体思路》,《南京社会科学》2000 年第 5 期。

王静岩:《绿色贸易壁垒与我国农产品出口贸易》,《黑龙江对外经贸》2010 年第 10 期。

王晓红,王海:《金融危机后我国贸易出口结构变化及竞争力分析》,《国际贸易》2012 年第 7 期。

王小鲁:《消费驱动型经济将大幅提高国民福利》,北京:金融界网站,2012 年 11 月 23 日。

王秀芳:《从需求结构的调整看扩大国内需求》,《中央财经大学学报》2006 年第 6 期。

王雨,王建中:《我国收入分配失衡对消费需求的影响分析》,《经济与管理》2013 年第 4 期。

王志涛:《政府消费、政府行为与经济增长》,《数量经济技术经济研究》2004 年第 8 期。

王子先:《世界各国消费率演变的趋势比较及启示》,《求是》2006 年第 4 期。

魏杰:《供求结构平衡与需求结构政策》,《上海经济研究》1990 年第 1 期。

文彬,马翔:《我国投资结构优化:制度思考与效率视角》,《经济问题探索》2007 年第 3 期。

文洋:《收入分配对我国出口贸易的影响》,《世界经济研究》2011 年第 10 期。

吴琴琴:《我国居民消费率偏低原因的研究》,湖南大学博士论文,2009 年。

吴振宇:《生产体系与需求结构的重配——经济运行的核心问题与调控取向》,《重庆理工大学学报(社会科学)》2013 年第 7 期。

吴忠群:《中国经济增长中消费和投资的确定》,《中国社会科学》2002 年第 3 期。

吴忠群:《最优消费率的存在性及其相关问题》,《中国软科学增刊(上)》2009 年第 S1 期。

吴忠群,张群群:《中国的最优消费率及其政策含义》,《财经问题研究》2011 年第 3 期。

郇滋:《投资结构、产业结构与需求结构的协调性探索》,《经济问题探索》2005 年第 2 期。

西蒙·库兹涅茨:《现代经济增长》,北京经济学院出版社 1989 年版。

西蒙·库兹涅茨:《各国的经济增长》,商务印书馆 1999 年版。

西斯蒙第:《政治经济学新原理》,商务印书馆 1981 年版。

项松林,赵曙东:《中性还是偏向性技术变迁影响出口?——基于细分行业贸易数据的经验分析》,《财贸经济》2012 年第 6 期。

肖黎,谭忠真,刘纯阳:《湖南出口商品结构与出口贸易增长的灰色关联分析》,《企业经济》2010 年第 10 期。

许春慧:《广西经济增长的需求动力分析》,《区域金融研究》2013 年第 4 期。

许和连,赖明勇:《外商直接投资对中国出口贸易影响的实证分析》,《预测》

2002 年第 2 期。

徐映梅,张学新:《中国基尼系数警戒线的一个估计》,《统计研究》2011 年第 1 期。

亚当·斯密:《国民财富的性质和原因的研究》,商务印书馆 1972 年版。

闫芳芳,平瑛:《消费需求结构与产业结构关系的实证研究——以中国渔业为例》,《中国农学通报》2013 年第 17 期。

杨春学,朱立:《关于积累与消费比例问题的主要理论框架》,《经济学动态》2004 年第 8 期。

杨华,陈迅:《地方政府消费支出与经济增长非线性门限关系研究》,《经济问题》2011 年第 8 期。

杨圣明:《如何调整消费与投资的关系》,《经济理论与经济管理》2005 年第 1 期。

杨晓龙,葛飞秀:《中国需求结构失衡:现状、度量及调整》,《新疆财经》2012 年第 4 期。

杨子强:《更好地发挥金融对社会需求结构的调节作用》,《金融发展研究》2008 年第 1 期。

尹碧波,郭金兴:《收入分配与有效需求结构》,《统计与决策》2008 年第 3 期。

雍同:《决定社会主义国家投资率的长期因素》,《财经研究》1990 年第 3 期。

于文涛:《投资率偏高、消费率偏低的成因及建议》,《宏观经济管理》2006 年第 6 期。

袁炎清:《广东需求结构分析》,《广州航海高等专科学校学报》1999 年第 1 期。

约翰·梅纳德·凯恩斯:《就业、利息和货币通论》,商务印书馆 1999 年版。

约翰·穆勒:《政治经济学原理》,商务出版社 1993 年版。

曾艳:《需求结构与服务业增长的关系研究》,《产业经济研究》2009 年第 1 期。

曾令华:《理论最优消费率之我见》,《求索》1997 年第 3 期。

张道根,陈维,吴越:《"十五"期间国内及上海市场需求结构变动趋势》,《上海经济研究》1998 年第 10 期。

张东刚:《近代中国消费需求结构变动的宏观分析》,《中国经济史研究》2001年第1期。

张建秋:《中国经济增长与国民福利的落差研究——基于国际对比视》,河南大学博士论文,2009年。

张军:《消费不足是个伪命题》,《社会观察》2010年第11期。

张军,吴桂英,张吉鹏:《中国省际物质资本存量估算:1952—2006》,《经济研究》2004年第10期。

张军超:《发展战略、要素收入分配与需求结构失衡》,复旦大学博士论文2011年。

张黎娜,夏海勇:《人口结构变迁对中国需求结构的动态冲击效应》,《中央财经大学学报》2012年第12期。

张生玲,熊飞,范秀娟:《调整需求结构推进需求转型》,《国际贸易》2010年第10期。

张伟,范德成,王韶华,董明涛:《黑龙江省需求结构失衡原因的协整检验与误差修正模型》,《统计与决策》2013年第24期。

张孝德:《"国民福利最大化"是四个均衡的最大化》,《中国经济时报》2010年3月9日第A01版。

张昱:《大萧条发生之前美国总需求结构变动研究》,《国际经贸探索》2012年第11期。

张中华:《论产业结构、投资结构与需求结构》,《财贸经济》2000年第1期。

赵坚毅,徐丽艳,戴李元:《中国的消费率持续下降的原因与影响分析》,《经济学家》2011年第9期。

赵革,黄国华:《25年来中国外贸出口增长因素分析》,《统计研究》2006年第12期。

郑栋才:《需求结构、产业结构的动态均衡》,中华外国经济学说研究会第十四次学术讨论会论文摘要文集,2006年。

郑京平:《我国的投资率为何居高难下》,《数量经济技术经济研究》2006年第

7 期。

郑京平,杜宇,于龙:《对近十年来我国需求结构演变的初步分析》,《经济研究参考》1997 年第 47 期。

郑恺:《实际汇率波动对我国出口的影响》,《财贸经济》2006 年第 9 期。

"中国经济观察"研究组:《我国资本回报率估测(1978—2006)——新一轮投资增长和经济景气微观基础》,《经济学季刊》2007 年第 3 期。

周民良:《区域经济增长差距与市场需求结构的演变》,《社会科学战线》1999 年第 6 期。

周泳宏,唐志军:《投资率门限特征、消费促进与经济增长:1995—2007》,《统计研究》2009 年第 12 期。

朱天,张军:《破解中国消费不足论的迷思》,《中国经济时报》2012 年 9 月 6 日第 5 版。

附 录

附录 1　中国 1978—2012 年按当年价格计算的支出法 GDP 及其构成

（单位：亿元）

年份	支出法GDP	最终消费支出	居民最终消费支出	资本形成总额	固定资本形成总额	出口总额	消费与出口需求总额之和	进口总额	进出口差额
1978	3 605.60	2 239.10	1 759.10	1 377.90	1 073.90	167.60	2 406.70	187.40	−19.80
1979	4 092.60	2 633.70	2 011.50	1 478.90	1 153.10	211.70	2 845.40	242.90	−31.20
1980	4 592.90	3 007.90	2 331.20	1 599.70	1 322.40	271.20	3 279.10	298.80	−27.60
1981	5 008.80	3 361.50	2 627.90	1 630.20	1 339.30	367.60	3 729.10	367.70	−0.10
1982	5 590.00	3 714.80	2 902.90	1 784.20	1 503.20	413.80	4 128.60	357.50	56.30
1983	6 216.20	4 126.40	3 231.10	2 039.00	1 723.30	438.30	4 564.70	421.80	16.50
1984	7 362.70	4 846.30	3 742.00	2 515.10	2 147.00	580.50	5 426.80	620.50	−40.00
1985	9 076.70	5 986.30	4 687.40	3 457.50	2 672.00	808.90	6 795.20	1 257.80	−448.90
1986	10 508.50	6 821.80	5 302.10	3 941.90	3 139.70	1 082.10	7 903.90	1 498.30	−416.20
1987	12 277.40	7 804.60	6 126.10	4 462.00	3 798.70	1 470.00	9 274.60	1 614.20	−144.20
1988	15 388.60	9 839.50	7 868.10	5 700.20	4 701.90	1 766.70	11 606.20	2 055.10	−288.40
1989	17 311.30	11 164.20	8 812.60	6 332.70	4 419.40	1 956.10	13 120.30	2 199.90	−243.80
1990	19 347.80	12 090.50	9 450.90	6 747.00	4 827.80	2 985.80	15 076.30	2 574.30	411.50
1991	22 577.40	14 091.90	10 730.60	7 868.00	6 070.30	3 827.10	17 919.00	3 398.70	428.40
1992	27 565.20	17 203.30	13 000.10	10 086.30	8 513.70	4 676.30	21 879.60	4 443.30	233.00

续表

年份	支出法GDP	最终消费支出	居民最终消费支出	资本形成总额	固定资本形成额	出口总额	消费与出口需求总额之和	进口总额	进出口差额
1993	36 938.10	21 899.90	16 412.10	15 717.70	13 309.20	5 284.80	27 184.70	5 986.20	−701.40
1994	50 217.40	29 242.20	21 844.20	20 341.10	17 312.70	10 421.80	39 664.00	9 960.10	461.70
1995	63 216.90	36 748.20	28 369.70	25 470.10	20 885.00	12 451.80	49 200.00	11 048.10	1 403.70
1996	74 163.60	43 919.50	33 955.90	28 784.90	24 048.10	12 576.40	56 495.90	11 557.40	1 019.00
1997	81 658.50	48 140.60	36 921.50	29 968.00	25 965.00	15 160.70	63 301.30	11 806.50	3 354.20
1998	86 531.60	51 588.20	39 229.30	31 314.20	28 569.00	15 223.60	66 811.80	11 626.10	3 597.50
1999	91 125.00	55 636.90	41 920.40	32 951.50	30 527.30	16 159.80	71 796.70	13 736.40	2 423.40
2000	98 749.00	61 516.00	45 854.60	34 842.80	33 844.40	20 634.40	82 150.40	18 638.80	1 995.60
2001	109 028.00	66 933.90	49 435.90	39 769.40	37 754.50	22 024.40	88 958.30	20 159.20	1 865.20
2002	120 475.60	71 816.50	53 056.60	45 565.00	43 632.10	26 947.90	98 764.40	24 430.30	2 517.60
2003	136 613.40	77 685.50	57 649.80	55 963.00	53 490.70	36 287.90	113 973.40	34 195.60	2 092.30
2004	160 956.60	87 552.60	65 218.50	69 168.40	65 117.70	49 103.30	136 655.90	46 435.80	2 667.50
2005	187 423.50	99 357.50	72 958.70	77 856.80	74 232.90	62 648.10	162 005.60	54 273.70	8 374.40
2006	222 712.50	113 103.80	82 575.50	92 954.10	87 954.10	77 597.20	190 701.00	63 376.86	14 220.30
2007	266 599.20	132 232.90	96 332.50	110 943.20	103 948.60	93 563.60	225 796.50	73 300.10	20 263.50
2008	315 974.60	153 422.50	111 670.40	138 325.30	128 084.40	100 394.94	253 817.44	79 526.53	20 868.41
2009	348 775.10	169 274.80	123 584.60	164 463.20	156 679.80	82 029.69	251 304.49	68 618.37	13 411.32
2010	402 816.50	194 115.00	140 758.60	193 603.90	183 615.20	107 022.84	301 137.84	94 699.30	12 323.54
2011	472 619.17	232 111.55	168 956.63	228 344.28	215 682.00	123 240.60	355 352.15	113 161.40	10 079.20
2012	529 238.43	261 832.82	190 423.77	252 773.24	241 756.84	129 359.25	391 192.07	114 800.96	14 558.29

注：统计数据来源于 2013 年《中国统计年鉴》以及世界银行 WDI 数据库。

附录2　中国1978—2012年按1978年不变价计算的支出法GDP及其构成

（单位：亿元）

年份	1978年为基期的GDP平减指数	1978年不变价国民生产总值	1978年不变价最终消费支出	1978年不变价居民最终消费支出	1978年不变价资本形成总额	1978年不变价固定资本形成总额	1978年不变价出口总额	1978年不变价消费与出口需求总额之和	1978年不变价进口总额	1978年不变价进出口差额
1978	100.00	3 605.60	2 239.10	1 759.10	1 377.90	1 073.90	167.60	2 406.70	187.40	−19.80
1979	103.58	3 951.20	2 542.70	1 942.00	1 427.80	1 113.26	204.39	2 747.09	234.51	−30.12
1980	107.51	4 272.17	2 797.85	2 168.41	1 487.99	1 230.05	252.26	3 050.11	277.93	−25.67
1981	109.97	4 554.61	3 056.68	2 389.60	1 482.38	1 217.85	334.27	3 390.95	334.36	−0.09
1982	109.70	5 095.84	3 386.41	2 646.28	1 626.47	1 370.32	377.22	3 763.63	325.90	51.32
1983	110.79	5 610.56	3 724.37	2 916.30	1 840.34	1 555.40	395.60	4 119.97	380.70	14.89
1984	116.26	6 332.76	4 168.37	3 218.55	2 163.27	1 846.67	499.30	4 667.67	533.70	−34.40
1985	128.13	7 084.14	4 672.16	3 658.40	2 698.49	2 085.43	631.33	5 303.48	981.68	−350.36
1986	134.21	7 829.83	5 082.89	3 950.57	2 937.09	2 339.37	806.27	5 889.15	1 116.38	−310.11
1987	141.13	8 699.12	5 529.93	4 340.63	3 161.54	2 691.56	1 041.56	6 571.49	1 143.74	−102.17
1988	158.19	9 728.18	6 220.21	4 973.96	3 603.48	2 972.39	1 116.85	7 337.07	1 299.17	−182.32
1989	171.65	10 085.31	6 504.10	5 134.09	3 689.34	2 574.68	1 139.60	7 643.70	1 281.63	−142.03
1990	181.67	10 649.95	6 655.19	5 202.23	3 713.87	2 657.45	1 643.53	8 298.71	1 417.02	226.51
1991	194.11	11 631.02	7 259.61	5 528.00	4 053.30	3 127.19	1 971.58	9 231.19	1 750.88	220.70
1992	210.10	13 119.81	8 188.00	6 187.47	4 800.63	4 052.14	2 225.71	10 413.72	2 114.81	110.90
1993	241.87	15 271.64	9 054.27	6 785.40	6 498.31	5 502.54	2 184.94	11 239.21	2 474.93	−289.99
1994	291.72	17 214.38	10 024.14	7 488.13	6 972.87	5 934.74	3 572.56	13 596.71	3 414.29	158.27
1995	331.79	19 053.36	11 075.78	8 550.53	7 676.60	6 294.67	3 752.93	14 828.71	3 329.86	423.07
1996	353.14	21 001.15	12 436.83	9 615.40	8 151.12	6 809.78	3 561.30	15 998.13	3 272.75	288.55

续表

年份	1978年为基期的GDP平减指数	1978年不变价的国民生产总值	1978年不变价最终消费支出	1978年不变价居民最终消费支出	1978年不变价资本形成总额	1978年不变价固定资本形成总额	1978年不变价出口总额	1978年不变价消费与出口需求总额之和	1978年不变价进口总额	1978年不变价进出口差额
1997	358.48	22 778.88	13 428.97	10 299.36	8 359.66	7 243.02	4 229.12	17 658.09	3 293.46	935.66
1998	355.41	24 347.28	14 515.30	11 037.90	8 810.83	8 038.42	4 283.44	18 798.75	3 271.22	1 012.22
1999	350.95	25 965.53	15 853.41	11 944.97	9 389.34	10 408.24	4 604.64	20 458.05	3 914.11	690.53
2000	358.18	27 569.40	17 174.45	12 801.99	9 727.64	9 448.90	5 760.85	22 935.29	5 203.70	557.14
2001	365.54	29 826.85	18 311.14	13 524.21	10 879.74	10 328.52	6 025.23	24 336.37	5 514.96	510.26
2002	367.67	32 767.15	19 532.77	14 430.42	12 392.84	11 867.13	7 329.33	26 862.10	6 644.59	684.74
2003	377.27	36 210.68	20 591.28	15 280.63	14 833.52	14 178.22	9 618.45	30 209.73	9 063.87	554.58
2004	403.35	39 904.55	21 706.14	16 169.05	17 148.31	16 144.06	12 173.75	33 879.89	11 512.42	661.33
2005	419.20	44 709.29	23 701.42	17 404.07	18 572.50	17 708.03	14 944.51	38 645.93	12 946.82	1 997.69
2006	435.07	51 189.56	25 996.45	18 979.64	21 365.12	20 215.89	17 835.40	43 831.85	14 566.91	3 268.48
2007	468.15	56 947.60	28 245.95	20 577.35	23 698.30	22 204.21	19 985.89	48 231.84	15 657.45	4 328.44
2008	504.65	62 612.16	30 401.54	22 128.12	27 409.94	25 380.65	19 893.83	50 295.36	15 758.63	4 135.19
2009	501.66	69 524.28	33 742.97	24 635.16	32 783.83	31 232.30	16 351.67	50 094.64	13 678.28	2 673.39
2010	535.19	75 265.95	36 270.24	26 300.63	36 174.74	34 308.36	19 997.13	56 267.37	17 694.49	2 302.64
2011	576.96	81 915.40	40 230.09	29 283.94	39 577.14	37 382.48	21 360.33	61 590.42	19 613.38	1 746.95
2012	587.42	90 095.30	44 573.31	32 416.93	43 031.04	41 155.66	22 021.57	66 594.88	19 543.23	2 478.34

注：统计数据来源于世界银行 WDI 数据库以及根据附录 1 表计算得出。

附录 3 第 5 章计量建模运用的中国数据

年份	就业人数（万人）	1978年价格支出法GDP（亿元）	1978年价格资本存量（亿元）	1978年价格固定资本形成额（亿元）	1978年价格居民最终消费支出（亿元）	1978年价格货物和服务出口（亿元）	1978年价格居民最终消费支出与货物和服务出口额之和（亿元）	固定投资/居民消费	固定投资/出口	固定投资/（居民消费+出口）
1978	40 152	3 605.60	5 836.76	1 073.90	1 759.10	167.60	1 926.70	0.610	6.408	0.557
1979	41 024	3 951.20	6 325.72	1 128.67	1 942.00	204.39	2 146.39	0.581	5.522	0.526
1980	42 361	4 272.17	6 888.63	1 256.21	2 168.41	252.26	2 420.67	0.579	4.980	0.519
1981	43 725	4 554.61	7 365.98	1 232.34	2 389.60	334.27	2 723.87	0.516	3.687	0.452
1982	45 295	5 095.84	7 910.54	1 351.88	2 646.28	377.22	3 023.50	0.511	3.584	0.447
1983	46 436	5 610.56	8 556.30	1 512.75	2 916.30	395.60	3 311.89	0.519	3.824	0.457
1984	48 197	6 332.76	9 429.29	1 810.76	3 218.55	499.30	3 717.84	0.563	3.627	0.487
1985	49 873	7 084.14	10 498.14	2 102.30	3 658.40	631.33	4 289.72	0.575	3.330	0.490
1986	51 282	7 829.83	11 668.48	2 320.93	3 950.57	806.27	4 756.83	0.587	2.879	0.488
1987	52 783	8 699.12	13 058.69	2 669.07	4 340.63	1 041.56	5 382.20	0.615	2.563	0.496
1988	54 334	9 728.18	14 536.75	2 909.29	4 973.96	1 116.85	6 090.81	0.585	2.605	0.478
1989	55 329	10 085.31	15 462.97	2 519.45	5 134.09	1 139.60	6 273.69	0.491	2.211	0.402
1990	64 749	10 649.95	16 378.37	2 610.15	5 202.23	1 643.53	6 845.75	0.502	1.588	0.381
1991	65 491	11 631.02	17 608.46	3 025.16	5 528.00	1 971.58	7 499.58	0.547	1.534	0.403
1992	66 152	13 119.81	19 432.80	3 754.22	6 187.47	2 225.71	8 413.18	0.607	1.687	0.446
1993	66 808	15 271.64	21 995.74	4 692.78	6 785.40	2 184.94	8 970.34	0.692	2.148	0.523
1994	67 455	17 214.38	25 117.80	5 532.79	7 488.13	3 572.56	11 060.69	0.739	1.549	0.500
1995	68 065	19 053.36	28 661.20	6 296.31	8 550.53	3 752.93	12 303.46	0.736	1.678	0.512

续表

年份	就业人数（万人）	1978年价格支出法GDP（亿元）	1978年价格资本存量（亿元）	1978年价格固定资本形成额（亿元）	1978年价格居民最终消费支出（亿元）	1978年价格货物和服务出口（亿元）	1978年价格居民最终消费支出与货物和服务出口额之和（亿元）	固定投资/居民消费	固定投资/出口	固定投资/（居民消费+出口）
1996	68 950	21 001.15	32 496.24	6 976.31	9 615.40	3 561.30	13 176.70	0.726	1.959	0.529
1997	69 820	22 778.88	36 343.50	7 408.84	10 299.36	4 229.12	14 528.49	0.719	1.752	0.510
1998	70 637	24 347.28	40 509.98	8 149.73	11 037.90	4 283.44	15 321.34	0.738	1.903	0.532
1999	71 394	25 965.53	44 814.75	8 744.66	11 944.97	4 604.64	16 549.61	0.732	1.899	0.528
2000	72 085	27 569.40	49 495.94	9 592.89	12 801.99	5 760.85	18 562.84	0.749	1.665	0.517
2001	72 797	29 826.85	54 728.89	10 657.70	13 524.21	6 025.23	19 549.43	0.788	1.769	0.545
2002	73 280	32 767.15	61 018.94	12 288.33	14 430.42	7 329.33	21 759.76	0.852	1.677	0.565
2003	73 736	36 210.68	69 064.97	14 733.71	15 280.63	9 618.45	24 899.08	0.964	1.532	0.592
2004	74 264	39 904.55	78 380.28	16 884.83	16 169.05	12 173.75	28 342.79	1.044	1.387	0.596
2005	74 647	44 709.29	88 735.05	18 945.25	17 404.07	14 944.51	32 348.58	1.089	1.268	0.586
2006	74 978	51 189.56	101 103.28	22 093.59	18 979.64	17 835.40	36 815.04	1.164	1.239	0.600
2007	75 321	56 947.60	115 153.57	25 131.21	20 577.35	19 985.89	40 563.24	1.221	1.257	0.620
2008	75 564	62 612.16	130 968.38	28 435.64	22 128.12	19 893.83	42 021.95	1.285	1.429	0.677
2009	75 828	69 524.28	152 253.62	35 639.37	24 635.16	16 351.67	40 986.83	1.447	2.180	0.870
2010	76 105	75 265.95	175 881.55	40 314.93	26 300.63	19 997.13	46 297.77	1.533	2.016	0.871
2011	76 420	81 915.40	201 028.55	44 423.62	29 283.94	21 360.33	50 644.27	1.517	2.080	0.877
2012	76 704	90 095.30	228 248.25	49 252.43	32 416.93	22 021.57	54 438.50	1.519	2.237	0.905

注：就业人数数据来源于《新中国六十年统计资料汇编》和2013年《中国统计年鉴》。资本存量数据根据单豪杰2008年在《数量经济技术经济研究》发表的数据并利用其方法推算得出。其他数据根据附录1表和2表计算得出。

附录 4　第 5 章计量建模运用的东部地区数据

年份	1978年价格支出法GDP（亿元）	就业人数（万人）	1978年价格资本存量（亿元）	1978年价格固定资本形成额（亿元）	1978年不变价居民最终消费支出	1978年不变价出口总额	1978年价格居民最终消费支出与货物和服务出口额之和（亿元）	固定投资/居民消费	固定投资/出口	固定投资/（居民消费+出口）
1978	194.14	2 275.95	198.72	37.93	111.46	21.89	133.35	0.34	1.73	0.28
1979	207.99	2 304.95	212.89	40.36	124.04	24.59	148.62	0.33	1.64	0.27
1980	241.21	2 367.78	233.03	53.16	145.58	31.24	176.82	0.37	1.70	0.30
1981	277.54	2 423.79	260.70	66.74	159.24	45.58	204.83	0.42	1.46	0.33
1982	318.27	2 521.38	302.51	86.27	184.78	49.00	233.78	0.47	1.76	0.37
1983	331.57	2 569.70	358.62	87.36	198.70	53.50	252.19	0.44	1.63	0.35
1984	383.66	2 637.49	427.58	114.43	215.82	79.66	295.48	0.53	1.44	0.39
1985	444.07	2 731.11	503.93	127.87	232.58	89.84	322.43	0.55	1.42	0.40
1986	485.05	2 811.92	585.08	135.72	260.43	173.40	433.83	0.52	0.78	0.31
1987	577.50	2 910.99	665.67	139.59	313.32	267.42	580.74	0.45	0.52	0.24
1988	714.12	2 994.72	765.65	180.80	357.97	348.64	706.61	0.51	0.52	0.26
1989	785.64	3 041.27	864.69	155.36	433.39	397.31	830.69	0.36	0.39	0.19
1990	848.78	3 118.10	981.61	185.28	444.68	585.06	1 029.73	0.42	0.32	0.18
1991	952.01	3 259.20	1 118.52	204.25	475.68	742.44	1 218.12	0.43	0.28	0.17
1992	1 161.61	3 367.21	1 339.45	325.39	532.37	878.17	1 410.54	0.61	0.37	0.23
1993	1 432.69	3 433.91	1 677.01	459.20	651.00	890.81	1 541.82	0.71	0.52	0.30
1994	1 583.12	3 493.15	2 076.86	471.38	784.21	1 483.47	2 267.68	0.60	0.32	0.21
1995	1 788.20	3 551.20	2 539.70	548.29	877.84	1 424.40	2 302.24	0.62	0.38	0.24

续表

年份	1978年价格支出法GDP（亿元）	就业人数（万人）	1978年价格资本存量（亿元）	1978年价格固定资本形成额（亿元）	1978年不变价居民最终消费支出（亿元）	1978年不变价出口总额（亿元）	1978年价格居民最终消费支出和货物与服务出口额之和（亿元）	固定投资/居民消费	固定投资/出口	固定投资/（居民消费+出口）
1996	1 935.48	3 641.30	2 968.38	543.53	946.65	1 397.22	2 343.87	0.57	0.39	0.23
1997	2 168.73	3 701.90	3 369.17	579.98	987.39	1 724.27	2 711.65	0.59	0.34	0.21
1998	2 400.32	3 783.87	3 860.37	696.05	1 063.91	1 761.51	2 825.42	0.65	0.40	0.25
1999	2 635.93	3 796.32	4 450.89	817.90	1 160.31	1 832.95	2 993.25	0.70	0.45	0.27
2000	2 998.81	3 989.32	5 032.44	863.75	1 249.11	2 124.45	3 373.56	0.69	0.41	0.26
2001	3 293.59	4 058.63	5 672.16	943.14	1 294.95	2 160.66	3 455.61	0.73	0.44	0.27
2002	3 672.41	4 134.37	6 427.61	1 094.38	1 482.19	2 666.72	4 148.90	0.74	0.41	0.26
2003	4 199.77	4 395.93	7 379.81	1 321.73	1 732.83	3 353.33	5 086.16	0.76	0.39	0.26
2004	4 676.94	4 681.89	8 418.17	1 477.08	1 971.87	3 930.98	5 902.85	0.75	0.38	0.25
2005	5 380.99	5 022.97	9 756.00	1 769.60	2 139.42	4 654.11	6 793.53	0.83	0.38	0.26
2006	6 111.09	5 177.02	11 252.02	1 951.33	2 274.35	5 532.55	7 806.90	0.86	0.35	0.25
2007	6 787.81	5 341.50	12 955.05	2 128.39	2 516.65	5 997.44	8 514.10	0.85	0.35	0.25
2008	7 291.48	5 471.72	14 643.16	2 273.11	2 694.86	5 562.48	8 257.34	0.84	0.41	0.28
2009	7 870.39	5 688.62	16 990.55	2 795.74	3 042.16	4 887.83	7 929.99	0.92	0.57	0.35
2010	8 597.50	5 870.48	19 730.46	3 085.84	3 307.67	5 732.31	9 039.98	0.93	0.54	0.34
2011	9 222.52	5 960.74	22 608.51	3 368.13	3 553.82	5 953.18	9 506.99	0.95	0.57	0.35
2012	9 715.00	5 965.95	31 021.02	3 750.94	3 919.25	6 168.91	10 088.16	0.96	0.61	0.37

注：GDP、固定资产形成额、居民最终消费支出、出口额、就业人数数据来源于《新中国六十年统计资料汇编》和 2013 年各地区《统计年鉴》。资本存量数据根据单豪杰在 2008 年在《数量经济技术经济研究》发表的数据并利用其方法推算得出。其他数据根据上表中相应数据计算得出。

附录 5　第 5 章计量建模运用的中部地区数据

年份	1978年价格支出法GDP（亿元）	就业人数（万人）	1978年价格资本存量（亿元）	1978年价格固定资本形成额（亿元）	1978年不变价居民最终消费支出	1978年不变价出口总额	1978年价格居民最终消费支出与货物和服务出口额之和（亿元）	固定投资/居民消费	固定投资/出口	固定投资/（居民消费+出口）
1978	146.99	2 280.05	177.63	177.63	27.68	2.08	29.76	0.29	13.30	0.29
1979	171.86	2 328.12	194.66	194.66	28.78	3.22	32.00	0.27	8.94	0.26
1980	178.33	2 399.95	211.97	211.97	30.47	4.47	34.94	0.26	6.82	0.25
1981	190.67	2 449.46	221.29	221.29	25.42	5.50	30.92	0.20	4.62	0.19
1982	211.96	2 541.05	236.87	236.87	31.06	6.62	37.68	0.21	4.69	0.20
1983	232.35	2 594.37	260.70	260.70	39.61	7.13	46.75	0.25	5.55	0.24
1984	247.10	2 672.86	278.88	278.88	36.25	8.35	44.60	0.21	4.34	0.20
1985	273.13	2 728.71	307.04	307.04	45.38	9.08	54.45	0.24	5.00	0.23
1986	296.31	2 808.87	345.97	345.97	56.31	12.94	69.25	0.28	4.35	0.27
1987	332.62	2 904.10	390.58	390.58	65.04	16.34	81.37	0.31	3.98	0.29
1988	369.23	2 998.64	438.30	438.30	72.53	15.03	87.55	0.31	4.83	0.30
1989	373.32	3 091.37	452.37	452.37	48.47	14.60	63.07	0.21	3.32	0.20
1990	409.78	3 158.42	459.24	459.24	67.61	21.06	88.67	0.27	3.21	0.25
1991	429.28	3 222.43	477.44	477.44	82.68	25.66	108.34	0.32	3.22	0.29
1992	469.76	3 278.83	508.80	508.80	108.66	37.05	145.70	0.39	2.93	0.35
1993	514.61	3 345.61	556.13	556.13	136.66	27.11	163.77	0.47	5.04	0.43
1994	565.62	3 400.29	611.26	611.26	144.87	42.34	187.21	0.44	3.42	0.39
1995	642.62	3 467.31	677.18	677.18	160.98	36.52	197.50	0.44	4.41	0.40

续表

年份	1978年价格支出法GDP(亿元)	就业人数(万人)	1978年价格资本存量(亿元)	1978年价格固定资本形成额(亿元)	1978年不变价居民最终消费支出	1978年不变价出口总额	1978年价格居民最终消费支出和服务出口额之和(亿元)	固定投资/居民消费	固定投资/出口	固定投资/(居民消费+出口)
1996	719.30	3 514.16	768.44	768.44	192.08	30.39	222.47	0.46	6.32	0.43
1997	794.81	3 560.29	858.14	858.14	202.44	33.48	235.93	0.46	6.05	0.43
1998	851.29	3 603.17	962.19	962.19	238.14	29.88	268.03	0.51	7.97	0.48
1999	915.96	3 601.39	1 079.98	1 079.98	272.44	30.24	302.68	0.53	9.01	0.50
2000	991.53	3 577.58	1 209.21	1 209.21	302.08	38.21	340.29	0.56	7.91	0.52
2001	1 048.30	3 607.96	1 356.70	1 356.70	337.36	39.78	377.14	0.61	8.48	0.57
2002	1 129.14	3 644.52	1 520.51	1 520.51	375.58	40.42	416.00	0.67	9.29	0.62
2003	1 235.17	3 694.78	1 708.87	1 708.87	427.57	47.09	474.66	0.70	9.08	0.65
2004	1 398.76	3 747.10	1 934.45	1 934.45	490.46	63.57	554.03	0.74	7.72	0.67
2005	1 573.48	3 801.48	2 193.50	2 193.50	601.23	73.21	674.44	0.82	8.21	0.74
2006	1 767.21	3 842.17	2 508.91	2 508.91	726.12	93.34	819.46	0.91	7.78	0.81
2007	2 016.37	3 883.41	2 897.13	2 897.13	896.07	105.96	1 002.02	1.06	8.46	0.94
2008	2 289.69	3 910.06	3 418.25	3 418.25	1 104.05	115.73	1 219.78	1.22	9.54	1.08
2009	2 603.30	3 935.21	4 066.83	4 066.83	1 328.95	74.78	1 403.73	1.32	17.77	1.22
2010	2 996.68	3 982.73	4 886.26	4 886.26	1 601.07	100.62	1 701.69	1.48	15.91	1.35
2011	3 409.17	4 005.03	5 794.61	5 794.61	1 817.68	110.80	1 928.47	1.51	16.41	1.38
2012	3 771.44	4 025.00	8 131.30	8 131.30	2 041.25	135.42	2 176.67	1.54	15.07	1.40

注:GDP,固定资产形成额,居民最终消费支出,出口额,就业人数数据来源于《新中国六十年统计资料汇编》和2013年各地区《统计年鉴》。资本存量数据根据单豪杰2008年在《数量经济技术经济研究》发表的数据并利用其方法推算得出。其他数据根据表中相应数据计算得出。

229

附录6 第5章计量建模运用的西部地区数据

年份	1978年价格支出法GDP(亿元)	就业人数(万人)	1978年价格资本存量(亿元)	1978年价格固定资本形成额(亿元)	1978年不变价居民最终消费支出(亿元)	1978年不变价出口总额	1978年价格居民最终消费支出和服务出口额之和(亿元)	固定投资/居民消费	固定投资/出口	固定投资/(居民消费+出口)
1978	15.54	144.71	28.86	8.90	9.33	0.16	9.49	0.95	57.12	0.94
1979	14.67	150.31	33.77	10.76	9.22	0.10	9.32	1.17	103.07	1.15
1980	16.55	157.62	35.60	7.12	10.77	0.06	10.83	0.66	124.35	0.66
1981	15.90	165.55	36.35	5.98	11.03	0.07	11.10	0.54	84.63	0.54
1982	18.19	171.17	39.55	9.30	12.12	0.07	12.18	0.77	134.06	0.76
1983	20.26	174.31	40.96	9.00	13.21	0.18	13.40	0.68	48.90	0.67
1984	22.72	177.35	42.43	8.92	14.27	0.35	14.62	0.63	25.79	0.61
1985	25.76	182.70	46.55	12.17	15.63	0.30	15.93	0.78	41.22	0.76
1986	28.64	189.20	49.80	11.40	17.20	0.43	17.63	0.66	26.42	0.65
1987	30.74	193.70	54.47	13.29	18.53	0.30	18.83	0.72	44.72	0.71
1988	34.74	197.83	59.25	13.49	18.75	0.19	18.94	0.72	69.41	0.71
1989	35.17	200.83	61.50	9.46	20.24	0.14	20.38	0.47	67.46	0.46
1990	38.50	241.25	65.76	11.25	20.06	0.06	20.12	0.56	192.49	0.56
1991	38.69	245.21	69.38	12.32	20.80	0.07	20.86	0.59	187.15	0.59
1992	41.66	249.24	73.49	13.82	22.34	0.36	22.70	0.62	38.83	0.61
1993	45.35	253.33	78.20	16.96	22.57	0.54	23.11	0.75	31.40	0.73
1994	47.44	257.49	82.82	16.37	23.82	0.59	24.41	0.69	27.97	0.67
1995	50.57	261.71	88.81	17.32	24.96	0.61	25.56	0.69	28.45	0.68

续表

年份	1978年价格支出法GDP（亿元）	就业人数（万人）	1978年价格资本存量（亿元）	1978年价格固定资本形成额（亿元）	1978年不变价最终居民消费支出（亿元）	1978年不变价出口总额	1978年价格最终消费居民支出与货物和服务出口额之和（亿元）	固定投资/居民消费	固定投资/出口	固定投资/（居民消费+出口）
1996	52.16	266.01	99.20	22.44	27.29	2.12	29.41	0.82	10.57	0.76
1997	56.57	270.38	113.39	28.33	28.03	0.93	28.97	1.01	30.35	0.98
1998	62.15	274.81	121.54	32.75	30.05	2.42	32.47	1.09	13.51	1.01
1999	68.22	279.32	141.17	37.36	32.60	2.05	34.65	1.15	18.24	1.08
2000	73.62	283.91	164.64	43.82	34.14	2.59	36.73	1.28	16.93	1.19
2001	82.10	287.32	196.37	55.31	36.96	3.38	40.34	1.50	16.38	1.37
2002	92.64	291.32	233.07	66.36	40.44	3.40	43.84	1.64	19.52	1.51
2003	103.43	295.38	273.62	74.79	43.71	6.01	49.72	1.71	12.45	1.50
2004	115.56	296.59	315.74	78.08	45.77	9.33	55.10	1.71	8.37	1.42
2005	129.61	297.80	362.78	86.85	50.16	6.32	56.48	1.73	13.75	1.54
2006	147.46	303.93	413.17	94.62	53.02	9.79	62.81	1.78	9.67	1.51
2007	167.39	312.44	468.85	102.62	58.45	6.27	64.72	1.76	16.37	1.59
2008	190.53	317.18	528.40	115.56	63.89	5.77	69.65	1.81	20.04	1.66
2009	215.54	324.16	619.75	157.84	71.96	3.43	75.39	2.19	46.02	2.09
2010	252.32	331.29	743.91	197.67	75.69	5.90	81.59	2.61	33.52	2.42
2011	289.52	338.58	895.92	237.43	85.76	7.41	93.17	2.77	32.05	2.55
2012	322.35	346.03	1 322.35	288.67	99.96	7.83	107.79	2.89	36.86	2.68

注：GDP、固定资产形成额、居民最终消费支出、出口额、就业人数数据来源于《新中国六十年统计资料汇编》和2013年各地区《统计年鉴》。资本存量数据根据单豪杰在2008年在《数量经济技术经济研究》发表的数据并利用其方法推算得出。其他数据根据表中相应数据计算得出。

附录7　第6章6.1节计量建模运用的数据

（单位：%）

年份	居民消费增长率(IR)	城镇居民收入增长率(JSC)	农村居民收入增长率(JSN)	收入分配差距(SC)	国民收入分配结构(GS)	人口结构(RK)	社会保障程度(SB)	城镇化水平(CS)	固定投资/居民消费比率	固定投资/(居民消费+出口)比率
1979	14.35	19.54	21.6	28.07	28.22	8.46	7.89	18.96	57.33	51.87
1980	15.89	16.35	17.7	27.95	25.52	8.53	8.12	19.39	56.73	50.81
1981	12.73	10.95	21.6	27.29	24.05	8.60	8.37	20.16	50.96	44.71
1982	10.46	9.87	17.8	27.34	22.74	8.66	8.49	21.13	51.78	45.32
1983	11.31	8.98	15.1	27.74	22.84	8.72	8.51	21.62	53.33	46.96
1984	15.81	8.24	13.1	27.89	22.68	8.76	8.28	23.01	57.38	49.67
1985	25.26	7.62	11.5	31.15	22.18	8.79	8.49	23.71	57.00	48.61
1986	13.11	12.01	6.6	32.08	20.65	8.81	8.68	24.52	59.22	49.18
1987	15.54	10.64	9.2	32.77	18.25	8.81	8.83	25.32	62.01	50.01
1988	28.44	22.21	17.8	33.85	15.68	8.82	8.99	25.81	59.76	48.80
1989	12.00	12.62	10.4	34.42	15.68	8.84	5.07	26.21	50.15	41.04
1990	7.24	19.79	14.1	34.07	15.69	8.90	5.39	26.41	51.08	38.82
1991	13.54	12.61	3.2	34.32	14.43	8.98	5.82	26.94	56.57	41.70
1992	21.15	19.17	10.6	35.51	12.93	9.09	8.07	27.46	65.49	48.16
1993	26.25	27.18	17.6	36.36	12.33	9.22	8.31	27.99	81.09	61.34
1994	33.10	35.65	32.5	36.85	10.85	9.36	8.82	28.51	79.26	53.66
1995	29.87	22.50	29.2	35.91	10.44	9.50	9.06	29.04	73.62	51.16
1996	19.69	12.98	22.1	35.81	10.56	9.64	9.08	30.48	70.82	51.68

续表

年份	居民消费增长率（IR）	城镇居民收入增长率（JSC）	农村居民收入增长率（JSN）	收入分配差距（SC）	国民收入分配结构（GS）	人口结构（RK）	社会保障程度（SB）	城镇化水平（CS）	固定投资/居民消费比率	固定投资/（居民消费+出口）比率
1997	8.73	6.64	8.5	36.84	11.08	9.78	9.06	31.91	70.32	49.85
1998	6.25	5.13	3.4	37.65	11.90	9.92	8.98	33.35	72.83	52.47
1999	6.86	7.91	2.2	38.54	12.93	10.05	9.93	34.78	72.82	52.56
2000	9.38	7.28	1.9	39.74	13.67	10.17	10.74	36.22	73.81	50.90
2001	7.81	9.23	5.0	40.71	15.16	10.29	11.11	37.66	76.37	52.83
2002	7.32	12.29	4.6	42.84	15.87	10.39	11.47	39.09	82.24	54.54
2003	8.66	9.99	5.9	47.90	16.09	10.49	12.00	40.53	92.79	56.94
2004	13.13	11.21	12.0	47.30	16.55	10.59	12.58	41.76	99.85	56.96
2005	11.87	11.37	10.8	48.50	17.24	10.68	13.37	42.99	101.75	54.74
2006	13.18	12.07	10.2	48.70	17.95	10.78	14.28	44.34	106.51	54.91
2007	16.66	17.23	15.4	48.40	19.26	10.89	15.24	45.89	107.91	54.74
2008	15.92	14.47	15.0	49.10	19.41	11.02	16.48	46.99	114.70	60.40
2009	10.67	8.83	8.2	49.00	20.13	11.17	17.65	48.34	126.78	76.20
2010	13.90	11.27	14.9	48.10	20.79	11.36	19.17	49.95	130.45	74.10
2011	20.03	14.13	17.9	47.70	22.17	11.58	21.07	51.27	127.66	73.81
2012	12.71	12.63	13.5	47.40	22.71	12.33	22.47	52.57	126.96	75.60

注：基础数据来源于《新中国六十年统计资料汇编》和 2013 年《中国统计年鉴》。本表数据是经过基础数据重新计算得出。

附录 8 第 6 章 6.2 节计量建模运用的数据

（单位：%）

年份	投资增长率 (IR)	投资回报率 (TH)	国民储蓄率 (QX)	工业化水平 (GY)	城镇化水平 (CS)	利用外资率 (WZ)	政府税收增长率 (ZS)	居民收入分配结构 (SC)	固定投资/居民消费比率	固定投资/出口比率	固定投资/(居民消费+出口)比率
1979	28.2	24.87	35.65	43.24	18.96	0.62	3.57	28.07	57.33	544.69	51.87
1980	28.8	24.45	34.51	43.47	19.39	0.61	6.30	27.95	56.73	487.61	50.81
1981	26.7	22.26	32.89	40.90	20.16	0.67	10.18	27.29	50.96	364.34	44.71
1982	26.9	21.19	33.55	38.68	21.13	0.71	11.13	27.34	51.78	363.27	45.32
1983	27.7	21.30	33.62	38.22	21.62	0.72	10.80	27.74	53.33	393.18	46.96
1984	29.2	21.65	34.18	37.88	23.01	0.91	22.15	27.89	57.38	369.85	49.67
1985	29.4	20.24	34.05	38.00	23.71	1.54	115.42	31.15	57.00	330.33	48.61
1986	29.9	16.21	35.08	37.75	24.52	2.51	2.45	32.08	59.22	290.15	49.18
1987	30.9	15.83	36.43	37.35	25.32	2.56	2.37	32.77	62.01	258.41	50.01
1988	30.6	16.04	36.06	37.54	25.81	2.47	11.69	33.85	59.76	266.14	48.80
1989	25.5	11.43	35.51	37.46	26.21	2.19	14.09	34.42	50.15	225.93	41.04
1990	25.0	5.52	37.51	35.45	26.41	2.54	3.46	34.07	51.08	161.69	38.82
1991	26.9	5.35	37.58	35.82	26.94	2.72	5.96	34.32	56.57	158.61	41.70
1992	30.9	6.88	37.59	37.31	27.46	3.84	10.26	35.51	65.49	182.06	48.16
1993	36.0	8.69	40.71	38.41	27.99	6.08	29.07	36.36	81.09	251.84	61.34
1994	34.5	7.61	41.77	38.79	28.51	7.42	20.48	36.85	79.26	166.12	53.66
1995	33.0	5.06	41.87	39.47	29.04	6.36	17.77	35.91	73.62	167.73	51.16
1996	32.4	4.02	40.78	39.71	30.48	6.14	14.44	35.81	70.82	191.22	51.68

续表

年份	投资增长率 (IR)	投资回报率 (TH)	国民储蓄率 (QX)	工业化水平 (GY)	城镇化水平 (CS)	利用外资率 (WZ)	政府税收增长率 (ZS)	居民收入分配结构 (SC)	固定投资/居民消费比率	固定投资/固定投资出口比率	固定投资/(居民消费+出口)比率
1997	31.8	4.08	41.05	40.32	31.91	6.54	19.16	36.84	70.32	171.27	49.85
1998	33.0	3.33	40.38	39.31	33.35	5.60	12.49	37.65	72.83	187.66	52.47
1999	33.5	4.64	38.94	39.35	34.78	4.78	15.33	38.54	72.82	188.91	52.56
2000	34.3	8.48	37.70	40.54	36.22	4.98	17.78	39.74	73.81	164.02	50.90
2001	34.6	8.54	38.61	39.97	37.66	3.77	21.62	40.71	76.37	171.42	52.83
2002	36.2	9.72	40.39	39.37	39.09	3.78	15.26	42.84	82.24	161.91	54.54
2003	39.2	12.62	43.13	40.22	40.53	3.40	13.50	47.90	92.79	147.41	56.94
2004	40.5	14.96	45.60	40.51	41.76	3.29	20.72	47.30	99.85	132.61	56.96
2005	39.6	16.55	46.99	41.21	42.99	2.79	19.09	48.50	101.75	118.49	54.74
2006	39.5	18.43	49.22	41.00	44.34	2.40	20.94	48.70	106.51	113.35	54.91
2007	39.0	22.00	50.40	41.46	45.89	2.23	31.08	48.40	107.91	111.10	54.74
2008	40.5	20.15	51.44	41.22	46.99	2.09	18.85	49.10	114.70	127.58	60.40
2009	44.9	19.24	51.47	38.78	48.34	1.80	9.77	49.00	126.78	191.00	76.20
2010	45.6	25.12	51.81	39.90	49.95	1.83	23.00	48.10	130.45	171.57	74.10
2011	45.6	26.84	50.89	39.88	51.27	1.61	22.58	47.70	127.66	175.01	73.81
2012	45.7	24.13	50.53	37.73	52.57	1.35	12.12	47.40	126.96	186.89	75.60

注：基础数据来源于《新中国六十年统计资料汇编》和 2013 年《中国统计年鉴》。本表数据是经过基础数据重新计算得出。

附录 9　第 6 章 6.3 节计量建模运用的数据

（单位：%）

年份	出口率 (ER)	技术进步率 (JS)	人力资本 (RL)	出口产品贸易结构 (CJ)	出口产品种类集中度 (CZ)	出口退税率 (TS)	出口区域集中度 (QY)	固定投资出口比率 (IE)	投资/(居民消费+出口)比率 (ICE)
1985	8.91	42.70	0.06	13.97	56.41	2.22	68.90	330.33	48.61
1986	10.30	1 045.45	0.08	22.39	54.43	3.94	63.40	290.15	49.18
1987	11.97	125.23	0.10	30.34	56.37	5.20	66.96	258.41	50.01
1988	11.48	75.41	0.10	43.10	57.76	6.51	68.63	266.14	48.80
1989	11.30	43.37	0.10	62.71	57.83	7.83	70.76	225.93	41.04
1990	15.43	31.87	0.09	71.69	59.41	6.22	71.75	161.69	38.82
1991	16.95	8.98	0.09	85.07	62.20	6.65	74.09	158.61	41.70
1992	16.96	27.86	0.09	90.71	74.86	5.69	71.96	182.06	48.16
1993	14.31	2.07	0.09	102.43	76.80	5.67	57.35	251.84	61.34
1994	20.75	34.77	0.09	92.56	78.55	4.32	60.70	166.12	53.66
1995	19.70	1.12	0.12	103.26	79.44	4.42	61.84	167.73	51.16
1996	16.96	2.93	0.12	134.20	79.60	6.58	60.41	191.22	51.68
1997	18.57	13.15	0.12	127.74	81.30	3.66	59.59	171.27	49.85
1998	17.59	33.14	0.12	140.71	83.23	2.87	53.44	187.66	52.47

续表

年份	出口率 (ER)	技术进步率 (JS)	人力资本 (RL)	出口产品贸易结构 (CJ)	出口产品种类集中度 (CZ)	出口退税率 (TS)	出口区域集中度 (QY)	固定投资/出口比率 (IE)	投资/(居民消费+出口)比率 (ICE)
1999	17.73	47.53	0.12	140.12	84.44	3.88	52.61	188.91	52.56
2000	20.90	5.18	0.13	130.87	84.84	5.09	53.09	164.02	50.90
2001	20.20	8.45	0.14	131.78	84.86	4.90	52.97	171.42	52.83
2002	22.37	15.88	0.18	132.12	86.33	4.27	52.61	161.91	54.54
2003	26.56	37.63	0.25	132.86	87.37	5.48	50.79	147.41	56.94
2004	30.51	4.40	0.32	134.63	88.54	7.10	49.80	132.61	56.96
2005	33.43	12.49	0.41	132.19	88.66	6.46	48.09	118.49	54.74
2006	34.84	25.23	0.50	122.62	89.70	6.29	47.03	113.35	54.91
2007	35.10	31.26	0.59	114.69	89.62	6.02	46.53	111.10	54.74
2008	31.77	17.11	0.68	101.85	88.89	5.84	46.42	127.58	60.40
2009	23.52	41.27	0.70	110.80	89.45	7.91	47.32	191.00	76.20
2010	26.57	40.01	0.76	54.35	89.18	6.85	46.39	171.57	74.10
2011	26.46	17.88	0.80	91.09	88.53	7.32	47.36	175.01	73.81
2012	24.90	30.66	0.81	87.33	89.48	8.06	49.14	186.89	75.60

注：基础数据未源于《新中国六十年统计资料汇编》和2013年《中国统计年鉴》。本表数据是经过基础数据重新计算得出。

后　记

　　我对需求动力结构研究的关注始于 2008 年。美国次贷危机所引发的全球金融危机爆发后,世界主要发达经济体发展陷入低迷,致使中国经济增长的外部需求大幅萎缩,国内大批生产企业濒临破产,经济增长态势转形直下。2008 年,中央经济工作会议首次明确提出转变和调整经济增长方式,提出经济增长要以扩大国内需求特别是消费需求的方针,要求促进经济增长由主要依靠投资、出口拉动向依靠消费、投资、出口协调拉动转变。随后,2009 年、2010 年和 2011 年连续 3 年的中央经济工作会议都再次强调转变拉动经济增长的需求动力方式,增强经济增长的内生性。作为一名经济学爱好者,中央经济工作会议的连续高度重视需求动力结构的调整,引起我对此领域的极大兴趣。2011 年,我尝试拟题《大国经济增长的需求动力机制研究》参加国家社会科学基金项目申报,获得立项资助(项目编号:11CJY020),为我深入开展研究需求动力结构问题提供了契机。2012 年,在导师的建议下,我以《经济增长目标约束下的中国需求动力结构调整研究》为博士论文选题,对中国需求动力结构调整问题开始进行深入研究,历经 2 年的写作,博士论文得以基本完成。本书是在我的博士论文基础上经过部分修改和调整而完成。

　　在撰写此书的过程中,我得到过单位领导、老师、同事、亲人和同学的无私帮助,在此,由衷向他们表达最诚挚的谢意。

　　感谢我的博士导师柳思维教授。柳思维教授既是授业恩师又是工作领导,跟随导师十余年,受益良多。这种受益既来源于导师渊博的学识、严谨的工作作风的熏陶,同时也来源于导师做人崇高品格的感染。在学习和本书的撰写期间,柳老师总是向我传送社会的真、善、美,总是孜孜不倦讲述做人的道理和做学问的意

后　记

义,这使得我学会了欣赏社会的美好,懂得了做人与做学问的方法,这也是我能够得以完成此书的力量源泉。

感谢中南大学的陈晓红教授、游达明教授、肖序教授、洪开荣教授、湖南大学的李松龄教授、姚德权教授、国防科技大学的沙基昌教授、吉首大学的王兆峰教授、湖南师范大学的欧阳峣教授、南京审计学院的李陈华教授、湖南商学院的唐红涛博士、湖南农业大学的徐志耀博士以及其他老师对本书提出的中肯意见,他们的意见为本书的顺利完成和质量提升起到了非常重要的作用。

感谢湖南商学院的领导和同事们,他们为我顺利完成本书的写作给予了时间上的便利,同时也为我分担了部分工作任务,他们的关心、支持和勉励是我开展研究的持续动力。同时,也感谢广州大学的傅元海教授、湖南师范大学的李科博士为我开展研究所提供的方法上的帮助。

感谢我的妻子颜春香为我承担繁重的家务,使我有较为充裕的时间专注于此书的写作。同时也感谢我的女儿小可,在写作期间给我带来的快乐。

大国的需求动力结构调整研究是从需求动力结构的视角研究如何更好地促进大国经济的健康发展问题。本书仅仅是以中国为例,初步探索了大国的需求动力结构调整的基本理论与框架、基本思路与对策。由于本人的经济学知识有限,本书的内容难免浅薄和疏漏,但如果本书的初浅研究能为发展中大国调整需求动力结构提供些许启发,也会令我倍感欣慰和鼓舞。

杜　焱

2015 年夏于长沙和园小区

图书在版编目(CIP)数据

大国经济增长的需求动力结构调整/杜焱著.—上
海:格致出版社:上海人民出版社,2015
(大国经济丛书)
ISBN 978 - 7 - 5432 - 2571 - 8

Ⅰ.①大…　Ⅱ.①杜…　Ⅲ.①中国经济-经济增长-
需求结构-经济结构调整　Ⅳ.①F124

中国版本图书馆 CIP 数据核字(2015)第 234893 号

责任编辑　钱　敏
装帧设计　路　静

大国经济丛书

大国经济增长的需求动力结构调整
——以中国为例的研究

杜焱　著

出　版	世纪出版股份有限公司　格致出版社	印　刷	苏州望电印刷有限公司
	世纪出版集团　上海人民出版社	开　本	787×1092　1/16
	(200001　上海福建中路193号　www.ewen.co)	印　张	16.25
		插　页	2
	编辑部热线　021-63914988	字　数	233,000
	市场部热线　021-63914081	版　次	2015年9月第1版
	www.hibooks.cn		
发　行	上海世纪出版股份有限公司发行中心	印　次	2015年9月第1次印刷

ISBN 978 - 7 - 5432 - 2571 - 8/F・885　　　　　　　　　　　　　定价:48.00元